"十四五"时期国家重点出版物出版专项规划项目
中国能源革命与先进技术丛书
储能科学与技术丛书
储能与新型电力系统前沿丛书

多元储能与绿色综合智慧能源系统

贺　徙　耿学文　王承民　黄淳驿　张光强
袁桂东　谢　宁　王倩倩　徐俊元　肇嘉毅　**编著**
张　琦　母昌程　陶雅俊

机械工业出版社

本书阐述了现代能源体系发展过程中，"产-配-储-用"全过程多要素深度耦合趋势下，多元储能对于构建综合智慧能源系统的重要支撑作用。书中科学地梳理了综合智慧能源系统的源荷特性、运行方式和对多元储能的技术、经济特性需求，创新研究典型应用场景中各类储能技术的耦合互补机理，探索源网荷储一体化等商业模式下低碳型微电网运行的全局优化和协调控制策略，旨在通过多元储能的合理配置和精准控制，提升分布式电源柔性消纳效率、效果，并提出促进多元储能技术发展和实现其在综合智慧能源系统中创新应用的政策、市场机制建议，发挥多元储能技术在新型电力系统中的重要作用。

本书可作为高等院校新能源、储能、电力系统、能源经济等相关专业本科生的选修课程教材和职业院校学生的培训教材，也可作为相关产业领域的企业管理者、工程技术人员、科研工作者、行业协会从业者的参考用书，对于产业政策制定者亦有一定的参考价值。

图书在版编目（CIP）数据

多元储能与绿色综合智慧能源系统/贺徙等编著.—北京：机械工业出版社，2024.5

（储能科学与技术丛书.储能与新型电力系统前沿丛书）

ISBN 978-7-111-75650-7

Ⅰ.①多… Ⅱ.①贺… Ⅲ.①无污染能源–能源发展–研究–中国 Ⅳ.①F426.2

中国国家版本馆 CIP 数据核字（2024）第 079830 号

机械工业出版社（北京市百万庄大街22号　邮政编码100037）
策划编辑：吕　潇　　　　　责任编辑：吕　潇
责任校对：张勤思　刘雅娜　　封面设计：马精明
责任印制：单爱军
北京虎彩文化传播有限公司印刷
2024年5月第1版第1次印刷
169mm×239mm・13.75 印张・2 插页・241 千字
标准书号：ISBN 978-7-111-75650-7
定价：99.00元

电话服务　　　　　　　　　网络服务
客服电话：010-88361066　　机　工　官　网：www.cmpbook.com
　　　　　010-88379833　　机　工　官　博：weibo.com/cmp1952
　　　　　010-68326294　　金　书　网：www.golden-book.com
封底无防伪标均为盗版　　　机工教育服务网：www.cmpedu.com

储能与新型电力系统前沿丛书

编 审 委 员 会

主 任 委 员　梅生伟　清华大学 青海大学

副主任委员　贺　徙　中国电力国际发展有限公司
　　　　　　　惠　东　中国电力科学研究院
　　　　　　　刘建国　华北电力大学
　　　　　　　李建林　北方工业大学
　　　　　　　徐桂芝　国网智能电网研究院
　　　　　　　唐西胜　中国科学院电工研究所
　　　　　　　杨　明　山东大学
　　　　　　　刘　坚　国家发展和改革委员会能源研究所

委　　　员　袁铁江　大连理工大学
　　　　　　　徐　超　华北电力大学
　　　　　　　年　珩　浙江大学
　　　　　　　王承民　上海交通大学
　　　　　　　王青松　中国科学技术大学
　　　　　　　金　阳　郑州大学
　　　　　　　耿学文　中国电力国际发展有限公司
　　　　　　　李相俊　中国电力科学研究院

丛 书 策 划　付承桂

前　言

2020年9月22日，习近平主席在第七十五届联合国大会一般性辩论上郑重宣布"中国将提高国家自主贡献力度，采取更加有力的政策和措施，二氧化碳排放力争于2030年前达到峰值，努力争取2060年前实现碳中和"。在这个伟大目标的指引下，我国进入能源结构不断调整优化、经济社会全面绿色转型的新时期，绿色发展成为新质生产力的关键驱动力。对以"脱碳"为终极演进目标的新型电力系统具有重要支撑作用的"综合智慧能源系统"这一概念应时而生。作为一种环保且高效的能源利用形式，综合智慧能源可以通过整合多种能源来源，优化能源分配，实现更加高效、清洁和可持续的能源供应。而且，综合智慧能源系统利用智能化的技术手段，将各种能源进行有机结合和协调，以适应不同的能源供需场景，提高能源利用效率，降低环境影响，推动能源生产和消费方式的革新。因此，一些绿色、低碳创新意识浓厚或者旨在成为ESG（Enviromental, Social and Governance，环境、社会和治理）领袖的国企和实力较强的民营企业率先在综合智慧能源系统建设方面开展示范验证性尝试，力争取得可复制、可推广的典型经验。

随着风电及光伏等可再生能源的快速发展，以及电动车辆等新兴能源应用形式的崛起，电力系统面临着越来越复杂的能源供需情况和调节需求，也为综合智慧能源系统的建设带来了直接的挑战。在这种情况下，储能在解决能源储存和系统调节问题方面的潜力被社会广泛认同并给予厚望，成为构建新型电力系统的重要技术和基础装备、实现碳达峰碳中和目标的重要支撑。特别是多元储能技术的出现，为解决不同场景下的能源储存需求提供了更加灵活和多样化的选择。例如，电池储能适用于小规模、短周期的能源储存，而抽水储能则适用于大规模、长周期的能源储存，若将二者有效结合则能够弥补二者缺点，进而有效提升储能设备在提高能源供应效率、优化系统运行方式等方面的能力。因此，多元储能和综合智慧能源系统协同发展将成为我国"十四五"期间构建现代能源体系和新型电力系统的一个新课题。

新能源、新技术、新场景、新模式的培育和良性发展需要合理的顶层规划和政策引导。2022年1月29日，国家发展改革委、国家能源局关于印发《"十四五"新型储能发展实施方案》的通知（发改能源〔2022〕209号）要求：推动多元化技术开发；研究多元新型储能接入电网系统的控制保护与安全防御技术；加快多元化技术示范应用；开展新型储能多元化应用，包括：**推进源网荷储一体化协同发展**（鼓励源网荷储一体化项目开展内部联合调度），加快跨领域融合发展（积极推动新型储能与智慧城市、乡村振兴、智慧交通等领域的跨界融合），拓展多种储能形式应用。还明确提出了促进多种形式储能发展，支撑综合智慧能源系统建设，并创新包含多场景智慧调控等技术标准的多元化应用技术标准。这标志着国家审视社会能源发展需求和企业实际用能诉求，在产业化形成规模前期从顶层战略规划的角度率先布局多元储能支撑综合智慧能源系统。随后，2022年6月，国家能源局科技司就"**多元化储能技术及其在综合智慧能源系统中的应用模式研究**"这一储能研究课题公开征集承担单位，主要内容包括：分析综合智慧能源系统发展对储能系统的需求，研究电化学储能、物理储能和热储能等技术特性，挖掘各类储能技术耦合性、互补性，确定混合储能技术经济特征。结合典型应用场景，研究各类储能的配置原则和控制策略，提出促进储能和综合智慧能源系统协同发展的政策建议。国家的政策导向与发展需求引起国家电网、国家电投、东方电气、上海交通大学等众多能源领域头部企业和知名高校的踊跃追逐，多元储能支撑综合智慧能源系统相关研究和探索性应用成为新能源领域的发展热点。

2023年3月，广东省人民政府办公厅关于印发《广东省推动新型储能产业高质量发展的指导意见》的通知（粤府办〔2023〕4号）中，深入挖掘新型储能对促进经济社会发展全面绿色转型的重要意义，多次提到多元新型储能和创新开展新型储能多场景应用，相关内容和《"十四五"新型储能发展实施方案》一脉相承，并着重指出"**推进定制化应用场景，推动源网荷储一体化试点示范，促进储能多元化协同发展**"。通知明确指定省发展改革委、省科技厅、省工业和信息化厅、省交通运输厅、省能源局，相关地级以上市政府、广东电网公司共同负责指导落实相关工作，标志着"多元储能作为关键要素之一支撑综合智慧能源系统发展"已开始被地方政府纳入培育新能源战略性新兴产业集群行动计划中，特别是在"源网荷储一体化"这一典型场景中已经具备了一定的实际运行基础，短期内有望在绿色、低碳型微电网等领域取得大规模应用。

2024年1月，国家能源局能源节约和科技装备司副司长边广琦在国家能源局举行的新闻发布会上明确提出："下一步，我局将积极鼓励技术创新，结合新型储能发展特点，针对性开展工作，着力推动新型储能多元化高质量发展。"因此，为使多元储能的应用场景更加明晰、具象化，综合智慧能源系统无疑是最大的突破点之一。

综上所述，在宏观政策保障即将到位的前提下，攻克多元储能应用端的技术瓶颈，找到可行的商业模式，转化为具体的行动方案，有望成为我国现代能源体系建设过程中综合智慧能源系统真正发挥作用的着力点。因此，如何依托新型储能发展政策引导、完善多元储能发展配套政策机制，最终在多元储能与综合智慧能源系统的耦合点上实现无缝协同，即如何在综合智慧能源系统中合理配置、利用多元储能技术，促进能源阶梯利用是亟待讨论的问题。

本书首先从综合智慧能源系统的背景与概念出发，介绍其各部分的基本特征与构成形式；其次，结合多种典型综合智慧能源系统类型，介绍了其源荷特性与运行方式；接着，以多元储能的经济技术特性为基础，分析了多元储能技术在综合智慧能源系统中的应用模式及协调运行机理；最后，统筹综合智慧能源系统的调控需求与多元储能技术的技术特性，给出了二者的建模方式及综合智慧能源系统中多元储能的优化配置方法。此外，本书还梳理了综合智慧能源与多元储能技术的应用案例及政策文件，并就多元储能与综合智慧能源系统的协同发展路径提出建议，包括行业标准、技术应用及创新与市场政策等。

全书组织如下：

第1章介绍了综合智慧能源系统的基本概念、构成形式、典型案例及应用现状。

第2章介绍了典型综合智慧能源系统的源荷特性与运行方式。

第3章介绍了多元储能技术的应用现状及技术经济特性，重点分析了多元储能技术在综合智慧能源系统中的作用及协调模式。

第4章介绍了综合智慧能源系统的调控需求及多元储能在综合智慧能源系统中的配置方法。

第5章介绍了多元储能技术与综合智慧能源系统的协同发展建议，包括行业标准、应用创新及市场政策等。

最后，在附录中梳理了现行综合智慧能源与多元储能政策。

前　言

全书围绕综合智慧能源系统与多元储能技术展开讨论，可作为高等院校电气工程及相关专业本科生参考教材，也可为相关产业领域的从业者和科研工作者提供参考。尽管编著者做了最大努力，但由于时间仓促，编著者对能源整体绿色、低碳转型过程中，综合智慧能源系统这一高速发展中的新生业态的认识仍处于不断学习中，书中观点表述及引用等方面难免存在疏漏或不妥之处，恳请广大读者批评指正。

编著者

2024 年 3 月

目　　录

前言
第1章　综合智慧能源系统 ·················· 1
  1.1　基本概念 ·················· 1
    1.1.1　背景及定义 ·················· 1
    1.1.2　与传统综合能源系统的区别 ·················· 2
  1.2　基本特征与构成形式 ·················· 3
    1.2.1　基本特征 ·················· 3
    1.2.2　构成形式 ·················· 5
  1.3　综合智慧能源系统典型案例 ·················· 21
  1.4　综合智慧能源系统相关政策引导及应用现状 ·················· 24
    1.4.1　低碳型微电网 ·················· 24
    1.4.2　源网荷储一体化 ·················· 26
    1.4.3　光储直柔 ·················· 28
第2章　综合智慧能源系统源荷特性及运行方式 ·················· 34
  2.1　综合智慧能源系统类型 ·················· 34
  2.2　不同类型综合智慧能源系统的源荷特性 ·················· 35
    2.2.1　城市区域型 ·················· 35
    2.2.2　农业园区型 ·················· 48
    2.2.3　产业园区型 ·················· 51
    2.2.4　商业楼宇型 ·················· 55
  2.3　综合智慧能源系统的运行 ·················· 60
    2.3.1　综合智慧能源系统的运行方式 ·················· 60
    2.3.2　综合智慧能源系统在虚拟电厂中的运行方式 ·················· 62
第3章　多元储能技术与综合智慧能源系统 ·················· 65
  3.1　多元储能技术类型 ·················· 65

3.2 多元储能技术现状及发展趋势 ... 71
3.2.1 储能调节应用需求 ... 71
3.2.2 国内外应用工程 ... 76
3.2.3 储能产业趋势规模 ... 85
3.3 各类储能技术的技术经济特性分析 ... 88
3.3.1 多元储能技术特性对比 ... 88
3.3.2 多元储能经济特性对比 ... 102
3.4 储能在综合智慧能源系统中的作用 ... 108
3.5 综合智慧能源系统中多元储能的协调模式 ... 120

第4章 综合智慧能源系统中多元储能优化配置 ... 125
4.1 综合智慧能源系统的储能调控需求 ... 125
4.2 多元储能在综合智慧能源系统中的优化配置 ... 132
4.2.1 多元储能技术建模 ... 132
4.2.2 综合智慧能源系统中多元储能优化配置模型 ... 137
4.3 案例测算 ... 140

第5章 多元储能与综合智慧能源系统协同发展建议 ... 150
5.1 综合智慧能源系统多元储能行业标准建议 ... 150
5.2 综合智慧能源系统多元储能应用及创新建议 ... 159
5.3 综合智慧能源系统多元储能市场政策建议 ... 163
5.3.1 多元储能市场准入机制建议 ... 163
5.3.2 多元储能峰谷电价、调峰调频交易机制建议 ... 165
5.3.3 碳电市场交易机制建议 ... 169

附录 综合智慧能源系统与多元储能政策梳理 ... 172

参考文献 ... 206

第1章 综合智慧能源系统

1.1 基本概念

1.1.1 背景及定义

综合智慧能源系统的概念在一个充满挑战和机遇的能源环境中应运而生。这一概念的提出不仅源于全球范围内能源领域的发展趋势，也是对传统能源系统的创新性回应，以应对日益紧迫的能源可持续性、效率提升和智能化管理的需求。

第一，能源需求的不断增长与能源供给的压力，是综合智慧能源系统概念诞生的主要背景之一。随着全球人口的持续增加以及新兴市场经济的蓬勃发展，能源需求呈现井喷式增长。然而，传统的化石燃料资源日益稀缺，且能源生产、运输、使用的碳排放对环境带来严重影响。综合智慧能源系统因此被视为能源领域的创新解决方案，能够通过整合多种能源来源，优化能源分配，实现更加高效和可持续的能源供应。

第二，可持续能源发展的要求也推动了综合智慧能源系统的涌现。气候变化引起的极端气候事件，以及传统能源资源的不可再生性，使得社会对于可持续、清洁能源的需求急剧增加。太阳能、风能、水能等可再生能源已成为重要的能源替代品，它们不仅能够减少碳排放，还能为能源供应带来更多稳定性。综合智慧能源系统能够有效整合这些可持续能源，提供稳定的能源供应，推动能源生产模式向更加环保和可持续的方向转变。

第三，技术创新的崛起为综合智慧能源系统的实现提供了坚实基础。信息技术、物联网、人工智能等领域的迅速发展，使得能源系统的智能化管理成为可能。传感器、数据分析平台和自动化控制系统的应用，使得能源生产、储存、分配和使用可以实现实时监测、数据采集和智能化调度。这种技术的应用不仅提高了能源的利用效率，还能够更加精准地预测能源需求，优化能源分配，从而实现资源的最大化利用。

第四，能源市场变革和消费者需求的多样化，也为综合智慧能源系统的出现创造了土壤。传统的中央化能源供应模式面临来自分布式能源资源和新兴能源供应商的竞争。消费者对于能源供应的个性化需求日益增加，对于更加灵活、智能的能源管理方式有着迫切需求。综合智慧能源系统通过智能化管理和分布式能源资源的整合，能够更好地满足这些需求，实现定制化的能源供应和管理。

1.1.2 与传统综合能源系统的区别

综合智慧能源系统与传统综合能源系统在多个关键方面呈现出明显的区别，这些区别涵盖了技术整合与智能化程度、可持续性与可再生能源利用、灵活性与适应性和数据驱动决策等方面。

1. 技术整合与智能化程度

相较于传统综合能源系统，综合智慧能源系统注重技术的前沿整合与智能化应用。这些系统充分借助于当今蓬勃发展的信息技术、物联网和人工智能等先进工具，实现能源生产、储存、分配和使用的高度智能化管理。通过在系统中引入各类传感器，实现对能源需求、供应、储存和分配的实时监测和数据采集。这些数据随后被送往数据分析平台，从而使系统能够在不同时间尺度上进行精准的能源需求预测和供应优化。这种技术的应用使得系统能够更好地应对能源波动和市场变化，从而实现更高效的能源调度。相比之下，传统综合能源系统较少涉及智能化技术应用，更多依赖传统的能源生产与供应模式。虽然传统综合能源系统也会考虑能源的协调利用，但不会像综合智慧能源系统那样具备高度智能化的管理和优化功能。

2. 可持续性与可再生能源利用

综合智慧能源系统较传统综合能源系统而言更加注重可持续性和可再生能源的集成。为了减少对有限的化石燃料资源的依赖，这些系统倾向于集成可再生能源，如太阳能、风能和水能等。这种集成不仅有助于减少碳排放和环境影响，还能够为系统提供更为稳定的能源来源。而传统综合能源系统则更常依赖于传统的化石燃料能源，这些能源在长期内存在资源枯竭和环境污染等问题。

3. 灵活性与适应性

由于具备更加先进的软、硬件，综合智慧能源系统表现出比传统综合能源系统更高的灵活性和适应性。其智能化管理和数据驱动优化能力使得这些系统能够更快速地对市场需求、能源价格波动以及能源生产情况做出响应。通过实时监测和分析，系统可以迅速调整能源的分配和利用，从而更好地满足用户的需求。而传统综合能源系统可能因为缺乏实时数据支持和智能化管理，较难在短时间内做出灵活调整。

4. 数据驱动决策

综合智慧能源系统的决策更多基于数据驱动，通过实时数据的分析和预测，系统可以制定更加精准的能源调度和优化策略，最大限度地提高能源的利用效率。相比之下，传统综合能源系统的决策可能更多基于经验和固定规则，缺乏实时数据支持和智能化管理的优势。

1.2 基本特征与构成形式

1.2.1 基本特征

综合智慧能源系统本质上是多能互补基础上的综合能源服务，其中，"综合"强调能源一体化解决方案，从用户侧思维出发，是多种能源品种的融合。"智慧"体现为三个层次，一是信息技术智慧，通过互联网及信息技术、能源信息高速公路，把综合的能源系统有机联系起来；二是系统算法升级，不同能源品种之间、不同供应环节之间需要优化计算，实现多个维度的互补协同，这需要更强大的中央指挥系统，降低系统生产成本；三是设备端智慧，每个能源元件的智能化。

综合智慧能源系统以数字化、智慧化能源生产、储存、供应、消费和管理与服务为主线，追求横向"电、热、冷、气、水、氢"和"水、火、核、风、光、储"等多种能源品种和供应方式的协同，实现纵向"源-网-荷-储-用"等各环节间的互动优化，向终端用户提供综合能源一体化能源消费解决方案。

多能互补、协调优化是综合智慧能源系统的基本内涵。系统的"源"，统筹兼顾能源自然禀赋、用户负荷需求、市场价格等因素，对多种类型能源进行最优配置和供给分配。系统的"荷"，考虑用户多种类用能需求和能源的可替换性，通过合理调度和市场机制，达到综合优化用能的效果。系统的"网"，包含不同能源的输送网（如电网、热网、气网等）及应用新技术或设备将不同能源有机耦合起来，从而高效地将能源输送给用户。系统的"储"，包含不同能源暂时存储的各类设备或系统，以提高系统的经济运行水平和应急能力。

综合智慧能源是在安全可靠的基础上，以促进可再生能源利用、提高能源系统能效与降低用能成本为目的（即"开源节流"）的能源。如图 1-1 所示，当前综合智慧能源的主要思想是从能质耦合集成提效的"综合化"技术（其偏向于"梯级利用、多能互补"），结合能源数字化赋能的"智慧化"技术（其侧重于"协同优化、源荷互动"），实现不同尺度能源系统物理驱动与数据驱动以及能源信息系统的高度耦合，并促进新一代能源系统的一体化规划设计及灵活运营。可以说，综合智慧能源是能源互联网产业视域下的重要业态，其相关技术理念和商业模式与能源互联网高度相关。假如能源互联网是利用"互联网"的思维去实现能源行业的多尺度"多元互动的协同网络"，那么，综合智慧能源则是让"多元互动的协同网络"在消费侧和供应侧实现更好的能源供能基本服务及能源数字化增值服务。

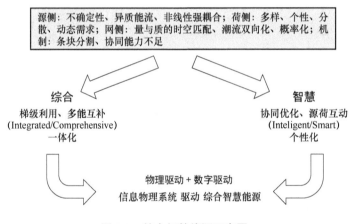

图 1-1　综合智慧能源示意图

作为一种环保且高效的能源利用形式，综合智慧能源可以通过数字化赋能实现智慧化和低碳化发展，从而更好地贴近用户、服务用户，构建和谐共生的生态能源体系，成为推动能源转型升级和创新发展模式的重要方向。在建立新型能源体系的过程中，综合智慧能源扮演着至关重要的角色，它能够为能源的高效利用和可持续发展提供以下有力支持。

1) 通过智能化控制和管理，综合智慧能源实现对能源全过程的监测、调度、优化和管理，从而提高能源利用效率，减少了能源的浪费，进而降低能源消耗和排放水平。

2）通过综合智慧能源的有效整合和利用，可实现能源的多元化和可再生化，从而降低对传统化石能源的依赖，推动能源的可持续发展。

3）通过智能化的控制和管理，综合智慧能源能够实现对能源的高效清洁和低碳化，从而推动社会向绿色低碳转型，实现能源的高效利用并减少温室气体排放。

4）通过智能化控制和管理，综合智慧能源能够实现对能源系统的监测、调度和预警，从而提高能源系统的安全性和稳定性，并有效地预防能源系统发生故障。

综合智慧能源的广泛应用，将为未来能源体系的建设注入强劲动力，推动能源系统向智能化、清洁化、低碳化和可持续化的方向不断迈进。随着全球经济进入后工业化时代，以新能源为主体的综合智慧能源将是未来能源需求的主要增长点之一。

1.2.2 构成形式

1. 能源生产侧

（1）太阳能综合利用技术

在综合智慧能源系统中，太阳能的综合利用包含光电转换与光热转换两方面。其中，光电转换是将太阳光能直接转变成电能，即光伏发电；光热转换是指将太阳辐射能转换为热能。

光伏发电系统主要分为集中式和分布式两种，集中式系统需要大面积土地，多建设于戈壁、高原和荒漠等场景中；分布式系统则比较灵活，建设场景选择多样，并可与多种能源组合，多应用于建筑物顶部。作为太阳能利用最主要的一种形式，光伏发电具有无噪声、寿命长、安装方便、维护要求少、成本低廉等优点。近10年来，全球光伏市场保持快速增长的态势，截至2020年底，全球太阳能光伏装机容量达到了760GW。根据预测，2050年光伏发电将占总发电量的40%以上。大型光伏电站由光伏阵列组件、汇流器、逆变器组、滤波器和升压变压器构成，是大规模集中利用太阳能的有效方式。通过给并联逆变器施加"电网友好"的控制方案，光伏电站可以实现无功补偿、有源滤波和动态电压补偿等功能。

随着光伏发电技术的发展、电网基础设施的完善和各国政策的驱动，光伏发电将有望成为主要电力来源。光伏发电具有波动性和不确定性两个特点。波动性指光伏发电的出力受昼夜交替、天气变化引起的光照强度和气温的变化而变化的特性。不确定性指其运行特性难以预测或预测的准确性较低的特性。

光伏发电通常由多块光伏电池板实现，并利用光伏电池板将太阳能转换为电能，其输出的有功功率 P_{PV} 与光照强度之间的关系如式（1-1）所示。

$$P_{PV} = rA\eta_{PV} \tag{1-1}$$

式中，r 为光照强度；A 为光伏阵列总面积；η_{PV} 为光伏发电的光电转换效率。

由式（1-1）可知，光伏发电输出的有功功率主要由光照强度决定，而光照强度同样具有一定的不确定性，一般服从 Beta 分布。综上，建立光伏发电系统的输出特性曲线如图 1-2 所示。

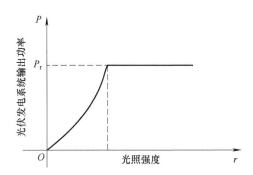

图 1-2　光伏发电系统的输出特性曲线

结合分布式光伏发电的功率输出公式和光照强度的概率分布公式可得到光伏发电功率的概率密度函数公式，如式（1-2）所示。

$$f(P_{PV}) = \frac{\Gamma(\alpha+\beta)}{\Gamma(\alpha)\Gamma(\beta)} \left(\frac{P_{PV}}{P_{max}}\right)^{\alpha-1} \left(1 - \frac{P_{PV}}{P_{max}}\right)^{\beta-1} \tag{1-2}$$

在光热转换技术中，太阳能热发电、太阳能建筑采暖与制冷等技术具有良好的应用前景。目前的太阳能热发电技术利用大规模阵列聚光器收集太阳热能、加热工质并经换热产生蒸气，进而推动气轮发电机组发电。根据聚光器形式的不同，可将太阳能热发电分为槽式、塔式、碟式及线性菲涅尔式 4 种方式。由于太阳辐射具有间歇性和波动性，为了确保太阳能热发电系统稳定运行并最大化利用太阳能资源，通常将太阳能热发电系统与储能装置结合，或利用天然气、石油等化石燃料作为补充燃料。澳大利亚 Eric Hu 课题组最早提出太阳能与燃煤火电机组耦合方法，研究表明，采用太阳热系统收集的辅助热源替代气轮机抽气进入常规电厂回热系统后，理论上可提高火力发电厂发电功率约 30%。光-煤互补发电系统在降低太阳能利用成本、提高太阳能发电效率的同时，还能降低燃煤消耗、减少碳排放，具有广阔发展前景。

光热转换的核心是通过使用光热转换材料所特制的太阳光采集面,将辐射到其上面的太阳能尽可能地吸收采集,并转化为热能。不过,由于太阳能到达地球分散且不连续,如何有效地采集太阳能并将其转化为足以提供人们使用的热能是一个重要的问题。在这之中,太阳光选择性吸收器件起到了极为重要的作用,它可以在宽广的太阳辐射波长范围内使太阳能吸收率最大化,同时使由于红外光谱区域中黑体辐射引起的寄生热损失最小化,即使热辐射率最小化。太阳能光热转换薄膜是太阳光选择性吸收器件的关键,其性能决定着太阳光选择性吸收器件光热转换效率的高低。

太阳能光热转换薄膜的吸收机制主要有两种:本征吸收和干涉增强吸收。本征吸收主要取决于薄膜的消光系数(k),而干涉引起的吸收则取决于薄膜的折射率(n)、厚度以及衬底的性能。为了实现对太阳辐射的高吸收,太阳光选择性吸收薄膜是由这两种吸收机制的不同组合构成的。根据结构的不同,太阳光选择性吸收薄膜可以分为:①本征吸收薄膜;②半导体金属连续吸收薄膜;③金属陶瓷薄膜;④纹理吸收薄膜;⑤介质-金属-介质(DMD)吸收薄膜;⑥金属介质复合多层吸收薄膜;⑦类黑体上的透明导电氧化物薄膜。如图1-3所示。

经过实验研究表明,这7种薄膜结构中,DMD多层膜结构与金属陶瓷结构表现最好,主要体现在它们对太阳光的高吸收率和低辐射率以及优良的热稳定性,因而得到了广泛研究。然而,陶瓷金属虽然在高温应用中一般是稳定的,但由于其由掺有金属纳米颗粒的介质或陶瓷基质组成,需要精确控制金属纳米颗粒的尺寸以及分布。相比之下,DMD多层膜结构更加简单,利用介质和金属交替层之间的多重反射和金属吸收层的本征吸收有效地吸收阳光,且易于制造,消耗成本低。

(2) 风能利用技术

风能的综合利用主要指风力发电。近年来,风力发电凭借其技术成熟、成本较低和可大规模开发利用的优势,成为发展最快、最具有竞争力的新能源发电技术。

目前兆瓦级的风力发电机组均采用变速恒频技术,主要有双馈异步发电机(Doubly-Fed Induction Generator, DFIG)和直驱永磁同步发电机(Direct-Driren Permanent Magnet Synchronous Generator, DDPMSG)这两种机型。风力发电具有随机性和波动性的特点,但大多数地区的风速分布仍然具有一定规律。国内外研究人员对风速分布曾有不少的研究,采用了各种理论分布进行拟合,通常用于拟合风速经验分布的理论分布有:对数正态分布、威布尔分布、瑞利分布、皮尔逊Ⅱ型分布、极值Ⅰ型分布等。风速既随机波动，又有一定的规律性，因此可将 t 时刻的风速 $v(t)$ 分解为两部分：

$$v(t) = d(t) + p \qquad (1-3)$$

式中，$d(t)$ 为与时刻 t 有关的确定性部分，描述该时刻的风速均值；p 为与 t 时刻几乎无关的随机性部分，描述风速的随机波动。

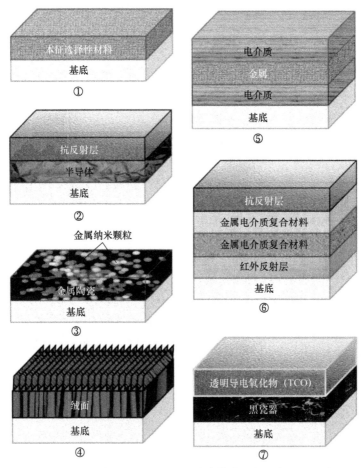

图1-3　7种不同类型的太阳能光热转换薄膜结构示意图（见彩图）

风速 v 服从某种特定的概率分布，可根据订正后的风电场测风数据进行拟合，风速分布一般为正偏态分布，常用的拟合模型有瑞利分布、对数正态分布和威布尔分布，其中两参数威布尔分布是绝大多数情况下，拟合效果最好、应用最为广泛的一种。威布尔分布的拟合方法有最小二乘法、极大似然估计法、矩估计法、最小误差逼近等，即 v 的概率分布也可求。

目前，就风电机组出力与风速之间的关系而言，基本遵从如图 1-4 及式（1-4）所示的函数关系。

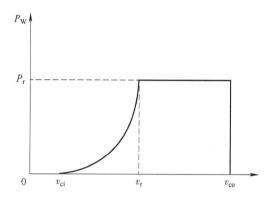

图 1-4　风电机组输出功率特性曲线

$$P_W = \begin{cases} 0 & v \leq v_{ci} \\ A + Bv + Cv^2 & v_{ci} < v \leq v_r \\ P_r & v_r < v \leq v_{co} \\ 0 & v > v_{co} \end{cases} \quad (1\text{-}4)$$

式中，P_r 为风力发电机组的额定功率；v_{ci} 为切入风速；v_r 为额定风速；v_{co} 为切出风速；P_W 为风力发电机组的输出功率；A、B、C 为风力发电机组功率特性曲线参数，不同风力发电机组会稍有不同。

随着风电的大规模并网，意味着未来电力系统中原有的部分常规发电机组退出运行。而现有风力发电机组主流机型为变速恒频的双馈型风力发电机和直驱型风力发电机，其基本原理是通过电力变换技术调节风力发电机组的输出与电网同步，从而避免了对风机转速的苛刻要求。这种运行控制方式从另一个方面使风机转速与系统频率解耦。此外，为追求风能的最大化利用，风力发电机组通常在最大功率点（Maximum Power Point，MPP）运行，不提供有功备用，因而无法在系统频率下降时提供类似传统机组的调频等辅助服务。因此，风力发电机组无法主动响应系统频率的变化，而这对于传统发电机组来说是维持系统频率稳定性非常重要的功能。在此情况下，如果缺失的这部分惯性响应和频率调节能力得不到补充，将使系统整体惯性和频率调节能力减弱，使得系统在扰动（机组脱网、线路故障、负荷突变）下的频率变化率增加、频率最低点降低、稳态频率偏差增加，发生频率稳定性问题更频繁。对于中国风电高渗透率的局部地区，还会导致区域控制偏差增大，给系统的运行调度带来新的问题。因此，为保证电力系统安全可靠运行，降低风电接入对频率质量和稳定性的影响，风力发电越来越被认为需要承担常规电源的辅助功能，包括惯性响应、一次调频和二次调频等。

目前，风力发电机组主要通过转子惯性、超速和变桨方式进行有功功率控制，以参与系统频率的调节。转子惯性控制是风力发电机组运行过程中，通过改变机组转子侧变流器的电流给定，控制转子速度发生临时性变化情况下短时释放/吸收风电机组旋转质体所存储的部分动能，以快速响应系统频率的暂态变化，提供类似于传统机组的转动惯量。转子超速控制是控制转子超速运行，使风机运行于非最大功率捕获状态的次优点，保留一部分的有功功率备用，用于一次频率调节。图1-5给出了双馈型风力发电机超速控制的基本原理。在风速恒定的情况下，风机的不同转速对应着不同的功率输出，通过转速的调节可以控制风机改变运行点。当处于A点时，风机输出最大功率，对应着最大功率点处的转速为ω_0，如果此时控制风机转速超过A点转速，则风机的输出功率减小，实现了减载，保留了一部分备用容量。如果需要增加风机的输出功率，可以控制风机转速下降，如至图中的C点，此时，机械功率和电磁功率达到了再次平衡，从而实现了有功控制。如果转速下降至A点时，功率达到了最大，继续下降则会引起功率的进一步下降。因此，最大功率A点的左边为有功控制的不稳定区，要避免进入该区域。

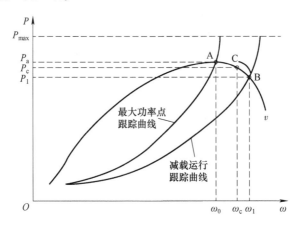

图1-5 双馈型风力发电机超速控制的基本原理

超速控制参与系统一次频率调节的响应速度快，对风机本身机械应力影响不大，但存在控制盲区。当风速达到额定值以后，机组需要通过桨距角控制实现恒功率运行，此时提高转子转速会超过设定的阈值，因此，超速控制仅适用于额定风速以下的运行工况。不过，根据风电运行统计，风机输出功率超过额定值80%的概率一般不超过10%，因而超速控制在大部分时间内都可以适用。但是，采用减载发电模式，在一定程度上降低了风电场的发电效益。

变桨距控制是通过控制风机的桨距角，改变桨叶的迎风角度与输入的机械能量，使其处于最大功率点之下的某一运行点，从而留出一定的备用容量。风况一定的情况下，桨距角越大，机组留有的有功备用也就越大。如图1-6所示：风机桨距角增大，将使风机的功率-转速曲线整体下移，运行点从1点下降到3点，所捕获的风能减少；反之，如果此时减小桨距角，风机所捕获的能量又可以相应增加。

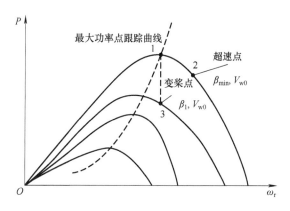

图1-6 风机桨距角控制特性曲线

桨距角控制的调节能力较强，调节范围较大，可以实现全风速下的功率控制。但由于其执行机构为机械部件，因而响应速度较慢；而且当桨距角变化过于频繁时，也容易加剧机组的机械磨损，缩短使用寿命，增加维护成本。一般情况下，变桨控制多用于额定风速以上的工况，而且在系统频率下降时的备用支撑较为有效。在这种情况下，风机参与系统频率调节的作用时间较为持久。

由上述分析可知，风电机组的惯性控制、超速控制和变桨距控制等3种频率响应手段各有一定的适用范围和运行条件约束。为满足系统对风电场频率调节快速性和持续性的要求，很多研究提出将风电机组上述调频手段进行组合应用，以形成优势互补，提高风电调频能力和运行的经济效益。

（3）生物质能利用技术

生物质能被认为是太阳能等所有可再生能源中最具发展前景的能源之一，并成为继煤炭、石油和天然气之后的第四大能源。生物质能在综合智慧能源系统中的利用方式主要包括生物质发电、生物质供热等。我国生物质发电主要包括生物质直燃发电、生物质与煤混烧发电、生物质热解气化发电和沼气发电4种方式。生物质直燃发电即将林、农、工业废弃物直接送往锅炉进行燃烧，产生高温、高压蒸气推动蒸气轮机做功，最后带动发电机产生清洁高效的电能。生物质直燃发电利用纯生物质燃烧进行发电，其CO_2净排放率为0。但是由于受到季节和区域的影响，生物质原料难以保证连续、稳定供应，造成生物质直燃发电成本较高，相关项目目前严重依赖新能源补贴。生物质与煤混烧发电是一种将生物质燃料应用于燃煤电厂中和煤一同作为燃料进行燃烧的发电方式。相比于直燃发电，这种方式减少了生物质灰所带来的积灰和腐蚀问题，可充分利用原有煤电厂的设施和系统进行改造，投资成本较低，发电效率较高。目前，国内生物质与煤混烧发电还处于起步阶段，缺少国家对其上网电价的政策支持。生物质热解气化发电的原理是将生物质原料通过热解气化、气化剂气化和超临界水气化的方式，分解为以CO和H_2为主要成分的气体燃料，气体经过净化后进入燃气发电机组直接作为燃料，进而转变为热能、电能等。生物质气化发电方式可以根据生物质气化的规模进行调整。当气化规模较小时采用内燃机；当规模较大时，可以采用燃气轮机甚至联合循环方式进行发电。生物质气化发电的不足之处在于设备比较复杂，设备运维成本较高。目前我国生物质气化发电技术尚未发展成熟，仍未大规模投入应用。沼气发电是指将生物质经厌氧发酵产生的沼气驱动沼气发电机组发电，并可将发电机组的余热用于沼气生产的发电方式。沼气发电的原料来源广泛，粪便、垃圾填埋场、有机工业废水等都可作为生产沼气的原料；同时，利用沼气进行发电，其发电设备建设规模小且灵活，可根据需求随时增加和扩建，有利于资金的回收和周转。但是发电过程中沼气产生的硫化氢对机组有强烈的腐蚀作用，季节变化亦对沼气产量存在较大影响，发电成本较难控制。

相较于风能和光伏发电，生物质发电具有不受地域、气候、天气等自然条件制约，且供电稳定性较高的优势，同时，生物质发电站初投资少，可根据现有燃煤锅炉改建而成，社会效益更高。研究数据显示，我国每年有近9亿t可资源化利用的秸秆，可支持3000余座30MW的生物质电厂进行发电，其容量可以代替煤实现电网调峰。

（4）氢能技术

氢能技术可以实现大规模、高效的可再生能源消纳，在一定程度上减少对传统化石能源的依赖。在氢气制备方面，根据制备原材料及碳排放情况，可将制得的氢气分为以下三类。

1）灰氢，即以化石燃料为原料制备的氢气，生产过程中存在碳排放，目前占全球氢气总产量95%左右；

2）蓝氢，即通过天然气或水蒸气重整制成，虽然也会有碳排放产生，但在生产过程中会配合碳捕集利用装置，减少碳排放量；

3）绿氢，即利用可再生能源（光伏、风电、核能、水电等）制备得到的氢气，在生产过程中没有碳排放产生。

制备绿氢是氢能利用的最终目标，主要通过电解水制氢实现。目前，电解水制备工艺主要有三种：碱性电解水技术（ALK）、质子交换膜电解水技术（PEM）和固体氧化物电解水技术（SOEC）。主要的制氢方式包括煤和天然气等重整制氢、电解水制氢及工业副产氢，其他如光热制氢、光电化学制氢、生物质制氢及核能制氢等方式在未来具有规模化潜力，但超过95%的氢气来自于煤、天然气等重整制氢及工业副产氢，可再生能源电解水制氢还非常有限，尚未实现"绿氢"的真正高效利用。

氢能发电可以用来解决电网削峰填谷、新能源稳定并网问题，还可以提高可再生能源所发电力并网的稳定性和电力系统安全性、灵活性，大幅降低碳排放，目前主要通过氢燃料电池、氢燃气轮机两种手段实现。氢燃料电池发电以燃料电池为核心。根据电解质的类型不同，可将燃料电池分为质子交换膜燃料电池（Proton Exchange Membrane Fuel Cell，PEMFC）、固体氧化物燃料电池（Solid Oxide Fuel Cell，SOFC）、熔融碳酸盐燃料电池（Molten Carbonate Fuel Cell，MCFC）、碱性燃料电池（Alkaline Fuel Cell，AFC）、磷酸型燃料电池（Phosphoric Acid Fuel Cell，PAFC）等类型。其中，PEMFC功率范围最大，可用于缓解电网波动性，作为灵活电源支撑电网的调峰调频，但是其工作过程中存在热量散出，导致电效率较低。

氢燃气轮机发电，即以氢燃料替代天然气，用于燃气轮机发电。燃气轮机具有很好的负荷调节能力，可在15min内将负荷从零拉满，亦可以氢储能作为中间环节，将氢燃气轮机辅助新能源发电，可在一定程度上解决弃风弃光问题，促进新能源消纳，并提高电力系统稳定性。在电网实际运行中，可将风电、光伏设备发出的质量较差的电能接入电解槽电解制氢，通过氢储能技术储存电力，在电网需要时由氢燃气轮机发电并网，实现对新型电力系统的削峰填谷以及新能源的消纳。

（5）分布式冷热电联供技术

分布式冷热电联供（Combined Cooling Heating and Power，CCHP）技术以"分配得当、各取所需、温度对口、梯级利用"为主要原则，包含燃气发动机、发电机、热交换器和吸收式冷却器等组成部分，能够实现供冷、供热、供电过程同时进行。CCHP系统分布在用户侧附近，可以大幅减少点能在输送中的损失并降低运行成本。同时，由于CCHP系统在运行过程中能源的阶梯利用原则，即对燃料余热进行回收以实现供冷、供热，因而可以充分提高一次能源的利用效率，减少温室气体排放。

在"碳达峰、碳中和"的背景下，发展新能源大规模接入的新型电力系统势在必行，因而CCHP与各种可再生能源的耦合成为研究的热点。很多学者提出了多种耦合型CCHP系统，如天然气与地热资源耦合、与太阳能资源耦合以及与太阳能和地热资源耦合等。若将CCHP与可再生能源结合，可进一步可再生能源消纳及二氧化碳减排，为缓解日益严重的温室效应做出贡献。

(6) 热泵技术

热泵是综合智慧能源系统中供热技术的代表，其原理是通过输入少量高品位能量，从而将低温热源的热量转移到高温物体，进而实现热能的供给。热泵装置按驱动方式可分为压缩式热泵和吸收式热泵。压缩式热泵以氟利昂等工质为循环介质，通过消耗电力或机械功，实现热量由低温热源向高温热源的转移，供热系数（COP）可达$3.0 \sim 7.0$；吸收式热泵按用途可分为增热型和升温型。增热型吸收式热泵指利用少量高温热源热能，产生大量中温有用热能，COP可达$1.6 \sim 2.4$；升温型吸收式热泵指利用大量中温热源热量产生少量高温有用热能，COP为$0.4 \sim 0.6$。

相较于如锅炉等传统供热装置，热泵技术可以显著降低煤、石油和天然气等一次能源消耗，进而减少碳排放量，是综合智慧能源系统热能生产环节尤为重要的技术内容。

2. 能源输送侧

(1) 直流输电

传统电网采用交流电的配电方案，随着直流技术的发展，具备较好的稳定性、经济性及低损耗等优点的直流输配电逐渐成为关注的焦点。直流输电包括常规直流输电和柔性直流输电。常规直流输电采用基于晶闸管的换流器；柔性直流输电采用基于全控器件的换流器。与常规直流输电相比，柔性直流输电具有有功功率和无功功率独立可控、无需滤波及无功补偿装置、可向无源负荷供电、潮流翻转时电压极性不变等优势，因而更适合于在可再生能源接入、孤岛供电、城市供电和电网互联等领域广泛应用。在柔性直流输电中，换流器拓扑由两电平、三电平逐步发展到模块化多电平，使得器件的开关频率和开关应力低、输出电压的谐波和畸变率小。

(2) 分频输电

分频输电系统利用较低的频率［如(50/3)Hz］传输电能，可减少交流输电线路电气距离，提高系统传输能力，抑制线路电压波动。在水电、风电等可再生能源发电系统中，由于发电机转速较低，十分适合利用低频进行发电和输电。目前，分频输电主要通过交交变频器实现输电线路与工频电网的连接。

(3) 固态变压器

固态变压器是一种将电力电子变换技术和基于电磁耦合电能变换技术相结合，可对电压或电流的幅值、相位、频率、相数和形状等特征进行变换的新型变压器。固态变压器具有潮流控制、电能质量调节等功能，可以给电力系统带来更高的稳定性、更加灵活的输电方式、多种形式的交直流电源和高品质的电能，为电力系统智能化提供更有效的控制手段。

(4) 特高压输电

在交流架空输电技术中，输电线路的自然功率与输电电压的二次方成正比，提高输电电压可有效地提高单回输电线路的输送容量。随着电压等级的提高，交流输电系统单位公里的造价也急剧增加，电力系统的稳定运行问题也逐渐显露，因此超特高压直流输电技术得以快速发展。在直流架空输电线路中，单回线路的输送功率与输电电压及输电电流的乘积成正比，常用的超特高压直流输电电压等级、额定电流及输送容量见表1-1。

表1-1 不同直流输电电压等级的线路输电能力

电压/kV	±500	±660	±800	±1100
电流/kA	1~3	2.1~4	3~5	4~5
双极容量/GW	1~3	2.5~4.8	4.8~8	8.8~11

相比于常规高压输电与超高压输电技术，特高压输电技术具有输送容量大、送电距离远、线路损耗低、走廊占地省等优点，能够实现电力跨区灵活调配与清洁能源的有效消纳，一定程度上解决我国西部煤炭及风光水等可再生能源的消纳难题和东部环境压力。

(5) 热能输送

热能由热水与蒸汽组成，其传输方式以地下或空中管道为主。就供热管网自身而言，它的设计、制造和施工等技术已经比较成熟，它的工作重点就是在规划设计和运营管理中运用信息化和智能化技术，从而让区域管网的布局优化、管网泄漏、水力平衡、供热量计量和巡检等问题都得到有效解决，从而提升了供暖的可靠性和经济效益。

（6）氢气输送

氢气的输送有3种方式，分别是气氢、液氢和固氢。目前，天然气、氢气的运输主要有2类：长管牵引式和管线牵引式。由于管线运输具有大规模、长距离等优势，而纯氢气管线建设成本较高，故掺氢天然气管线运输技术是目前国内外关注的焦点。液体氢气的输送方式：液体氢气由液体氢气卡车或专门的液体氢气驳船输送，适合于大容量和长距离的输送。在我国，液态氢输送技术的发展还处于起步阶段，而且还受到了关键设备的限制。氢气的运输成本居高不下，主要是因为它要求的传输压力要在20MPa以下。而固氢传输是指通过将氢气固定在一种固态媒介中进行氢气的储存和运输。目前常用的固态媒介包括氢化物、金属有机框架材料、纳米结构材料等。与传统氢气储存方式相比，固氢传输具有更高的储氢密度和更低的氢气压力，同时更加安全可靠，可以避免氢气泄漏和爆炸等安全隐患。

3. 能源消费侧

综合智慧能源系统在建筑、工业、交通等领域中的应用均侧重于提高服务的节能性，其在能源消费侧的服务主要基于需求响应（Demand Response，DR）实现。需求响应技术作为电力系统需求侧资源利用主要模式之一，可以降低电网运行成本，起到削峰填谷的作用，从而提高电网运行的安全稳定裕度，还可以降低电网的备用容量要求，延缓电网建设投资。

需求响应可视为将负荷转换为具有一定自主性的"可调度资源"，因此应在配电网各种扰动时，考虑充分利用负荷的弹性响应，合理地利用需求响应以降低社会总体损失，提高配电网弹性。

根据驱动方式的不同，需求响应可以分为基于价格的需求响应和基于激励的需求响应，其中基于价格的需求响应措施可以分为包括分时电价（Time-of-Use Pricing，TOU）、实时电价（Real-Time Pricing，RTP）和尖峰电价（Critical Peak Pricing，CPP），基于激励的需求响应包括直接负荷控制（Direct Load Control，DLC）、可中断负荷（Interruption Load，IL）、需求侧竞价（Demand Side Bidding，DSB）、紧急需求响应（Emergency Demand Response，EDR）和容量/辅助服务计划（Capacity/Ancillary Service Program，CASP）等。

基于价格信号的需求响应具有计划性，且响应程度较弱，不具备迅速性，难以应对突发的、随机的扰动；而基于激励的直接负荷控制和可中断负荷的可控性强,响应迅速,且可响应容量大。因此面对配电网的各种扰动发生的情况下,应着重考虑利用直接负荷控制和可中断负荷两种需求响应手段提高系统的弹性恢复能力。

直接负荷控制和可中断负荷最典型的控制对象为电热水器和空调负荷,在紧急情况下可以通过控制空调和电热水器的温度(功率)或者中断其工作,从而将该部分负荷转供至可靠性要求较高的用户,从而降低紧急情况下的停电损失。另外,对于负荷转移要求低、可靠性需求较低的用户负荷,供给方可以通过合约形式对其负荷进行直接控制,在紧急状态下削减或中断其负荷,为系统提供可调用容量。

2014年以来,上海、北京、江苏、天津等地相继实施了应用于削峰、填谷的需求响应。2016年,江苏省大规模源网荷友好互动系统投运。我国需求响应实践主要集中于江苏、浙江、上海、江西、山东等中东部负荷密集、峰谷差较大的地区,针对送、受端电网在冬季供暖、迎峰度夏、电网极端故障等场景下的新能源利用、供需平衡、事故支撑等需求,形成了削峰、填谷、精准实时负荷控制3种具体实施方式。削峰方面,2016年,江苏为了缓解迎峰度夏期间电网供需压力、解决局部负荷过载问题,通过尖峰电价和可中断负荷补贴,工商业自主响应负荷3.52GW;填谷方面,如2020年10月前3日,江苏通过需求响应累计填谷13.4GW,促进清洁能源利用86.9GW·h保障了长假期间电网安全稳定运行;精准负荷控制方面,为提升华东电网最大可受直流馈入容量,保障电网安全稳定运行,江苏实现了3.76GW秒级、2.60GW毫秒级的精准切负荷操作,参与用户达1788个。在激励机制方面,江苏、天津等地建立针对工业用户的尖峰电价机制,利用提价收入建立资金池,用于需求响应补贴及相关平台系统建设。天津区分填谷和削峰需求响应并分别进行补贴管理,同时根据电力供需情况确定启动需求响应的类型和规模。江苏、山东等地制定了分级补偿标准,补偿标准与响应持续时间和响应前通知时间有关。

在配电网弹性恢复过程中,需求响应主要解决的是容量不足下运行调度问题,包括分布式电源容量不足以及上级电网可提供电能容量不足,和配电网中的设备,包括变压器和线路等容量不足。

当配电网发生故障时,在供电线路故障未修复前,假设提供网架重构,上级电源和分布式电源出力无法满足全部用户总负荷需求,考虑用户停电损失最小原则,应对可靠性要求较低,即停电损失较少的用户负荷采取需求响应措施。首先实施补偿较低的直接负荷控制措施,满足停电损失较大的工业用户的用电需求,必要情况下,按照可靠性要求由低到高的顺序依次采取中断负荷措施,从而尽最大可能恢复高可靠性需求用户供电，降低总停电损失。

4. 能源储存侧

提高能量储存的效率，必须依靠各种储能技术，目前最常见的有储电、储热、储气3类。在众多储电技术中，适合于综合能源系统中的储电技术主要是储能电池，按照化学反应物质的差异，它可以被划分成钠硫电池、液流电池、铅酸电池、锂离子电池和镍氢电池。随着科技的进步，以锂或锂合金作为负极，以非水电解液作为电解液制备的锂离子电池，在使用寿命长、储能密度高、质量轻、适应性强等方面表现出巨大的优势。然而，当前还没有实现工业应用全固态锂离子电池。储热技术目前主要有显热存储、变相存储、化学反应存储3种。其中化学反应存储是通过化学反应产生热量进行储热，具有储能密度高、可长期存储等优点。而储气技术的目标是储氢，它可以被划分成3类，分别是物理储氢、固体储氢和有机液体储氢。在综合智慧能源系统中储能系统是保证系统正常、稳定运行的重要组成部分。

储电技术是指将电能转化为其他形式的能量进行存储，然后在需要时将其转换回电能的技术。这种技术可帮助克服电能的间歇性和波动性，为电力系统提供更高的灵活性和可靠性。储电技术可分为物理储能技术和电化学储能技术。物理储能主要分为抽水蓄能、压缩空气储能和飞轮储能等，存在的问题是对场地和设备有较高的要求，具有地域性和前期投资大的特点。电化学储能是利用化学反应，将电能以化学能进行储存和再释放的一类技术。相比于物理储能，电化学储能的优势在于电化学储能能量和功率配置灵活、受环境影响小、易实现大规模利用，同时可制备各种小型、便携器件，作为能源驱动多种电力电子设备。

由于新型电力系统高比例新能源接入的特点，储能技术在支撑新能源电站并网运行、保证电力系统安全稳定运行等方面具有重要意义。首先，在调峰方面，利用储能进行削峰填谷能够大幅度减小电网配电容量，缓解大规模可再生能源接入和分布式电源对新型电力系统调峰产生的压力，一定程度上节约电力设施建设、增容费用。同时，利用峰谷电价差机制，用户侧储能可在电网谷值电价时向电网购电，峰值电价时向电网售电，在促进削峰填谷的同时降低用户用电成本，产生一定经济效益。其次，储能装置在调频方面的应用也较为广泛。在电力系统中，储能装置既可充当电源、又可充当负荷，可提供两倍于自身容量的调节能力，且具有快速的响应性能，是一种优秀的调频资源。储能调频渗入发电端、输配环节、需求侧，依运营商需求协同配套电源或独立并网提供调频辅助服务，其运行模式可分为辅助传统电源调频、依托大规模新能源参与调频、输配环节独立并网调频、需求侧分布式储能集群调频。最后，储能的配置可以有效改善电能质量并提高电力系统稳定性与可靠性。由于风电、光伏等新能源发电并网功率输出具有很强的间歇性，其大规模并网难免引起谐波、直流注入、电压波动闪变等问题，造成电能质量下降。利用储能装置可以实现瞬时平滑间歇式电源并网时的能量波动、电压波动、有功补偿、无功补偿和谐波治理，对电能质量进行优化。

热储存技术可划分为显热储热、相变储热和热化学储热。目前最广泛使用于大型显热储热的水蓄冷/热型分布式能源系统以及熔融盐储热系统，存在存储密度较小、设备体积较大等问题。相变储热是一种储能密度大、设备简便的新型储能技术，但储能/释能速度慢，适用于小型化、分布式储能。热化学储热技术是指通过化学反应或物理变化来吸收或释放热量，以实现热能的储存和利用的技术。其应用领域广泛，包括太阳能热利用、工业余热回收利用、节能减排等。与前两种技术比较，热化学储热技术有着更大的优势，但仍需进一步加强材料研发、系统设计和应用研究，以促进其在实际应用中的广泛推广和应用。

储气技术的目标是储氢，它可以被划分成物理储氢、固体储氢和有机液体储氢3种类型，在物理储氢中，又包括低温液体储氢和高压气态储氢两种类型。液体低温储氢技术具有高密度和高纯度的优点，但是在储氢时能耗和费用较高；气体压力储存技术成熟，应用广泛，但是其体积小且有泄漏、爆炸的危险；固态氢存储技术是一种容积密度高，操作简单，纯度高的氢存储技术，但是其品质密度低，成本偏高，目前还在探索中；而有机液体储氢因其纯度低，催化剂易失活以及价格昂贵，还没有得到广泛的工业应用。

5. 能源协调侧

"源-网-荷-储"调度架构是实现主动配电网优化调度的载体，可以分为集中式架构、分层式架构和分散式架构3类。

（1）集中式架构

对于集中优化调度而言，通常的做法是先建立目标函数，比如网损最小、成本最低、电压合格率高等；然后，建立各个受控环节的经济调度模型，再依据所建立调度模型的复杂度，选取合适的求解算法。优化目标函数可分为单目标优化和多目标优化两类，而求解算法中常见的有遗传算法、粒子群算法、模拟退火算法及相应的改进算法等。曾鸣等人（2016）以系统成本及污染排放最小化为优化目标，充分考虑需求响应、储能、风电、光伏相关环节，建立"源-

网-荷-储"的协调调度模型，采用多目标粒子群优化算法进行求解。沙熠等人（2016）综合考虑分布式能源、储能、柔性负荷，建立了可再生能源利用率、网络损耗和用户满意度相关的多目标优化调度模型，采用改进粒子群算法进行集中优化。MADZHAROV D等人（2014）针对电动汽车接入电网的可行性、经济性进行了分析，对电动汽车最优充放电进行了优化，使得电网可以接入更多的电动汽车，并且电动汽车可以以更低的成本进行充电。TASCIKARAAOGLU A等人（2014）针对风光出力消纳问题，将负荷加入调度范围，整合成一个混合控制系统，以经济优化调度为目标函数，结合智能优化算法，求解目标函数，解决光伏、风电出力的随机波动问题。集中式调度架构适合于规模适中的应用场合。当协调对象规模较大时，其对通信需求、计算能力和存储空间的需求都会急剧增加。

（2）分层式架构

分布式发电的容量一般较小，数量众多。此外，当柔性负荷包含大量空调负荷和电动汽车时，如果采用集中控制，将产生巨大的通信和运算压力。分层控制与集中-分散控制、多代理控制的概念类似，常用于控制组件过多的情况。这种控制模式中，底层控制具有一个统一控制器，该控制器可以接受上层控制器的调度指令，以达到经济运行、安全运行等目的。高赐威等人（2014）针对大规模空调负荷将直接负荷控制在微观层，每个聚合商管理对应区域的空调负荷，使实际负荷出力与调度计划一致；在宏观层，电网调度部门对各个聚合商进行控制，优化负荷调度计划。吕振宇等人（2016）除了采用负荷聚合商之外，还纳入了传统发电和风力发电，进行多时间尺度的协调控制，以实现供需平衡和调度成本最小。分层协调控制中，负荷聚合建模尤为重要，目前电网对负荷聚合商的调度通常将其看作"虚拟电厂"，对负荷聚合商协调整合负荷资源的互动优化作用的研究较少。此外，在实际应用中应充分考虑工程需求进行合理的层次划分。

（3）分散式架构

分散控制中，整个控制架构不包含集中控制中心，各个参与单元都具有同等执行权限。通过建设好的通信网络，参与单元将获得必要的信息，达到统一的目标。比如在微网协调控制中，基于均一协议的分散控制，可以保证在微网内部供需平衡的情况下，达到经济运行的目标。李逐云等人（2017）从"源-网-荷"对应的利益主体角度出发，"源"部分从分布式电源收益最高出发进行选址定容，"网"部分以配网运行成本最小为目标进行配网规划，"荷"部分以用户收益最高进行用电调整，各部分之间通过用电需求、价格等因素进行信息交互，不存在中央控制。刘连光等人（2017）也依据源网荷进行利益主体划分，电源方可以进行售电和购买需求侧发电；电网公司通过过网费盈利；负荷方则依据需求响应进行相应动作，并最终通过竞争非合作博弈方法让不同利益主体受益。目前的分散式控制算法中，由于各控制器只监测本地量，分散式架构可能出现欠控制或过控制，同时各控制器之间可能出现冲突，难以达到电网调度的系统级控制目标。

1.3 综合智慧能源系统典型案例

正泰（乐清）物联网传感产业园项目

正泰（乐清）物联网传感产业园项目（见图1-7）是一个集创新、环保与可持续发展于一体的综合性能源项目。该项目的核心目标是通过构建一个源网荷储智慧能源体系，实现园区能源的高效管理和利用。

图1-7 正泰（乐清）物联网传感产业园项目示意图

在光伏发电方面，项目包括分布式屋顶光伏发电系统、停车棚光伏发电系统以及车库出入口光伏发电系统，总装机容量达到479.54kW。这些光伏发电系统充分利用园区内的闲置空间，通过高效的光伏组件和逆变器，将太阳能转化为直流电能。这些电能可以直接供给园区内的用电设备，或者通过储能系统进行储存，以备后续使用。

除光伏发电系统，项目还引入10kW的风力发电系统。该系统安装在园区的高处，将风能转化为电能，进一步丰富园区的可再生能源供应。

为了实现能源的储存和调节，项目还建设 145kW/329kW·h 的分布式电储能系统。该系统采用电化学的锂离子电池技术，能够根据需要储存和释放电能。通过智能的能量管理系统，储能系统可以与光伏、风电系统进行无缝集成，实现能量的时移、互补和优化。在用电高峰时段，储能系统可以释放储存的电能，减轻电网负担；在低谷时段，则储存过剩的电能，实现峰谷电能的平衡。

此外，还包括充电系统，能为电动汽车等用电设备提供充电服务。通过光储充一体化的设计，园区内的电动汽车可以利用光伏和风电产生的电能进行充电，减少对传统电网的依赖。

在节能方面，园区楼宇采用了水蓄冷制冷主机系统。该系统利用夜间低谷电时段进行制冷，并将冷量储存于蓄冷水池中。到了白天高峰时段，储存的冷量通过主机释放出来，为园区提供冷量。这种水蓄冷技术可以有效减少电网高峰时段的用电负荷，同时降低空调系统的装机容量和运行费用。

同时园区还配备了空气源热泵机组供热系统，采用自主研发的先进技术。热泵机组能够从空气中吸收热能，转化为供热所需的热能，为园区提供稳定的供热服务。与传统的供热方式相比，空气源热泵具有更高的能效比和环保性。

项目实现了能源管理系统高度整合，设备运行可视化清晰友好；将多能互补，强弱电一体化系统、智慧用电系统进行有机结合，实现能源的产生、输配、使用全流程的智能化管理和控制。通过数据采集、远程监控和控制等功能，能源管理系统能够实时监测各子系统的运行状态和能源使用情况，并根据需要进行优化和调整。多能互补系统采用先进的微电网技术、光伏发电技术、风力发电技术、储能技术、控制技术等，通过自主研发的网管集成至正泰云平台。多能互补系统能够实现多种能源之间的互补和优化，进一步提高能源的利用效率和可靠性。同时，通过智能化的控制策略和算法，多能互补系统还能够根据不同时段和需求对能源进行调度和分配，以最大程度地利用可再生能源并降低对传统电网的依赖。项目具体实际验证了以下几个应用场景。

（1）光伏 BIPV，探索光伏发电与建筑结合应用

重新定义并丰富了光伏建筑一体化（Building Integrated Photovoltaic，BIPV）的概念内涵，将现代太阳能发电技术与传统建筑材料深度融合，创新研发出一系列新技术和新产品。这些产品不仅是高科技属性的新型绿色发电建筑材料，更是自主设计的成果，实现停车场出入口与光伏的完美结合，停车棚与光伏的完美结合。这不仅提升了园区的整体美观度，更突出低碳绿色的主旨，为可持续发展和绿色能源的应用提供有力支持。

(2) 空气源热泵与燃气锅炉互补耦合清洁供暖系统

空气源热泵与燃气锅炉互补耦合清洁供暖系统，采用智能化的控制策略，根据实际需求和运行条件进行动态调整。在正常天气条件下，该系统优先使用空气源热泵作为主要供暖设备，以充分利用其可再生能源的优点和高效的 COP 值。当遇到极端天气条件，空气源热泵的效率可能会受到影响，系统会自动切换到燃气锅炉作为主要供暖设备，以确保稳定的供暖效果。同时，燃气锅炉可以在热泵效率下降时作为补充峰值负荷的备用能源，以满足更大的供暖需求。这种智能的互补耦合方式可以最大限度地降低能源消耗和碳排放，提供高效、清洁的供暖服务。

(3) 搭建数字孪生平台，助力智能光伏服务

随着物联网技术的不断发展和能源管理功能的持续完善，通过部署大量的传感器来实时采集系统运行阶段的环境参数和工作状态数据。采集的数据不仅有助于全面了解系统的运行状况，还可以通过先进的数据分析和优化算法来预测和避免潜在的产品系统故障，从而提高系统的整体使用效率，并改善用户的使用体验。此外，数据还可以提供宝贵的指导信息，有助于进一步优化未来的方案设计和产品迭代。

具体来说，即构建一个可视化和可控的远程监控系统，该系统能够实时读取能源设备的传感器数据和控制系统的各种参数。结合采集的历史数据，能够构建一个层次化的设备健康指标体系，以便更好地监测和评估系统的健康状况。

在项目建设完工后，通过积累的系统运行数据来进行全面的分析和评价。积累的数据不仅提供关于系统性能的反馈，还为后续的工程设计及施工提供重要的参考信息。此外，这些数据为光伏产品的持续更新和迭代提供实际的应用数据基础，以支持产品的不断优化和改进。

在优化调度策略方面，采用先进的算法和技术来实现对系统的智能控制和优化调度。其中包括根据实际需求和运行状况进行智能调节、优化资源配置、实现多能互补互济等功能。通过优化措施，能够进一步提高能源的利用效率，降低能源消耗和碳排放，从而为可持续发展和绿色能源的应用做出更大的贡献。

(4) 系统运行优化调度策略，实现多能互补互济

采用前沿的微电网技术，结合光伏和风力发电，利用储能和水蓄冷技术，通过自主研发的网关集成到正泰云平台。目的是实现经济效益、能源利用效率和环保性能的综合优化。通过数学建模、智能优化等科学手段，构建一个智能化的分布式能源控制系统，确保系统以最优的方式运行。利用现代科技，为分布式能源系统提供更智能、更高效的解决方案。

1.4 综合智慧能源系统相关政策引导及应用现状

1.4.1 低碳型微电网

1. 低碳型微电网的建设背景及应用价值

近年来，受地缘政治、极端天气频发等因素叠加影响，全球能源供需严重失衡，能源市场急剧振荡，能源价格大幅飙升，特别是欧洲天然气和全球煤炭价格屡创历史新高，对全球能源市场稳定以及经济发展构成威胁。

我国的能源对外依存度较高，尤其是原油和天然气，2021年，石油、天然气对外依存度分别为72%和45%，极端情况下可能严重威胁我国能源安全。我国急需提高电力在终端能源消费的比重，缓解对石油、天然气等传统能源的依赖，保障我国能源安全。

近年来，全国电力供应保障一直存在很大压力。截至2021年底，全口径发电装机量23.8亿kW，同比增长7.9%。全年全口径发电量8.38万亿kW·h，同比增长9.8%。全国超20个省级电网采取有序用电措施，部分地区有序用电负荷超最大负荷的20%，甚至超过了工业负荷的50%。截至2022年7月底，全口径发电装机量24.6亿kW，同比增长8%；1~7月发电量478万亿kW·h，同比增长1.4%；22个省级电网尖峰负荷创历史新高，江苏、浙江的日最大峰谷差超3000万kW。分析其原因，一是全社会用电需求增加，1~7月同比增长3.4%，电量增加1621亿kW·h；二是新增电力装机量新能源占比高，煤电建设放缓，1~7月新增电力装机量8443万kW，新能源占比62%；三是极端天气的影响，2022年全国大面积气温创历史新高，用电负荷（空调）增长迅猛；四是现有电网不适应大比例消纳新能源，尤其分散式新能源。

低碳型微电网在以下七个方面具有重要价值：一是聚合容量，利用智慧控制系统充分聚合区域内的电力容量资源，既包括负荷侧可调资源，也包括分布式电源、储能等资源；二是需求响应，充分挖掘需求响应资源，平抑负荷波动，帮助用户科学、高效地参与需求响应，赚取峰谷价差收益；三是调节出力，增加电力系统可调电源和可调负荷，具备真正的发电能力和双向调节能力，有效地补充尖峰电力缺口；四是节能管控，通过物联网和大数据技术，使用户用电更合理、稳定且高效节能，降低用能成本；五是辅助服务，提供调峰、调频、调压、备电等辅助服务,提高区域供电质量和电网安全运行水平,赚取辅助服务收益;六是现货交易,在电力交易市场成熟后,直接参与电力市场现货交易,促进电力供需平衡,赚取现货交易收益;七是三网融合,低碳型微电网开发中产生的用户和数据资源,可导入三网融合价值渠道,实现社群流量价值和数据价值变现。

2. 低碳型微电网的内涵

低碳型微电网通常指工业厂区或园区内主要电力供应来源为低碳电源的微电网,是发展工业绿色基础设施的重要内容,也是源网荷储一体化建设的重要组成部分。

微电网既能并网又可独立运行,可实现可再生能源与负荷波动就地平衡控制,是分布式能源灵活高效利用模式的重大创新。微电网将作为大电网的重要支撑性环节,成为解决分布式能源并网问题的有效手段,也是新型电力系统一系列重大变革中的关键一环。

与传统的微电网不同,低碳型微电网或低碳型综合智慧能源系统旨在增强源网荷储协调互动,引导企业、园区加快分布式光伏、分散式风电、多元储能、高效热泵、余热余压利用、智慧能源管控等一体化系统开发运行,推进多能高效互补利用,促进就近大规模高比例消纳可再生能源。同时,建设低碳型微电网或低碳综合智慧能源也能够加强能源系统优化和梯级利用,因地制宜推广园区集中供热、能源供应中枢等新业态。加快新型储能规模化应用。

低碳型微电网技术方案架构包含"源""网""荷""储"四大部分,每一部分均包含多种能源元素。

源侧主要有分布式光伏、分散式风电、生物质综合利用(含生物质发电)及热泵清洁供冷暖等。

网侧主要有控制网(含智慧系统)、供电网、冷热管网、气网等。

荷侧主要有大工业用户、商业楼宇、公共建筑、居民用户、绿电制氢、充电桩/换电站等负荷(含有助提升顶峰能力的可调节负荷)。工业负荷的可调节潜力,主要来源于非生产性负荷和辅助生产负荷。商业和公共建筑负荷中,可调节负荷主要是楼宇的空调、照明、动力负荷。居民负荷的可调节负荷,主要包括分散式空调、电热水器、电冰箱、充电桩等,具有布局分散、单点容量小的特点。可调节负荷主要分为可塑负荷、可削负荷、弹性负荷、快速负荷等。

1)可塑负荷,指受到价格激励后用户用能行为可发生长期改变的负荷,可通过调整生产运行时间进行错峰生产的用电负荷。

2）可削负荷，指可偶尔接受指令进行持续性削峰的负荷，包括工业用户可调的主要生产负荷（如电炉）、辅助性生产负荷以及非生产负荷（如非工业空调）等。

3）弹性负荷，指可频繁接受指令进行短期削峰或填谷响应的负荷，包括预加热、预制冷设备等，以及工业用户可调主要生产负荷（如水泥磨）等。

4）快速负荷，指可快速响应（秒级至分钟级）指令进行二次调频等辅助服务的负荷，电解铝负荷、自备发电设备及余热余压发电设施等。

储侧按照应用场景主要包括各类用户侧储能。按照技术类别主要包括电化学储能、热储能、机械储能等新型储能；按照布置形式主要包括户用储能、社区储能、台区储能等形式。

低碳型微电网的产业链结构中，主要干系方包含上游基础资源方和下游需求方。上游基础资源方包括工业、商业及居民用户、项目建设方及产品制造商等。下游需求方包括政府、电网公司、电力市场交易平台、具有碳业务需求的大用户等。干系方间关系：低碳型微电网能够对上游基础资源方的源、荷、储等资源进行聚合和调控，响应下游需求方的调度和邀约，实现能碳管控目标。

低碳型微电网通过协调控制、智能计量以及信息通信等关键技术，实现"通信"和"聚合"，将相对分散的源、网、荷、储等元素通过智慧系统进行集成调控，等效形成一个可控的"智慧调控（必选项）+可控负荷/储能/分布式电源（可选项，至少包含一项）"聚合体，提升电力系统的灵活性和可靠性，支撑新型电力系统建设。

从构成上看，低碳型微电网包括电源侧的分布式光伏、微风发电、生物质发电、垃圾发电，也包括负荷侧的生产生活用电、清洁供暖（冷）、绿能零碳交通，还包括储能侧的户用储能、绿电转化、村县级小共享储能，以及电网侧的直流微网、分布式智能电网、电力交易市场等。

1.4.2 源网荷储一体化

随着综合能源服务业务的逐步开展，综合能源服务在国家重要政策文件中被提及的频次越来越密集，且内容和重要性层层递进，被纳入国家和地方能源规划。这坚定了我国发展综合能源服务的决心。

经过数十年的发展，特别是党的十八大以来，我国能源发展取得了历史性的成就，能源生产和利用方式发生重大变革，已进入新的发展阶段。从全球发展的大趋势看，世界能源正在全面加快转型，推动能源和工业体系形成新格局，绿色低碳发展提速，能源产业信息化、智能化水平持续提升，能源生产逐步向集中式与分散式并重转变，全球能源发展呈现出明显的低碳化、智能化、多元化、多极化趋势。我国要加快构建的，就是顺应世界大趋势、大方向的"现代能源体系"。从新阶段新要求看，党的十九届五中全会提出了"十四五"时期经济社会发展的总体目标，强调现代化经济体系建设要取得重大进展，并明确了加快发展现代产业体系的任务。能源对于促进经济社会发展至关重要，我国要加快构建的，也是顺应现代化经济体系内在要求的"现代能源体系"。

源网荷储一体化指的是"通过优化整合本地电源侧、电网侧、负荷侧资源，以先进技术突破和体制机制创新为支撑，探索构建源网荷储高度融合的新型电力系统发展路径。在实施路径上，源网荷储一体化包括区域（省）级、市（县）级、园区（居民区）级三个层次的具体模式。

(1) 区域（省）级源网荷储一体化

依托区域（省）级电力辅助服务，引入电源侧、负荷侧、独立电储能等市场主体，通过价格引导各类市场主体灵活调节，提高用户侧调峰积极性。依托现代信息通信及智能化技术，加强全网统一调度，建立源网荷储灵活高效互动的电力运行与市场体系，充分发挥区域电网的调节作用，落实电源、电力用户、储能、虚拟电厂参与市场机制。

(2) 市（县）级源网荷储一体化

在重点城市开展源网荷储一体化坚强局部电网建设，梳理城市重要负荷，研究局部电网结构加强方案，提出保障电源以及自备应急电源配置方案。结合清洁取暖和清洁能源消纳工作，研究热电联产机组、新能源电站、灵活运行电热负荷一体化运营方案。

(3) 园区（居民区）级源网荷储一体化

以现代信息通信、大数据、人工智能、储能等新技术为依托，运用"互联网+"新模式，调动负荷侧调节响应能力。在城市商业区、综合体、居民区，依托光伏发电、并网型微电网和充电基础设施等，开展分布式发电与用户储能灵活充放电相结合的园区（居民区）级源网荷储一体化建设。

通过实现"源网荷储一体化"，电网资源主体价值将得到更大的发挥，通过精准调度，实现电网的各个参与主体互利共赢。清洁能源发电企业、售电公司、可中断负荷、火电企业、电网企业、分布式储能等各个参与主体均可从中受益。其中，清洁能源发电企业能够通过参与多品种交易，提高利用小时数，创造发电增量收入；售电公司可以通过先进的负荷分析及预测技术，制定负荷聚合互动方案及合约匹配策略，作为负荷聚合商发挥规模优势，获得代理交易分成；

可中断负荷能够通过主动响应或服从调度，为电网安全运行提供辅助服务从而获得服务收益，抑或通过价格信号的引导，用户有意愿对用能设备进行自动化和智能化改造，或是增加储能等综合能源利用装置和设备，提升能源利用效率，节约用能支出；火电企业可以承担更多电源侧调节功能，获取辅助服务收益；电网企业可以发挥电力市场对资源聚合优化的关键作用，通过优化配置电网调峰资源，实现新能源更大范围消纳，拉动电量增长，提高输配电收入，同时也能够解决因超、重载等网架约束导致的局部消纳困难问题，降低峰谷差，提高设备利用率，缓解电网投资；分布式储能可以参与电网调峰辅助服务并依照分时电价进行"低储高发"，以获得辅助服务利润与点价差利润。

1.4.3 光储直柔

2021年10月26日，国务院印发《2030年前碳达峰行动方案》，其中明确要求：提高建筑终端电气化水平，建设集光伏发电、储能、直流配电、柔性用电于一体的"光储直柔"建筑。

"光"指的是建筑中的分布式太阳能光伏发电设施。这些设施可以固定在建筑周围区域、建筑外表面或直接成为建筑的构件。随着光伏组件和系统的成本不断降低，以及光伏组件色彩、质感、与建筑构件的结合形式越来越丰富，目前它已成为可再生能源在建筑中利用的最主要方式之一，与其他分布式发电设备（如分布式风力发电机等）一起成为推广低碳建筑的必然选择。光伏装机容量的爆发式增长得益于组件效率的持续提升和成本的持续降低。在光伏发电的成本方面，较传统发电系统的经济性优势也在不断体现。我国光伏组件成本从2010年前后的约13元/W_p降低至近年来的1.5元/W_p。地面光伏电站在1200等效利用小时数下的平准化度电成本预计到2025年将会降到0.35元左右，逐渐具备与煤电竞争的能力。

"储"指的是建筑中的储能设备，包括电化学储能、生活热水蓄能、建筑围护结构热惰性蓄能等多种形式。有效、安全、经济的储能方式对于可再生能源的高效利用来说至关重要。为了应对巨大的分布式储能需求，应从"硬性"的储能技术和"软性"的储能模式两方面共同着手，提出适用于不同应用场景的储能解决方案。近年来，电化学储能技术发展最为迅速，其具有响应速度快、效率高及安装维护要求低等诸多优势。可用于建筑储能的蓄电池主要包括锂离子电池、铅酸电池、镍镉电池等，电池技术呈现出成本降低和收益增加的趋势。除了"硬技术"外，针对现有技术的模式创新（即软模式）极有可能应对当前迫切的储能需求提供实用、经济的解决方案。比如，随着电动车的普及，具有双向充放功能的充电桩可把电动车作为建筑的移动储能使用；通过空调末端充分利用建筑物自身的热容实现冷热量储存（如热活化建筑系统(Thermally Active Building System，TABS)）；通过大地的热惯性实现冷热量储存（如地源热泵）等。

"直"指建筑低压直流配电系统。直流设备连接至建筑的直流母线，直流母线通过AC/DC变换器与外电网连接。随着建筑中电源、负载等各类设备的直流化程度越来越高，建筑直流配电系统对于提高建筑的能源利用效率、实现能源系统的智能控制、提高供电可靠性、增加与电力系统的交互、提升用户使用安全性和便捷性等方面均具有较大优势。构建直流电器生态是推广"光储直柔"系统的基础。虽然目前直流电器的产业化能力比较薄弱，但许多设备厂家均在直流电器方面进行了一定布局，直流家电及直流系统专利申请呈总体上升趋势。此外，各种直流电器的智能控制策略也亟待开发，以实现基于"光储直柔"系统原理的电器柔性用能调节。

"柔"则是指建筑用电设备应具备可中断、可调节的能力，使建筑用电需求从刚性转变为柔性，也是"光储直柔"系统的最终目的。"光储直柔"建筑即是将四种技术（光伏发电、分布式储能、直流电建筑及柔性控制系统）结合，相互叠加、整合利用，实现建筑节能低碳运转，光伏发电使每栋建筑都成为绿色"发电厂"。

日常生活中用的电都是交流电，而光伏等可再生能源发出来的电为直流电，常见的光伏建筑都会安装逆变器，以便将直流电转变为交流电，供日常使用。转换过程中，就会造成电量的损失。所以与常规光伏建筑相比，光伏直流建筑具备电能利用率高（提高6%~8%）、节能优势明显、设备投资少，投资回收期短（省去逆变、变压等设备，节省设备初投资约10%）等优势。而且建筑上应用直流配电，可获得显著改善系统性能，安全性显著提高，电源品质提高等优势。

"光储直柔"建筑对于城市电网的作用主要体现在以下三方面：

1）削减夏季空调负荷峰值：空调是导致夏季负荷峰值的主要原因之一。如果能够充分挖掘空调系统的灵活性，一方面配置蓄冷、蓄冰、蓄电等储能设施，另一方面结合建筑的用能需求和负荷特性优化空调的运行调度策略，则有可能大幅降低夏季空调的负荷峰值。

2）缓解电网增容压力：电力负荷增容快的原因一方面是空调等建筑用电负荷的增长，另一方面是电动汽车的数量增长。光储直柔建筑电能不仅可为室内所用，还可以连接邻近停车场的充电桩。深圳市电网曾经有过计算，假设延续近年增速到"十四五"末期深圳市建筑用电峰值负荷达 2500 万 kW，如果通过发展"光储直柔"新型建筑配用电系统削减 50% 的建筑用电峰值，则可以减小电网投资 50 亿~60 亿元。

3）增强电网供电可靠性：在用户侧增加分布式电源，利用直流微电网接入简单、调控灵活的优势，能够有效地提升用电的可靠性，并且配合峰谷电价、需求响应等激励政策，还能够降低用户的用电成本。发展"光储直柔"新型建筑配用电系统，充分利用两部制电价和峰谷电价差，可从用户侧进一步降低用能费用。

光储直柔碳中和技术想象空间大，应用场景以及空间非常巨大。中国建筑旗下子公司中建科技集团投入大量科研经费、与清华大学成立"未来城市联合实验室"共同研究"光储直柔"核心技术，并形成多项代表性示范工程。"光储直柔"技术是包括光伏发电、直流配电、双向充电、柔性控制四个阶段的一种新型能源技术，初步预计或可为建筑运行减碳约 25%。

案例 1：深圳建科院未来大厦低压直流建筑示范项目

深圳建科院未来大厦低压直流建筑示范项目位于广东省深圳市龙岗区的深圳国际低碳城核心启动区内。项目由深圳建科院投资建设，整体采用钢结构模块化的建造方式，总建筑面积 6.29 万 m^2，包括办公、会展会议、实验室、专家公寓等多种业态。项目整体定位于绿色三星级建筑和夏热冬暖地区净零能耗建筑。通过采用"强调自然光、自然通风与遮阳、可再生能源与分布式蓄能的'光储直柔'技术集成应用"的技术路线，本项目常规能源消耗水平测算为 49.01 kW·h/(m^2·年)，比 GB/T 51161—2016《民用建筑能耗标准》约束值低 51%，比 2019 年深圳市同类办公建筑平均全年能耗水平 91.8 kW·h/(m^2·年) 低 46.6%，年度二氧化碳减排量达到 1675t。

（1）"光储直柔"新型建筑配电系统

未来大厦项目示范"直流+光伏+储能"在建筑中的综合集成技术，其直流配电系统方案示意图如图 1-8 所示，实现建筑用电负荷"柔性"调节，促进建筑领域可再生能源利用和消纳。

未来大厦配置了 150kW$_p$ 的光伏系统，通过具备 MPPT 功能的变换器接入建筑直流配电系统的直流母线。由于建筑按照净零能耗建筑标准设计，采用了多种被动式节能措施，因此通过充分利用屋顶光伏，该建筑有望实现净零能耗，但前提是解决光伏负荷曲线和建筑用电负荷不匹配的问题。

第1章　综合智慧能源系统

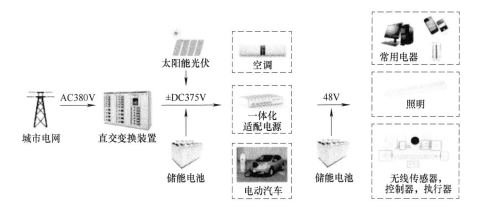

图1-8　未来大厦直流配电系统方案示意图

为此，建筑中配置了约300kW·h电池储能系统。电池储能系统分三个层级：第一层级是楼宇集中式储能，通过双向可控的储能变换器分别接入母线，用于维持母线电压稳定和辅助全楼负荷调节；第二层级储能分散地布置在末端，服务于48V配电网、控制系统和小功率直流电器；第三层级空调专用储能分布在各楼层多联机室外机附近，协助空调负荷的调节并作为空调备用电源。

在用电负荷柔性控制方面，未来大厦基于直流供配电系统，采用基于直流母线电压的自适应控制策略，利用直流母线电压允许大范围波动的特性，建立起直流母线电压与建筑设备功率之间的联动关系，例如空调设备可以在电压较低时降功率运行，建筑储能电池和电动车在电压较高时开始充电，就可以通过调节直流母线电压来调节建筑的总功率，而不需要对所有设备进行实时在线控制。

通过集成应用"光储直柔"技术，不仅促进光伏的有效利用，还能实现建筑配电容量显著降低。如果按照常规商业办公楼的配电设计标准，该楼至少配置630kV·A的变压器容量。而目前该项目对市政电源的接口容量仅配置了200kW，比传统系统降低了50%，有效降低了建筑对城市的电量需求和容量需求。

（2）强弱电结合的智能群控制系统

未来大厦项目采用了±375V和48V的两种电压等级的直流配电系统，兼顾高效性和安全性的需求。直流48V特低电压配电主要覆盖人员频繁活动的办公区域，在满足设备供电需求的基础上，从根本上保障人员的用电安全。并且通过直流自适应插排（见图1-9）配合可变换的转接头，可以满足各种桌面办公设备的接入需求。各类常见的移动设备都可以方便地连接电源，建筑用户几乎不用为各类移动设备携带各种电源适配器了。

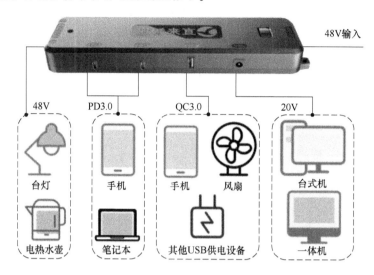

图 1-9　直流自适应插排

通过采用 48V 直流特低电压使强电和弱电系统紧密融合，一体化配电单元在实现 375V 转 48V 变压功能的同时，还内置了分布式控制系统的计算节点（Computing Process Node，CPN）实现建筑空间内设备分布式智能群控。利用分布式控制系统的快速组网的优点，在直流配电系统的所到之处，楼宇自控平台的节点硬件也随之配置，从而能够适应多变的建筑空间和使用功能。与此同时，控制策略可通过编写 APP 并下载执行，这为日后基于这套系统的功能拓展留下了更多的空间。

该示范项目将为建筑领域提供可再生能源利用、建筑负荷柔性调节的解决方案，促进可再生能源规模化应用，激发建筑用户的负荷调节潜力，提高城市能源系统的整体效率和效益。如在深圳市每年 350 万～400 万 m^2 新建建筑中应用，直接碳减排量将达到 10 万 t/年，相当于 4 万亩（1 亩 = 666.66m^2）森林的碳汇量，降低深圳市每年碳排放增量的 12%～15%，节能减排效益显著。

案例 2：山西芮城庄上村光储直柔直流微网项目

2021 年 12 月 31 日，由智慧能源科技有限公司（国核电力规划设计研究院）EPC 总承包的芮城庄上村光储直柔直流微网项目，经过新能源分公司（海风中心）EPC 团队和业主的通力配合，经供电局批复，首个台变并网发电，该项目是国家电投集团的县域样板房项目，该项目由中国电力投资，该项目总容量 2000kW，有 3824 块光伏组件，为目前国内最大的县域光储柔直示范项目。

在芮城县委县政府支持主导下,由国家电投集团下属的中国电力投资、国家电网山西省公司合作建设的庄上村农村"光储直柔"新型配电系统商业试点,成为利用"光储直柔"技术开发整县域分布式光伏的"样板房"。项目总装机2MW,储能717kW·h,于2022年初成功并网建立了"屋顶光伏+储能+直流配电+柔性用电"的新型电力系统。

据测算,该项目全容量并网后每年可节省标煤800t,节水7700t,减少二氧化碳排放2450t,减少烟尘排放4.46t。庄上村"光储直柔"新型配电系统开创了农村终端用能清洁电气化应用模式,树立了零碳村镇试点建设先行先试的典范,是推进乡村振兴的生动实践。2023年4月24日,庄上村被联合国开发计划署、全球环境基金、农业农村部共同授予"中国零碳村镇示范村"。

第2章 综合智慧能源系统源荷特性及运行方式

2.1 综合智慧能源系统类型

各地人口及经济发展状况的不同导致负荷组成和占比的不同，这也必然导致地区负荷特性不尽相同；各地负荷特性的影响因素及影响程度不同，也将导致地区电网分类负荷及总负荷特点的不同。同时，负荷还有明显的时间性差异。同一地区电力负荷的构成在不同的时间存在很大差异；同一地区负荷在不同的时间受到不同的影响因素影响；同一因素在不同的时间对负荷的影响程度也不尽相同。由此可见，负荷特性主要取决于负荷的地域性和时间性。

目前针对负荷特性研究并没有规范的评价体系，不同地区分析时采用的负荷特性指标各不一样，历史负荷数据的积累程度和开展的负荷特性研究深度也不一致。负荷特性指标数量较多，且指标之间相互独立，不能简单地直接进行计算，给分析工作加大了困难。负荷特性指标（Load Characteristic Indicators，LCI）一般包括：

1) 最大（小）负荷：在所统计的负荷数值中，最大（小）的负荷；
2) 平均负荷：总用电负荷除以相应的时间尺度；
3) 负荷曲线：一定时间尺度下，等间隔对应的负荷值所绘制的负荷曲线；
4) 负荷率：一定时间尺度下，平均负荷与最大负荷之比；
5) 最小负荷率：一定时间尺度下，最小负荷与最大负荷之比的百分数；
6) 峰谷差：一定时间尺度下，最大负荷与最小负荷的差值；
7) 峰谷差率：一定时间尺度下，峰谷差与该时间尺度内的最大负荷之比的百分数；
8) 季负荷率（季不平衡系数）：全年各月最大负荷之和的平均值与年最大负荷之比的百分数；

9) 年最大负荷利用小时数：全年用电量与全年最大负荷之和的比值或是年负荷率与一年中的小时数（365×24h = 8760h）的乘积。

负荷特性的影响因素大致包含经济因素、电力政策因素、气象因素、时间因素等方面。经济的发展和产业结构的变化，使各行业的负荷以不同的速度增长。第一产业随气候影响波动较大，但是随着农村电网建设逐步加强，各类机械化产业工具不断应用，其负荷量总体呈低速增长的趋势。对第二产业而言，工业负荷随工厂的增多，产品产量的急剧提高，高效率电气生产设备的广泛应用，及经济大环境的影响，电力负荷结构虽然发生了很大变化，但整体用电负荷增长率较慢。对第三产业而言，人们的收入水平和物质文化水平逐渐提高，生活方式随经济发展有所改变，在一定程度上对各产业的负荷特性产生了相应影响，负荷水平增长较快，同时引起了全社会负荷中季节性负荷成分增加，进而导致峰谷差越来越大。对居民生活用电量而言，由于居民生活水平随经济发展得到了很大提升，农村电网的升级改造，城市和农村的电气化水平不断提高，各种现代电气化设备都得到了广泛应用，导致城乡居民负荷用电变化较大，负荷增长率较快。

目前，综合智慧能源系统可按系统范围大小，划分为区域型、园区型和用户型三种类型。其中，区域型综合智慧能源系统包含智慧城市、智慧乡村等应用场景，园区型智慧能源系统往往应用于工业园区、科技园区，用户型综合智慧能源系统的应用场景包含数据中心、楼宇等。

2.2 不同类型综合智慧能源系统的源荷特性

2.2.1 城市区域型

典型的城市用电负荷主要包含第二产业、第三产业用电负荷与居民生活用电负荷。其中，第二产业是指工业和建筑业，包括提供生活用品的轻工业和为社会国民经济提供必需品的重工业。这类负荷主要由工厂内办公、生产以及加工等消耗的负荷构成。大部分实行三班倒工作制度的企业的用电负荷相对平稳，属于总负荷曲线中的基底部分。除了受生产方式影响外，工业用电负荷还受政治、经济、环境、政策等影响。第二产业在国民经济中所占的比重较大，其对电网总负荷有着举足轻重的作用。第三产业是指除了第一、第二产业以外的其他行业，涵盖商业、住宿、餐饮等服务业以及软件等高新技术行业。此类负荷增长较稳定，受经济形势和季节影响较大。虽然第三产业用电负荷目前没有第二产业负荷所占的比重大，但其照明类负荷与整个电网的高峰时间是重叠的。因此，第三产业负荷对电网总负荷的影响也不容忽视。居民生活用电负荷主要指包括调理类电器、冷暖类电器、卫生保健以及文化娱乐类电器在内的家庭生活用电。这类负荷一方面随着地区的不同而不同，一方面也随着季节的变化产生很大的波动，此外，还与居民的生产生活的时间安排息息相关。随着近年来城镇化的推进以及我国经济水平的发展，居民生活用电负荷有明显的增长趋势，其对整个地区负荷特性的影响不容小觑。

同时，考虑到快速发展的电动汽车，随之而来的巨大的充电负荷势必会成为影响智慧城市电网负荷特性的重要因素。电动汽车充电行为在时间上的分布具有极大的不确定性，由电动汽车使用者用车习惯、上下班时间以及引导政策等多种因素共同决定，还易受到外界环境的影响。但随着电动汽车数量的增加，充电行为特征在时间上的分布将符合一定的概率模型。涉及电动汽车的数量越多，充电负荷表现出的分布特性将越明显。电动汽车充电日负荷特性曲线如图2-1所示。

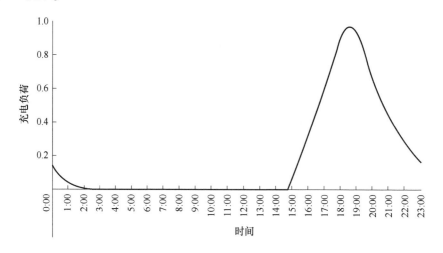

图2-1　电动汽车充电日负荷特性曲线

以某城市3个供电区域的变电站为例，进行全年负荷特性分析，如图2-2所示。

由图2-2所示，年负荷曲线呈现"谷-峰-谷-峰"的变化。初春至初夏负荷处于低谷期，但曲线相对较为平坦，夏季居民、商业用电受气温影响出现高峰，

第 2 章　综合智慧能源系统源荷特性及运行方式

但随着秋季降温，负荷大幅度减少再次出现低谷，冬季随着取暖负荷增加以及负荷自然增长出现冬季高峰，冬季高峰与夏季高峰用电负荷相差不多。

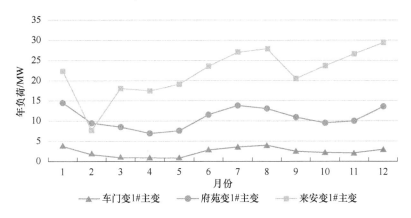

图 2-2　年负荷特性

综上所述，负荷受气温影响严重，夏季空调负荷、冬季取暖负荷占总负荷比重大，全年存在夏季和冬季两个明显的负荷高峰，夏季高峰负荷出现在 7 月和 8 月，冬季高峰负荷出现在 12 月和 1 月。全年用电低谷主要集中在 3 月、4 月、5 月、9 月和 10 月。

智慧城镇型主要面向城市新区、老城区或县镇区域扩建改造。需要结合新型智慧城市建设要求，开展的综合智慧能源建设和服务，客户主体是地方政府。此类型着力解决能源需求大、种类多、环保要求高等问题，结合智慧楼宇、智慧交通、智能城市基础设施等手段，打造绿色、生态、节能、高效、安全的城市能源整体解决方案。主要以天然气冷热电三联供、分布式燃机、超低排放火电、水电、生物质（垃圾）发电、地热应用、大电网供电为基础的能源供应，结合分布式光伏、低风速景观式风电、热泵、储能等多种能源供应形式。图 2-3 所示为城镇综合智慧能源系统典型框图。

1. 城镇综合能源系统供能方式分析

目前城镇中主要的供能方式为供电、供热、供气和供冷。供电基本通过大电网供电和分布式电源实现；天然气主要由外来管道进行输送；供冷则分为大型建筑集中式供冷或家庭分散式供冷两种形式；供热形式在南北方有一定的差异，北方主要是集中供暖，而南方以分散供暖为主。城镇的用能形式按照用能主体划分包括居民、商业及工业用能，不同类型的用户用能特点也不相同。

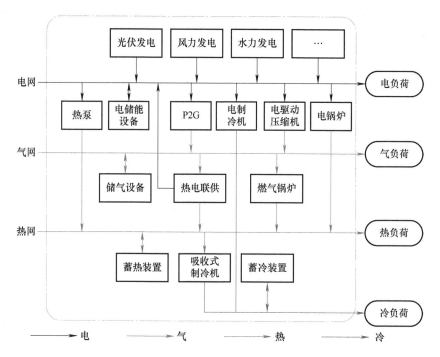

图 2-3 城镇综合智慧能源系统典型框架图（见彩图）

（1）电能供应方式

到 2020 年末，我国的全口径发电装机容量为 22.0 亿 kW，相较 2019 年同期增长 9.5%；"十三五"期间，我国全口径发电装机容量的年均增长率为 7.6%，其中非化石能源的装机年平均增长率为 13.1%，在总装机容量中所占比重由 2015 年的 34.8% 增长到 2020 年的 44.8%，上涨了 10%；煤电装机容量的年平均上升速度为 3.7%，在总装机容量中所占比重由 2015 年的 59.0% 减少到 2020 年的 49.1%。仅 2020 年，全口径发电总值为 7.62 万亿 kW·h，相较 2019 年同期增长 4.0%。煤电装机容量占总装机容量比重首次低于 50%，新增并网风电装机规模创历史新高。2020 年，我国增加并网光伏、风电装机容量分别是 4820 万 kW 和 7167 万 kW，新增的并网风电装机容量达到历史最高。到 2020 年底，我国全口径的水电装机容量达到 3.7 亿 kW、火电达到 12.5 亿 kW、核电达到 4989 万 kW、并网风电总量为 2.8 亿 kW、并网光伏发电装机总量为 2.5 亿 kW。我国的全口径非化石能源发电装机容量总计为 9.8 亿 kW，占全口径发电装机容量的比例为 44.8%，相较 2020 年末提高 2.8%。煤电装机总量为 10.8 亿 kW，在总装机容量中的占比是 49.1%，首次下降到 50% 以下。本节主要着眼于波动性较强的新能源发电,分析风电、光伏的出力特性。

分布式光伏具有投入较少、安装灵活、便于就近消纳的特点,有助于帮助我国走出发电与负荷匹配度较低的困境,同时能够降低传输过程中电能的损失,改善目前对大电网依赖较强的现状,减缓电网投资压力。伴随着分布式电站相关支持政策的制定,我国的分布式光伏电站发展迅猛。我国已经成为全世界最大规模的光伏市场,连续五年新增装机排名第一。2020年,我国的新增光伏装机量为4820万kW,此中集中式的光伏电站新增装机量为3268万kW、分布式光伏新增装机量为1552万kW。从地区分布看,南方和中东部地区总占比约为36%,"三北"地区占比约为64%。2020年,我国的光伏平均利用小时数为1160h,平均利用小时较多的分别为东北地区(1492h),西北地区(1264h),华北地区(1263h)。我国的光伏资源地区差异性较大,总体特点表现为高原及少雨干燥地区资源丰富,而平原及多雨潮湿地区资源匮乏。

光伏发电直接利用太阳能发电,其基本思想是通过半导体电池材料的光伏效应,将光照辐射能转化为电能。光伏系统主要由蓄电池组、光伏组件方阵、逆变器、充放电控制器、太阳跟踪控制系统以及交流配电柜等构成。太阳辐射的能量密度偏小,大部分地区的辐射能密度小于$1kW/m^2$,其容量在短时间内发出大容量电能的能力较差,同时光伏出力受光照强度影响,所以一般不作为主电源,而是辅助能源参与。城镇中一般采用非储能式的屋顶发电分布式系统,将变压器安装容量值的20%~30%定为光伏容量值,低压侧并网,可以实现大致的自给自足,不足部分的电能可由电网提供。居民住宅中,白天虽然日照充足,但家中无人,家用电器大部分关闭导致用电量小;晚上虽然没有光照,但电器设备开启导致用电量大,所以最好配套储能保证能源的最大化利用。白天通过蓄电池存储光伏发电产生的电能,晚上则释放出来,虽然会增加成本,但节能效果显著。随着技术的发展,蓄电池的性价比将提升,成本也将进一步降低。能够结合太阳能发电以及建筑材料的太阳能建筑,可以大概率实现未来大型建筑的电力自给,将成为未来城镇化建设的重要发展方向。受气候、昼夜以及季节等因素的影响,光伏发电有明显的间歇性、周期性和随机性。

2020年,我国新增风电并网装机容量为7167万kW,包括陆上风电6861万kW、海上风电306万kW。由新增装机地区分布看,中东部以及南部地区约占40%,"三北"地区约占60%。2020年末,我国累计风电装机容量为2.81亿kW,包括陆上风电约2.71亿kW、海上风电约900万kW。2020年,我国的风电平均利用小时数为2097h,排名较高的省区包括福建(2880h)、云南(2837h)、广西(2745h)、四川(2537h)。三北地区及沿海地区的风能资源相对富集。

风力发电是风资源最主要的利用形式，在风资源富集地区，风机是一种重要的发电装置，同时其出力特性能够与光伏发电互补。随着风速的变化，风机的输出功率也随之变化。风力发电的原理为风以某个速度及攻角流经风机的桨叶，使得风轮得到旋转力矩从而转动，将风的动能变为机械能；风轮再连接齿轮箱带动发电机发电，将机械能转化成了电能。当前主要有恒速恒频异步发电机、变速恒频直驱永磁同步发电机和变速恒频双馈异步发电机三类典型的风力发电机，其中变速恒频风机能够在较广的风速范围内维持其最佳叶尖速比、最大功率点（MPP），是目前主流的风力发电系统。风能资源有明显的季节性。

（2）热能供应方式

我国主要的供热方式包括集中供热以及分散式供热，城镇范围内集中供热以热水或者蒸汽为媒介，由一个或多个热源发出，利用热网向用户供给生活、生产所需的能量。目前，集中供热已经是城镇重要的基础设施。城镇供热的主要组成分别为热源、热网以及用户。热源是指通过各种手段将各种能源形态转化为所需热能的装置。热网是指向需求侧传输以及分配热能的管道系统。热用户为热的终端使用者，热用户可以为家庭也可以指耗能建筑或者工商业企业。

截至目前，北方城镇集中供暖达到 131 亿 m^3，集中供热率约为 85%，其中居住建筑的供热面积为 82 亿 m^2，占 75%，公共建筑的面积为 28 亿 m^2，占 25%。城镇的供热设备主要由热电联产、分散锅炉、区域锅炉、热泵、电热地膜等构成。统计数据表示，我国供热热源总热量的构成中，热电联产占比 62.9%、区域锅炉占比 35.7%、其他约占 1.4%。按用热行业划分，工业的热源主要是热电联产机组，再辅以区域锅炉；而集中供热的居民采暖主要由区域锅炉房供热。随着节能减排相关环保政策在我国的推广，鉴于区域小锅炉高耗能、低热效率、高污染的缺点，近年来各地政府加速了其拆除工作，而具有节约原料及环境友好等优点的热电联产机组及大规模锅炉，在未来大概率成为主要的集中供热源。相对应的，分散供热指各个企业或热力用户自产热力，根据热力来源分为电采暖、燃气采暖、煤炭采暖等。但是，分散供热具有效率低下、供热质量差、污染严重、噪声大以及不易进行管理等缺点，正在逐渐被整合替代。

我国集中供暖的覆盖率相对仍然较低，集中供热系统主要应用于北方的大型城镇，平均覆盖率低于 50%，而芬兰及丹麦等发达国家的城镇集中供热覆盖率高达 90%。随着城镇率的不断提高，取代区域小锅炉以及旧城区热力管网改造等政策都将为集中供热市场创造巨大而稳定的需求。我国秦岭–淮河以南的城镇仍以分布式供暖为主，但随着市民呼声的提高，部分南方城市的集中供暖也逐渐提上日程。武汉市早在2006年就已经率先启动了"冬暖夏凉"的试点工程，成为南方地区最早一批因地制宜实施集中供暖的城市之一。目前，武汉的"政府搭台，特许经营"供暖模式已成为南方供暖的示范典型。这也为我国供热行业的进一步发展提供了较大的市场前景。

（3）燃气供应方式

根据国家统计局数据，2020年，我国天然气总产量达到1888亿m^3，同比增长9.8%。满足了58%的表观需求，净进口量为1299.7亿m^3，同比增长了4.3%。城市燃气的主要气源包括天然气、人工煤气和液化石油气三类。我国城市燃气管道的总长度为78.33万km，这之中天然气管道长度得占比是98.04%。从供气总量上看，2019年液化石油气、人工煤气和天然气的供气总量分别为1040.8万t、27.6亿m^3和1608.5亿m^3。我国城市的燃气生产以及供应行业在改革开放后得到了蓬勃快速的发展。近一段时间来，伴随我国国民经济的大力发展，改善空气质量、改变能源产业结构是目前政府的重要治理目标。人工煤气因为成本高、质量差和气源厂生产过程中会污染环境的缺点，正在慢慢地退出市场，而作为一种清洁、便宜、高效能源的天然气正越发得到青睐。

我国的城市燃气管道总长度呈逐年上升趋势，2010—2019年每年的平均增长率是10.9%。2019年我国的城市燃气管道总长度约为78.3万km，其中天然气管道的长度约为767946.3km，液化石油气管道的长度约为4451.5km，人工煤气管道的长度约为10914.9km。另外，我国沿海液化天然气（Liquefied Natural Gas，LNG）接收站进一步扩建、持续推进新建项目，从而拓宽了海外LNG资源进入国内市场的通道。

2. 城镇综合能源系统用能方式分析

城镇主要根据用能方式可划分为用电，用热及用气。根据用能主体又可将每一类能源的使用分为工业用能、商业用能和居民用能。用户具有不同的能源组成形式、多样化的能源耦合方式。由于城镇中多样化的用户类型，用户个体之间的用能行为也各不相同。与此同时，多种能源之间复杂的耦合关系加剧了用户侧能源需求的随机性。

（1）用电分析

2020年，我国的全社会用电量达到75110亿kW·h，按产业类型划分，以工业为主的第二产业用电量最高，约占全社会用电量的68%；以商业为主的第三产业用电量占据第二位；居民用户的用电量相对增长较快。伴随着我国产业结构不断地调整升级，电力消费的结构也在不断优化，清洁能源的消费占比也有所提升。

工业用户是中国电能消耗的最主要的用户，工业总用电量中超过60%由煤炭、钢铁、石油以及化工等九大高耗能企业消耗。受限于技术、工艺和管理方面的发展水平，工业用电的利用效率较为落后，单位能耗相较于国外先进水平高出40%以上。工业负荷是多班轮倒制的，工作日全天都处于高负荷水平，在7点左右和18点左右负荷水平短暂下降，此刻正处于工人换班的时间段，之后负荷水平恢复正常。工业负荷另一个较大的特点就是除节假日外，平常的休息日时段，工业机器也是运转的。因此，休息日的负荷水平依然能够维持在最大负荷的40%左右。

工业用户全年的日最大负荷出现时刻主要处于三个时段：0点、10点以及14点左右。10点和14点是工作日期间的日最大负荷出现时刻，工业用户负荷没有明显的早晚高峰，有的时候上午负荷比下午高，有的时候下午负荷比上午高。

商业用户主要包括办公楼、商场以及酒店等类型的电力用户，由于不同类型用户的服务功能和运营方式存在区别，负荷需求也各不相同。具体来说，办公楼和商业负荷的需求大部分集中在白天，负荷曲线的峰谷差值较大，负荷率较低，其高峰负荷的分布与电网的高峰负荷分布基本相似。商业负荷需求的主要来源是照明负荷以及空调负荷，办公楼除了包含上述两种负荷类型外，还有热水供给和动力负荷这两类。同时，酒店负荷的时间分布处于全天所有时段，负荷的曲线较其他类型的商业负荷更加平缓，负荷率也相对较高。但是，因为商业用户的用电时段以及负荷需求量相对固定，较难产生负荷转移，只能通过调整用电负荷需求量进行调节。商业用户负荷受季节因素的影响比较显著，夏季负荷最大，冬季其次，而春秋季最少，这主要是因为冬季和夏季有较高的空调需求，导致负荷水平的增加。

商业用户负荷在6点之后快速攀升，约在9点达到早高峰，同时也是当日出力的最大时刻，到20点左右负荷量开始慢慢减少，平段和高峰时段的负荷水平相差不多，日峰谷差较小。总体来看，商业负荷的用电时间集中于9~22点，休息日的用电负荷较为平缓，没有突出的早高峰时间段。商业负荷的最大日负荷主要集中出现在10点和18点左右。工作日的最大负荷主要出现在早高峰时段，休息日的最大负荷则大约集中在18点。

与工业用户以及商业用户不同，居民用户主要是必需用电，同时用电时间段比较固定，用电时段转移的概率较低。用电负荷主要包括照明、冰箱、空调、热水器等家用电器。尽管居民用户单独的用电量不大，但因为其总数非常巨大，居民用户总的用电量也相对较高。因此深入发掘居民用户潜在的节能能力，对于节能减排有重大的意义。居民负荷受季节和天气的影响较大，全年负荷的分布较不均匀。春秋季的居民用电量较小，为年最大负荷量的15%~25%；约占全年时间的50%，居民负荷都在最大负荷量的40%以下，全年负荷量在80%以上的时间仅10~20天，这就使得居民负荷年均衡率较低。

居民负荷有较强的规律性，同时具有明显的早高峰和晚高峰，其中晚高峰峰值远大于早高峰峰值。一天的居民负荷具有突出的时段特性，有早和晚两个高峰值，且早高峰一般在8点左右出现，晚高峰则出现在21点左右，即从每天的6点起，负荷量开始攀升，在8点左右到达一个小高峰，接着负荷量开始下降，可能因为用户出门上班类似的行为。从16点、17点开始，负荷又开始上升，其原因可归结为用户下班等行为，回到家中后的日常活动会使得在约21点用电负荷量到达顶峰状态，之后伴随着用户休息等行为用电负荷量开始减少。全天的用电时段集中在6：00—14：00，16：00—24：00，负荷在晚上较为集中，白天负荷量相对较小，且一天的峰谷差较大。按季节来看，居民用电的早晚高峰在冬季时的峰值相差最大，春秋季相对较小同时波动性小，夏季的波动性最大，且峰值重合点最多的就是在夏季。

（2）用热分析

我国城镇热力需求的区域化比较明显，淮河以南的集中供热总量基本可以忽略，而北方的热力需求占据总量的半壁江山。热力消费群体主要包括居民用户和工业用户。其中，工业用户的热力消费一般用于生产及建筑采暖，居民用户的热力消费则用于居民采暖。

我国目前的工业热力需求约占总热力需求的70%，工业用热以锅炉为主要来源，工业锅炉的主要特征表现为"需求量大、燃煤为主"。工业用热和受季节、地域影响的居民热力需求不同，工业热力需求在南北方都是存在的，且都不受季节影响。同时，工业供热的集中度相较于居民供热的集中度更低，北方许多城市经过近些年的蓬勃发展，居民供暖集中度有了较大的提升，而工业用热集中度仍有较大的提升空间。

居民用热是我国北方和部分南方城镇居民的基本生活需求，主要需求有建筑的供暖、通风及热水供应等。由于我国幅员辽阔，传统的集中供暖地区主要包括秦岭-淮河以北的部分省市，约占全国陆地总面积的70%。近年来，随着我国经济发展和人民生活水平的提升，居民供暖逐步向夏热冬冷的非传统集中供暖地区普及。目前，全国热力消费的约30%由居民采暖构成，未来随着我国城镇化水平的提高以及供暖区域向南扩张，我国居民采暖消费量将呈现稳步上升的趋势。

（3）用气分析

我国天然气的需求增速在 2020 年上半年明显放缓，这虽然是受到了 COVID-19 疫情的影响，但仍达到了 1.5% 的同比正增长。天然气的消费量具有明显的季节性，即一、四季度的天然气需求量较高，而二、三季度则为需求淡季。1995 年以前，我国 50% 以上的天然气用于化工行业。近年来，我国城市化进程不断加快，生态环境和基础设施的改善也逐渐提上日程，天然气消费结构正在从单一的化工和工业燃料向多元化模式转变。随着城市燃气、天然气发电、LNG 汽车等消费的不断升级，天然气消费结构一直在不断优化。

1994 年，我国天然气的消费结构为：城市燃气 13%，工业燃料 45%，发电 2%，化工 40%，而到了 2017 年，我国天然气的消费结构为：城市燃气 33%，工业燃料 32%，化工 15%，发电 20%。目前，我国城市天然气平均气化率只有 25% 左右，到 2020 年已提高到 40%~50%。根据国家天然气发展总体规划，到 21 世纪中叶，我国 76% 的城市将使用天然气，天然气将逐步成为是城镇燃气市场的主要燃料。预计城市燃气消费占天然气的比重将进一步接近发达国家水平的 40% 左右。

我国城镇天然气消费分为三个行业，即居民、工业和商业。研究发现，从长期来看，居民对天然气价格的敏感性高于工业和商业行业。工业和能源生产中天然气是煤炭的补充，而在居民消费中天然气缺乏价格弹性。但是与发达国家类似，居民消费中天然气具有较高的收入弹性。

3. 构网型储能对城市综合智慧能源系统的影响

随着我国"双碳"目标的提出，以风电、光伏发电为主的新能源装机占比呈逐年上涨趋势。然而风电、光伏发电所具有的间歇性、波动性等特征给电网的稳定性带来了一定挑战。为此，多地发布了新能源配储的相关政策。据《储能产业研究白皮书2023》的不完全统计，截至 2022 年底，我国新型储能继续高速发展，累计装机规模首次突破 10GW，达到 13.1GW。为保障国民经济正常运转的源源动力，电力供应的稳定性极为重要。

在电化学储能系统中，储能变流器是仅次于电池的重要元件。储能变流器（PCS）包括整流器和逆变器，决定着输出电能的质量与特征。并网模式下，在负荷低谷时，储能变流器把电网中的交流电整流成直流电给电池组充电；在负荷高峰时，储能变流器把电池组中的直流电逆变成交流电反送到电网中。因此，在新能源规模化并网的背景下，逆变器的控制技术是构网型储能的关键所在。逆变器主要有两种控制技术，即跟网型（Grid Following）控制技术和构网型（Grid Forming）控制技术。当前，并网储能逆变器通常采用跟网型控制技术。跟网型逆变器通过跟踪电网的电压、相位来控制其输出，由于跟网型逆变器依赖于电网的实际电压和频率，需要惯性源提供稳定支撑，如旋转质量，因此跟网型储能无法应对电网的扰动。在系统发生扰动时，这些逆变器通常会关闭输出，直到干扰过去，并且需要在大停电后先建立系统，然后重启逆变器的输出。表 2-1 为两种控制技术的储能变流器对比。

表 2-1 构网型与跟网型储能变流器的对比

变流器类型	适用场景	同步控制方式
构网型	弱电网、孤岛等	G_{FD} 为下垂增益的 P-ω 下垂控制
跟网型	强电网	G_{PLL} 为锁相控制器的 Q-PLL 控制

随着越来越多的新能源和电力电子设备接入，电力系统惯性减小、系统强度变弱趋势明显，稳定性问题越发严重，构网型逆变器逐步受到青睐。构网型储能可以让储能实现类似同步发电机的运行特性，在电力系统发生扰动的前、中、后各阶段，主动构建起系统稳定运行必需的电势，对电网有四层重要意义：一是提升频率稳定水平。提供真实的惯量支撑，在外电网发生频率扰动后，自然无延时地输出功率，降低电网频率变化速度；二是平抑电压变化。尤其是新能源集中的特高压直流近区，发生换相失败将导致交流系统出现暂态过电压，构网型储能通过及时响应能够平抑电压快速变化，避免常规跟网型动态无功补偿装置的响应滞后和反调问题；三是提升新能源多场站短路比。构网型储能呈现独立电压源的外特性，等价于主网侧并联电压源，可以间接改变系统侧短路阻抗，增加短路电流，进而增大短路容量，支持更多新能源接入；四是提高新型电力系统下"三道防线"的适应性。随着新能源的持续接入，跟网型的新能源机组呈现电流源特性，故障期间存在短路容量不足等问题，传统电流保护无法适应，通过配置构网型储能，等效提升系统内同步发电机这样的电压源设备占比，传统"三道防线"可以沿用。

构网型并网技术现在单机和设备层面研究较为成熟，但在新型电力系统中的应用还需要对以下几方面加以考证。首先，构网型储能是否可完全取代传统的同步发电机在电力系统中的支撑作用；其次，构网型储能是如何与新型电力系统配合的；最后，构网型储能在多时间尺度下各起到何种作用。本章以时间尺度作为分析切入点，从暂态过程、短期动态过程以及长期动态过程三方面对构网型储能进行发展展望。

对于暂态过程方面，未来需要针对构网型储能的故障穿越能力进行重点提升，进而提高构网型储能对于系统的快速响应及突发情况应变能力。在遇到故障时，市面上使用更为广泛的跟网型技术利用锁相环作用直接抑制故障电流，从而保证变流器及系统安全。但是构网型储能呈现为电压源特性，其故障电流和电压则与阻抗有关。因此如何有效抑制构网型储能故障电流在暂态过程亟待解决的问题。现有的主要方法包括：在故障发生时增加阻尼值，减缓输出相位的增长以争取到切除时间，但这一策略的弊端就是在切除不及时情况下，极易导致新型电力系统失去稳定。另外一种路径是在故障发生瞬间将构网型控制转回跟网型控制，但其缺点在于此刻电网或失去电压源，且在系统恢复正常运行时，由跟网型控制转变为构网型控制模式后易产生过电流，不利于系统稳定运行。

现如今，基于虚拟同步发电机（Virtual Synchronous Generator，VSG）的构网型储能控制技术是业界主流的研究方向。故在短期动态方面需要对基于VSG的构网型储能和同步发电机组进行对比，以验证构网型储能技术是否能够完美替代传统同步机组在系统中的作用。虚拟同步发电技术的运行特性和同步发电机相类似，皆具备机电暂态特性以实现功率同步，且含有滤波器和输出阻抗。但由于两者结构不同，两者在短期动态方面中的次暂态过程及控制效果方面也有所差别。首先，基于VSG的构网型储能控制由于其电力电子特性，相比传统的同步机组有更快的响应速度，且可使输出迅速稳定，没有同步机组因电磁导致的次暂态过程，因此在电压支撑方面的效果更为优越。在调频调压、惯量阻尼和系统阻抗等关键性能方面构网型储能技术甚至优于同步发电机。但与此同时，构网型储能由于其快速响应在暂态恢复过程需要承担更多的功率支撑，可能对储能电池的寿命造成一定程度的影响，因此在新型电力系统的短期发展阶段，不应过分追求构网型储能的"快速调频"能力，应兼顾惯量支撑和同步机组的暂态功率共享，实现协调运行，以成功过渡系统转型阶段。此外在对惯量、输出阻抗等控制参数相同时，其对电网支撑效果是相同的。构网型储能作为维持新型电力系统稳定运行的控制手段之一，在未来需要代替同步发电机组尽可能的实现100%新能源装备。在储能配备充足时，构网型控制由于其电压源和快速响应主动支撑特性，即使100%新能源占比的系统仍可稳定运行。相比之下的跟网型控制系统由于其需要被动获取电压频率以及电流源的特性，当系统在80%新能源渗透率下将导致系统无法运行。除此之外，在短期动态方面需要重点注意储能整体容量对系统频率特性作用。储能容量和系统惯量输出有直接关系，

第 2 章 综合智慧能源系统源荷特性及运行方式

因此在使用以构网型为主要控制系统中，需要配备足够容量的储能装置以维持系统频率稳定。在未来应尽快完善构网型储能参与系统调峰、调频的相关控制标准体系，从顶层设计的角度完善相关研究工作，支撑后续工程建设。

在长期动态方面，届时新能源已成为电力系统中不可缺失的一部分，因此需要考虑新能源发电波动性对电网频率及系统稳定运行的不利影响。故发展新能源与构网型储能协调控制系统是未来新型电力系统建设的必经之路。储能位置对系统频率支持效果作用较小，但对于系统频率波动影响则较大。以风机为例，构网型储能装置放置于风机交流侧与放置于风机直流侧所产生的作用效果影响不尽相同。当储能装置置于风机交流侧时，风机功率直接流入电网，此时风机所带的波动性无法通过储能装置所控制；当储能装置置于风机直流侧时，风机功率先流入构网型储能单元，此时可有效抑制新能源的波动性并平滑发电输出。因此需积极探索构网型储能的装机模式，迫使新能源输出功率首先经由构网型储能单元控制。此外，由于各新型电力系统中新能源受异常天气影响程度、新能源渗透率及电网强度不尽相同，单一的构网型储能控制模式无法满足所有系统的需求，故需积极研究在不同场景模式下构网型储能的平滑切换策略。作为一套完备的控制系统，需要具备在紧急情况下的快速响应能力，保障系统稳定运行。因此在未来构网型储能应积极探索纳入安控系统的路径，为系统提供紧急的功率支撑，一定程度上等效释放馈入直流的输电能力。此外，追求稳定与最大能量收益之间的冲突也是构网型储能在未来亟待解决的问题。故应积极探索构网型储能参与电力辅助服务市场的创新机制，充分发挥构网型储能的多重价值，提高发电企业配置主动支撑型储能设备的积极性。在大电网高比例新能源电网规划方面，对构网型储能在大电网层面的系统级规划应用开展深入分析，重点对构网型储能的选点布局、技术经济性分析等开展研究，指导新型电力系统建设。

从"被动跟网"到"主动构网"，构网型储能系统不仅能为电网提供稳定的电压源，还可主动平抑电网中各类大小扰动，缓解电力系统的暂态电压、频率等稳定问题，有效提升新能源消纳能力。在近期的储能行业会议上，不少专家都提到构网型储能"新能源电站+储能+合适的算法控制"模式建立以后，将具有与火电厂类似的功能。当前，我国的构网型储能尚处于起步阶段，构网型储能作为电压源，若多台电压源设备并列运行，可能存在环流、抢功率等问题，影响系统的稳定性。为进一步挖掘构网型储能在大电网层面的应用潜力，后续可从以下四方面发力：一是推进基于国内主流大电网仿真平台的构网型设备模型开发工作，支撑工程实践应用；二是围绕构网型储能过流能力选取、对传统继电保护适应性等方面，完善构网型技术在大电网层面应用的相关标准体系建设；三是探索构网型储能参与电力辅助服务市场的创新机制，建立构网型储能参与系统调峰、调频、转动惯量等辅助服务及评价体系；四是聚集政府、企业、权威科研机构力量，积极探索产学研创新联合体、产业技术研究院、产学研穿行战略联盟等多样性产学研融通平台，加快构网型储能技术突破及推广应用。

2.2.2 农业园区型

基于我国乡村社会的特点和国家关于乡村发展的政策，在信息化背景下，我国智慧乡村可以分为旅游型、农业型和能源型这三种基本类型，如图2-4所示。这是目前最适合我国乡村实际的智慧发展领域和方向。

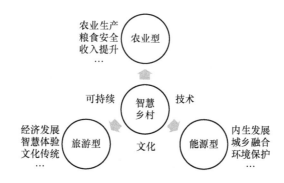

图2-4 智慧乡村的基本类型

首先，农业型智慧乡村承担国家粮食生产的根本性任务，同时，大部分乡村的主要功能和角色定位仍然是农业生产。应用信息和通信技术（Information and Communication Technology，ICT）的智慧农业属于第四次农业发展革命，ICT可能成为未来农业发展规则的改变者。可以预见到的是，将数字化技术大规模应用到农业生产中的智慧农业是未来农业发展的主要趋势之一。不同于以往的技术革新，农业型智慧乡村发展在农业生产过程中将会引入各种高科技，可以极大提高农业生产效率，在粮食安全、生态保护、社会平等等方方面面都可以发挥出重要作用。例如，气候智慧农业（Climate-Smart Agricalture，CSA）技术可以降低气候变化可能对农业生产带来的风险，为实现零饥饿、减少土地退化、消除贫困等目标做出贡献。SWO（Soil Water Outlook）技术是一种气候预测工具，可以根据预测的气候科学制定农场战略管理决策，极大降低农业生产可能面临的风险，提高农业生产的总值。综上，农业型智慧乡村实际上是将一系列数字化技术应用到农业生产中，注重经济与社会协调发展的可持续发展模式。

农业型智慧乡村往往聚焦于特色农产品的打造和品牌农业的建构,提升在市场中的竞争力,并建立起包括电商、物流和服务于一体的智慧流通渠道,根据大数据来预测生产规模,协调产品的供求关系,做到科学的生产和流通。农业型智慧乡村在创新农业生产,保障农产品质量,提高农产品价值,增加农民收入,保护地方生态,实现可持续发展等方面可以发挥关键作用。由上述分析可知,对于农业型智慧乡村,各类职业农民和各类水生、土生等农业原始产品,以利用生物的自然生长和自我繁殖的特性,人为控制其生长和繁殖过程,生产出人类所需要的不必经过深度加工就可消费的产品或工业原料的第一产业负荷构成其负荷的主要成分。第一产业负荷有几个典型的特点:首先是季节性较强。第一产业的负荷受季节影响较大,春季和夏季的农业负荷、水利负荷主要是灌溉、排涝负荷。秋季主要是农副产品的生产用电,冬季第一产业负荷较小。其次是受天气影响较大。天气干旱的时候灌溉负荷较大,洪涝时,排涝负荷较大。从目前来看,第一产业负荷对地区负荷特性影响较弱。

其次旅游型智慧乡村。相比于城市,乡村社会在传统、生态、自然风光等方面具有更大的发展的优势,除了农业之外,旅游业是智慧乡村发展方向中的另外一个重点,这也被认为是实现乡村振兴的重要路径。近年来,国家多次下发关于推动乡村旅游发展的政策文件,旨在推动乡村脱贫,促进乡村可持续发展。例如,《促进乡村旅游发展提质升级行动方案(2017年)》中明确提出要发展智慧乡村旅游。《促进乡村旅游发展提质升级行动方案(2018年—2020年)》同样指出,扩大乡村旅游市场是实现乡村振兴的重要路径。在这样的背景下,旅游型智慧乡村应运而生,通过应用互联网、物联网、人工智能等技术着力打造现代化的旅游乡村,成为目前部分乡村社会建设与发展的主要方向。智慧旅游往往强调通过数字化技术和地方特色的结合,给游客带来良好的旅游体验。在智慧乡村旅游的开发与建设的过程中,尤其要注重两方面内容,一是可持续旅游业的发展,主要包括环境可持续、经济可持续和社会可持续。二是文化景观的保护,主要包括开发本土市场、保护生态系统和改善参与方式等。可以说,旅游型智慧乡村,指的就是借助互联网、物联网和人工智能等高科技技术,充分尊重地方的生态环境和民众(地方居民和消费者)诉求,注重科技与人文的结合,做到科技、自然与人的和谐相处,给游客的身心都能带来最为舒适的感受,旨在促进乡村经济、社会和环境等各方面的可持续发展。旅游型智慧乡村可以较好地优化乡村的经济环境,促进乡村经济发展,提高农民的收入水平,与此同时,可以在短时间内改善乡村社会的整体面貌,提高当地农民的生活质量。由上述分析可知,旅游型智慧乡村具有大量的如餐饮、娱乐行业旅游配套设施，且人口密度较高，因此第三产业与居民用电量较多，占其总负荷量的主要成分。因此，旅游型智慧乡村在一定程度上表现出与智慧城市相似的负荷特性。

最后是能源型智慧乡村。乡村地区的贫困体现在多个层面，其中之一就是能源贫困，能源问题是影响乡村社会发展的重要因素之一。彭慕兰在《大分流》中，解释了英国工业化发展的原因，认为其中关键之一在于英国煤矿开采地距离其经济核心地区比较近，能源供应比较充足。而中国的煤矿资源集中在西北地区，与江南地区的距离很远，运输成本巨大，导致江南地区的发展缺乏能源供应，从而产生了"大分流"的现象。由此可见，地方的发展与能源的供应紧密相关，发展的前提就是能源，尤其在倡导绿色发展理念的今天，可再生的清洁能源更加成为发展的助燃剂和推进器。所谓能源型智慧乡村，就是在能源丰富或者有利于可再生能源发展的乡村地区，应用信息化技术，推广诸如智慧电网、风力发电等现代化能源基础设施，发展可再生清洁能源，在保障自身能源供应的同时，为周边乡村和城市提供能源，更加密切城市与乡村、乡村与乡村之间的关系，加强各地区之间的经济互动，逐渐形成集聚经济效应，从而促进乡村的可持续发展。能源型智慧乡村不仅是解决部分乡村地区贫困问题的重要路径，同时也有助于推动我国"能源互联网小镇"的建设。因此，智慧乡村要得到发展，必须进行能源改革，发展可持续的清洁能源，同时提高能源的利用效率。具体来看，能源型智慧乡村具有以下三点优势。其一，可以有效提升农民的收入水平，改善农民的生活质量。近些年来，我国陆续出台了一系列的光伏产业发展政策，并进行了光伏扶贫实践的推广。通过发展乡村能源产业，可以从内外部两方面获得经济上的支持，农民既可以获得政府补贴，同时还能借助能源发展获得更多的自我发展机会。其二，可以提升能源的利用效率，有利于乡村生态环境的保护。研究表明，以智慧电网建设为主的能源型智慧乡村可以提高现有电网的效率、可靠性和安全性，保障乡村地区的能源供应，激发乡村社会的内生发展动力。目前我国部分乡村地区对一些低质低效能源的使用比例仍然比较高，对环境产生了一定的影响，能源型智慧乡村可以从根源上解决乡村环境污染问题。其三，有利于推动城乡融合发展。通过可再生清洁能源，可以将城市与乡村、乡村与乡村串联起来，激发各种经济合作动力。研究表明，能源型智慧乡村提供的能源效率和可再生能源的综合规划过程对城市的净零能源（Net-Zero Energy）平衡系统具有一定的支撑作用。以能源作为中介，智慧乡村实际上可以与智慧城市有效对接，从而促进城乡融合发展。

2.2.3 产业园区型

多能协同、互补的能源互联网将迎来能源领域发展的重大挑战和机遇，能源互联网技术上的突破必然会站在能源工业的制高点，将引领能源行业和能源领域的发展和创新方式。具备各类分布式可再生资源、空间资源与拥有坚强电网基础和大用户的产业园区将会是能源互联网项目建设试点的首选，园区能源互联网（Park Energy Internet，PEI）将成为业务驱动创新、综合能源服务及效益持续增长的主战场。为了满足现代社会对能源日益增长的需求，解决能源使用和生态环境之间的矛盾，面对可持续发展目标带来的挑战，园区能源互联网因具备可接收分布式清洁能源、综合能效高等特征，受到行业广泛关注。分级分层是国内外能源互联网研究过程中最常见的技术特征，根据自下而上的划分方法可为单体级、区域级、跨区域级几大类。单体级网络是指单体建筑物内所构成的电、热、冷、气的微型供应系统。区域级网络主要指园区（工业园、科技园等）以及城市某个区域各类能源的分配、转换和存储系统。跨区域级网络是指连接多个区域多能源系统以及能源产地的能源传输网络，包括省内/跨省输电、输气、输煤网络等。

基于能量枢纽的概念，可以将园区型综合智慧能源系统抽象等效为一个多输入-多输出的双端口网络，如图2-5所示。

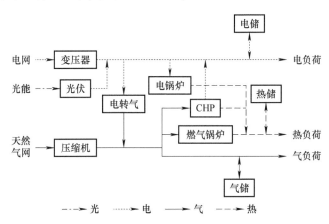

图2-5 园区型综合智慧能源系统结构示意图

1. 工业园区

工业园区是一个国家或区域的政府根据自身经济发展的内在要求，通过行政手段划出一块区域,聚集各种生产要素,在一定空间范围内进行科学整合,提高工业化的集约强度,突出产业特色,优化功能布局,使之成为适应市场竞争和产业升级的现代化产业分工协作生产区。

工业园区用能负荷一般以大工业用电负荷为主导,以少量配套的居民生活用电负荷和农林灌溉形式的农业生产用电负荷以及一般工商业用电负荷为辅。工业园区一般承担大型工业生产任务,大部分负荷目前仍采用交流电供电方式,大负荷设备的经常启停会对电网造成较大波动,供电质量要求相对较低。工业园区用电负荷一般较为稳定,随季节性变化较为显著,容易掌握负荷曲线变化的规律。从整体上看,工业园区用电负荷较大,用电需求平稳。

面向工业园区的能源互联网包含多种元素,如作为新能源发电的光伏发电系统、风力发电系统和天然气分布式能源系统,作为调峰调频、匹配供需和平抑新能源发电过程中产生波动的电池储能系统,作为交换能量核心枢纽的电力系统等。工业园区为单位的区域性能源互联网,总体框架主要考虑以传统交流电力网络为基础,以各类分布式可再生能源系统为能源支撑,使大规模利用和就地消纳分布式可再生能源成为现实,建立能量双向流通的通道,以此加强各种能源之间的联系,达到缓解传统供能模式的压力、提高能源利用率和促进多种能源互联网元素相互耦合的目的。

2. 科技园区

目前国内科技园区主要分为政府主导型和企业主导型两类。园区均具有较好的基础设施。科技园区一般承担科学技术研究任务,用电负荷主要为精密仪器和实验设备,用电负荷对供电质量和可靠性要求较高。目前直流负荷品类繁多,其应用正得到广泛推广。科技园区中的空调负荷、照明负荷、电动汽车充电桩等都可采用直流形式,与传统交流供电方式相比较,科技园区使用直流供电方式给用户供电具备更多的优势。比如在节能和效率方面,使用直流负荷和直流供电能降低能耗,提高能源利用效率。另外对于新能源系统而言,直流供电减少了交直流电能变换环节,使新能源系统能够快速接入直流系统,减少了损耗并提高了响应的速度。总体而言,科技园区用电负荷较小且重要敏感,需有高可靠性和高质量供电。柔性直流配电网有多个不同的电源进行互联,因此在供电可靠性方面,柔性直流配电网更能满足用户对可靠性的要求,直流母线供电便于各类负荷灵活接入,尤其在直流负荷方面匹配性更高。在线路传输路径方面,如果交流线路和直流线路具有相同的走廊空间条件,直流输电比交流输电拥有更大的输送容量;对于采用电缆而非架空线路的输电方式,交流电在输送过程中,需要对容性充电功率进行补偿,因此需要配置一定容量的无功补偿装置,而直流输电线路不存在无功交换,电缆不需要进行无功补偿,可以避免系统稳定性系列问题,两者的输送容量相等,直流输电方式具有更低的网损。柔性直流配电网有多种运行方式,可以应对不同工况及支持功率快速调度控制,能为与柔性直流配电网连接的交流异步互联网络提供支撑功能。

科技园区能源互联网元素包括分布式光伏发电系统、电池储能系统、电动汽车充电桩、交直流负荷等,主要目标为构造以柔性直流配电网为基础的能源互联网平台,实现各类分布式能源系统及负荷的灵活接入和促进能源交换共享。科技园区能源互联网的总体框架以±10kV电压等级的柔性直流配电网为网架基础,分别从三个110kV变电站三个母线段间隔引出三回10kV交流电,作为±10kV换流站交流侧电源,经交直流变换后,通过直流电缆线路送至±10kV联络站,±10kV联络站包括±10kV开关站和±10kV降压站,从±10kV开关站内T接一回线路至科技园区±10kV降压换流站,降压换流站采用直流-直流变换,用户侧直流母线电压等级为±375V,可以满足接入分布式光伏发电系统、电池储能系统、电动汽车充电桩以及交直流负荷的需求,根据需要提供多个接口,以此实现多种能源类型优化互补、新能源与电动汽车灵活接入和高效运营,构建支持新能源和电动汽车即插即用的科技园区能源互联网。

产业园区型主要指工业园区或高新园区,园区又可以是单一种类产业园区或是多种类产业园区。工业园区综合能源区域规模差别比较大,有不到十平方公里的小型工业园,也有达到几百平方公里的工业园区,特点是能源需求密度较大,除电、冷、热等能源需求外,有蒸汽、热水、余热综合利用、充电桩及充电场等需求。能源供应形式主要有天然气冷热电三联供、大电网供电、余热利用、建筑一体化屋顶光伏、分布式风电、储能等。高新园区主要针对机场空港、高铁枢纽中心、高教园区、科技园区、高新开发区、大学校区、数据中心、现代化医院等规划建设的综合智慧能源项目。能源供应形式以天然气分布式能源站为主,包括配电网、分布式光伏、风电、供热管网系统、储能和充电桩等。

3. 产业园区综合能源系统架构

典型的产业园区综合能源系统架构如图2-6所示,系统由冷热电联产机组、电制热与电制冷机、光伏与风机、燃气锅炉、输电联络线、天然气管道等设备组成。

(1) 冷热电联产机组

冷热电联产(Combined Cooling Heating and Power,CCHP)系统主要包括微型燃气轮机、余热回收、热转换器与吸收式制冷等四个部分。其基本工作流程是：微型燃气轮机在吸收外界空气的同时进行压缩，压缩空气与天然气混合燃烧得到的高温蒸气将推动叶轮旋转将机械能转为电能，而此高温蒸气做功后将进入余热锅炉以及换热器进行热回收，进而送入热网或是通过吸收式制冷机回收并进入冷网。经过上述过程，CCHP 系统便可实现对电、热、冷能量的同时供给，这种能源梯级利用的运行方式可减能源的使用成本，提高能源的综合利用率。微型燃气轮机模型考虑为背压式机组，基于背压式机组的 CCHP 输出的有功功率与供热流量近似成正比关系，相比于抽气式机组其转换热能的效率更高，供能经济性更好。

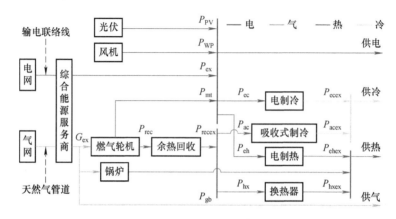

图 2-6 产业园区综合能源系统架构（见彩图）

CCHP 通过燃烧天然气等能源实现对电、热、冷三种负荷的供给，能够使得能源实现高效率应用的同时节约化石能源，降低系统的运行费用。但其电热耦合特性过强，进气量的多少主要取决于热电比值以及热负荷的需求量，其能源利用率较高但热能输出几乎没有调节能力，需通过其他设备或策略进行辅助调节以实现多能灵活调整。

（2）电制热与电制冷机

电制热与电制冷机主要是通过消耗电能产生热、冷能以实现热交换，满足用户的用能需求。电制冷机本质上是一个逆卡诺循环，其通过输入一定的高品位能量给压缩机，压缩机通过一个等熵过程将能量的品位提高，使能量由蒸发器传递到冷凝器；电制热锅炉主要是以电阻或电磁感应原理产生热能，再将热量通过热交换部分输出热能供热负荷使用。

（3）光伏与风机

风电与光伏发电的出力受多个因素影响。其中，风机的出力主要受自然风的风速、风向、作用时间以及风机设备性能等因素的影响,而受地球的自转、公转、太阳辐射以及大气温湿度等气象条件的影响,也会使风速呈现出不确定性。光伏设备的安装位置、即时的天气状况以及当前的时令季节等因素会对光伏的出力有不同程度的影响。

(4) 燃气锅炉

燃气锅炉用的工作原理为燃烧天然气并释放高温热能对热网供能,具有燃烧效率高供热可靠性等特点。

(5) 输电联络线

当系统的电能、热能及冷能的负荷需求处于高峰期而风光出力不足时,产业园区型综合能源系统将可能向电网购电,从而保证系统能源供应。

(6) 天然气管道

天然气管道的建模也需考虑输气管道大小以及天然气总量的等客观限制,类似于输电联络线。

2.2.4 商业楼宇型

随着国家推进售电侧改革,售电业务逐步放开。由此,微网运营商可以以售电者的身份参与微网供电,传统的"批发能源市场—消费者"的上下级市场结构将会转换为"批发能源市场—微网运营商—消费者"的三级市场结构。运营商作为中间商,先向上级市场购能,然后再将能源转卖给微网内楼宇用户,赚取中间差价,而能源每时每刻的交易量会根据微网需求的改变而改变。园区内的楼宇用户,会根据微网运营商制定的能源价格来改变自己的购能需求,将高电价时的用电量转移到低电价时刻,以此减少楼宇购电费用。实时电价及时地将批发电价的变化信息传递给运营商,在上级批发市场和微网运营商中扮演着关键的角色。而微网内一般采用分时电价的方式向楼宇用户供电。智慧楼宇是商业园区内耗能量大且集中的设施,因此,研究楼宇用户的耗能规律至关重要,同时对于楼宇用户来说,怎样减少楼宇能耗投资也是很关键的。通常情况,智慧楼宇内最大的能量消耗设备是中央空调系统。商业园区和居民用户用电量日益剧增,但是相比于低功率、分散的居民负荷,商业负荷更集中,所以更容易控制。而商业园区中有大量相似的智慧楼宇,电、热的消耗都很多,电气化的深入,使楼宇内的热需求和舒适度需求均可通过耗电设备来满足。为减少耗能,园区内智慧楼宇的需求响应研究至关重要。人流量常常会影响楼宇用户用电,对中央空调系统来说,人流量散热的会影响室内热平衡,进而改变空调出力；对新风系统来说，人流量的多少会改变新风的供应量，从而改变新风系统的功率。智能照明系统会根据光照强度改变亮度进而改变消耗的功率。楼宇内三种主要的耗电设备均可以在满足室内舒适度的前提下，根据分时电价参与需求响应。人流量存在不确定性，故而有必要在楼宇用户需求响应研究中考虑其不确定性。当前，已有的需求响应管理模型的实用性和精确度并不高，都忽略了人流量的不确定性带来的影响，中央空调、照明与新风系统的综合响应潜力应该同时考虑温度、照明舒适度以及人流量的影响。中央空调系统在考虑室内舒适度和室内热存储特性时可以在价格的引导下进行需求响应管理。

某工业住宅小区智慧楼宇的电能消耗曲线如图 2-7 所示。

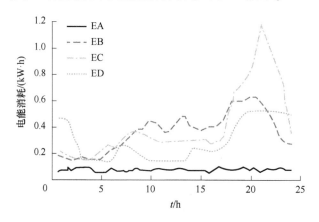

图 2-7　智慧楼宇电能消耗曲线

由图 2-7 可以看出，用户用电行为习惯可分为 4 种类型，分别表示为 EA、EB、EC 和 ED。EA 曲线平行于水平轴，则此类用户整体功率较低，无明显波动且功耗小，故可推测其处于空载状态，仅有少量线损；EB 用户曲线波动明显，用电高峰主要出现在早晚时段，且昼夜曲线波动较小，所以其大概率为上班族；EC 曲线全天呈现多个功率峰值，且峰值在早期、中期和晚期均有出现，则推测用户为老年家庭；而 ED 的能量消耗曲线在一天中呈现多个峰值，但白天为一个小峰值，夜间则是一个远高于其他曲线的大峰值，因此该用户可能是有几代人的混合家庭。

同样，以该智慧楼宇冬季某一天热能消耗作为研究对象，获得的热能消耗曲线如图 2-8 所示。

从图 2-8 可以看出，热能消耗行为可分为 3 类：GA 曲线的高峰仅出现在早晚，因此用户大概率是上班族；GB 曲线全天均呈现多个能耗峰值，说明楼宇内全天候有人，故此类用户应是几代人的混合家庭；GC 曲线几乎仅在晚间有高能，所以用户有可能是学生类型的人群。

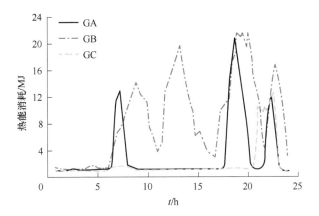

图 2-8　智慧楼宇热能消耗曲线

对于楼宇冷能消耗，则主要选取夏季某典型高温天气作为研究对象，冷能消耗曲线如图 2-9 所示。

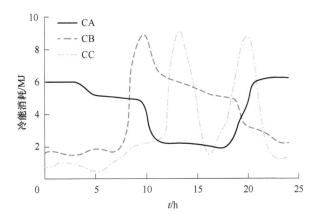

图 2-9　智慧楼宇冷能消耗曲线

由图 2-9 可知，对于冷能的消耗，不同用户具有不同的表现。其中 CA 表现为非工作时间较为明显，而上班时间几乎无冷能消耗，大概率为上班族；CB 和 CC 则与之相反，大部分冷能负荷为白天工作时间，大概率为工业或企业用户，且在部分时间呈现用能高峰。

集群楼宇型项目是依托商业建筑、总部基地、办公大楼、宾馆酒店、专科医院、酒店式公寓、写字楼、别墅区和小型高档社区等进行综合智慧能源建设的项目。通常面对单一形式、主体+裙房形式、小规模的群体建筑形式开展综合智慧能源建设，其系统架构如图 2-10 所示。集群楼宇型项目对能源供应的可靠性要求高于其他类项目，能源供应主要包括天然气冷热电三联供、分布式燃机、内燃机、大电网供电、建筑一体化、屋顶光伏、地热、储能等。

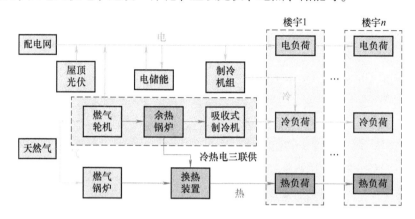

图 2-10　集群楼宇综合能源系统架构（见彩图）

整个综合能源系统与外部配电网相连，系统内设备主要负责能量的产生、转换、储存等，从主要供能设备角度来看，分布式供能单元包括冷热电三联供系统中的燃气轮机以及光伏发电阵列，系统一般运行在并网模式下，特殊情况可变换为孤岛运行模式，在孤岛运行模式下，系统的冷/热/电负荷全部由各个分布式供能设备以及辅助供能设备提供；从辅助供能设备角度来看，供冷设备有制冷机组（EC）、吸收式制冷机（AR）等，供热设备有燃气锅炉（GB）、余热锅炉（WHB）、换热装置（HE）等；从储能设备角度来看，储电装置有蓄电池、超级电容储能、飞轮储能等，储热装置有蓄热罐、相变材料蓄热等，储冷装置有冰蓄冷、相变材料蓄冷等。

另外，从能流结构的角度分析，燃气轮机作为区域综合能源系统的核心供能设备，消耗天然气为系统供给电能，完成气—电转换，同时其排放的高温烟气含有大量的热能，进入余热锅炉后生成高温蒸气，一部分高温蒸气通过换热装置产生热水供给热负荷，完成气—热转换，另一部分则驱动吸收式制冷机供给冷负荷，完成气—热—冷的转换，若冷、热负荷供应不足，则分别用电制冷机和燃气锅炉补足，系统内电负荷主要由燃气轮机、光伏发电阵列等分布式电源提供，供应不足时则由外部电网提供电能。本文主要针对区域综合能源系统内冷/热/电能源进行优化调度与平衡供需，天然气等一次能源的供给传输等问题不在考虑范围内。

1. 微型燃气轮机

微型燃气轮机是从20世纪90年代开始得到推广的新型动力装置，因其具有占地面积小、灵活高效、噪声小（10m外噪声可降至50dB）、清洁污染小、可靠性高（启动时无需辅机）、能同时满足冷/热/电多种用能需求等优点，常常作为分布式供能系统的核心设备。

其主要部件包括压气机、燃烧室、涡轮、回热器、发电机以及控制元件等，将天然气、汽油、柴油等作为输入燃料。空气作为助燃剂首先排进压气机中加压，加到足够压强后通入回热器中，利用排放的高温烟气进行加热，在燃烧室中与加压加热后的燃料充分混合燃烧，产生的高温高压烟气膨胀做功，推动涡轮和压气机转动，进而带动发电机运转，对外输出电能，而高温高压烟气在推动涡轮后仍具有相当高的温度（300℃左右），将其排入余热锅炉中对其余热加以回收利用，在冬季可用于供暖和供给热水，在夏季可用于驱动吸收式制冷机供给冷负荷。

2. 分布式光伏

人类社会飞速发展，能源需求也与日俱增，随着石油、煤炭等化石能源的枯竭，以太阳能为代表的可再生能源的发展得到了各国大力扶持。以我国为例，截至2023年11月底，全国累计发电装机容量约28.5亿kW，同比增长13.6%。其中，太阳能发电装机容量约5.6亿kW，同比增长49.9%。太阳能发电已经超越水电，成为可再生能源发电装机第一、和继火电之后的全国第二大电源。2023年1~10月，全国新增太阳能发电装机142.56GW，同比增加145%。由此可见，我国光伏发电技术发展迅速，具有广阔的前景。

3. 辅助供能设备

综合能源系统内部不仅包含冷/热/电/气等多种形式的能源耦合关系，还有能量的梯级利用，仅冷热电三联供系统，就包含气—电、热—冷等多种形式的耦合关系以及高品阶热能到低品阶热能的梯级利用，能源的转换耦合是由各类辅助供能设备实现的。

（1）余热锅炉

余热锅炉（Waste Heat Boiler，WHB）是冷热电三联供系统中典型的能量梯级利用设备，微型燃气轮机运行时排放的烟气可达300℃，高温烟气排进余热锅炉后，利用烟气的余热可以得到高温蒸气或是热水，这部分热能经换热装置或吸收式制冷机转换后可用于供热或供冷。

(2) 吸收式制冷机

吸收式制冷机（Absorption Chiller，AC）是冷热电三联供系统中典型的热—冷耦合设备，可将微型燃气轮机工作时排放的余热加以利用，用于生活供冷，主要有烟气型和蒸气型两类，烟气型吸收式冷热水机组直接利用微型燃气轮机排放的高温烟气进行供冷或供热，蒸气型吸收式制冷机以蒸气作为媒介，投资成本小，能量利用更为方便，应用较为广泛。

(3) 燃气锅炉

燃气锅炉（Gas Boiler，GB）是典型的气—热耦合设备，根据综合能源系统不同用能需求，可分为燃气开水锅炉、燃气热水锅炉、燃气蒸汽锅炉这几类。当分布式冷热电三联供系统无法满足系统内的冷热负荷需求时，可通过燃气锅炉补足缺额。

(4) 电制冷机

电制冷机（Electric Chiller，EC）是常用的电—冷耦合设备，若吸收式制冷机提供的冷量无法满足用户的需求，则需要电制冷机提供额外的出力来补足冷负荷的缺额，在部分综合能源系统中还采用冰蓄冷空调实现该功能。

(5) 换热装置

换热装置（Heat Exchange，HE）也是典型的能量梯级利用设备，余热锅炉产生的高温蒸气通入换热装置中可被进一步利用，用于生产生活用蒸气或是热水，若微型燃气轮机产生的余热不够供应热负荷时，换热装置也可直接利用燃气锅炉产生的高温蒸气供给生活用能。

2.3 综合智慧能源系统的运行

2.3.1 综合智慧能源系统的运行方式

综合智慧能源系统具有多种运行方式，包括离网运行、独立并网运行和聚合运行等。不同的运行方式在不同场景下展现了综合智慧能源系统的灵活性、可持续性和智能化管理的优势。

1. 离网运行

离网运行是综合智慧能源系统的一种运行方式，适用于那些无法接入传统能源网络或偏远地区的情况。在这种环境下，综合智慧能源系统的目标是实现能源的独立供应，通过多种能源来源和智能储能技术，满足当地的能源需求。在离网运行中，系统首先会根据地区的气候和环境条件选择合适的能源来源，如太阳能、风能、重力势能等。这些能源会通过能源转换技术，如太阳电池板、风力涡轮机等，转化为电能、热能等形式。

为了实现能源的稳定供应，综合智慧能源系统会配备先进的能源存储技术，如电池储能系统。这些储能设备能够在能源生产过剩时进行能量储存，在需求高峰时释放能量，实现能源供需平衡。此外，智能控制系统会实时监测能源的产生、储存和消耗情况，根据能源需求的波动进行调整。预测分析技术也能够提前预测能源需求，为能源生产和分配提供指导。

离网运行的优势在于为偏远地区提供了稳定可靠的能源供应，减少了对传统化石燃料的依赖，降低了碳排放和环境影响。这种运行方式尤其适合那些能源供应困难、电网不稳定或尚未建立能源基础设施的地区。通过综合智慧能源系统，这些地区可以实现能源的独立可持续供应，促进当地的经济和社会发展。

2. 独立并网运行

独立并网运行是综合智慧能源系统的另一种重要运行方式，其目的在于为局部区域提供独立可靠的能源供应，尤其是在电网不稳定或停电的情况下。在这种模式下，综合智慧能源系统形成了一个微电网，即一个局部的独立能源网络。这个微电网内部集成了多种能源资源，如太阳电池、风力涡轮机、地热能等，以及能源储存技术，如电池储能系统。在正常情况下，微电网与主要能源网络相连，实现能源的双向交流。

当主要能源网络发生故障、停电或需要隔离维护时，智能控制系统会自动切换微电网为独立供电模式。在这种情况下，微电网可以通过内部的能源资源和储存技术，继续为局部区域提供能源供应。智能化管理系统实时监测能源需求和生产情况，调整能源分配和使用，以保障能源供应的稳定性。一旦主网恢复正常，微电网可以重新与主网连接，实现能源的双向流动，以便在需要时进行协同工作。

独立并网运行的优势在于可以提供更可靠的能源供应，降低电力中断对局部经济和生活的影响。它适用于需要在电网故障或维护期间保障能源供应的场景，如农村地区、岛屿、远程基地等。通过综合智慧能源系统，这些地区可以在电力中断期间保持正常运转，提高了整体的抗灾能力和韧性。

3. 聚合运行

聚合运行是综合智慧能源系统的又一重要运行方式，其着重于多个分布式能源资源的协同工作和优化利用。在现代能源系统中，分布式能源资源的增加和多样化给能源管理带来了新的挑战和机会。通过智能化管理系统，综合智慧能源系统可以将多种分布式能源资源集成到一个统一的管理平台下，实现协同运行和最优分配。

在聚合运行中，系统通过实时监测能源需求、生产、储存等情况，制定能源分配策略。智能控制技术可以调整不同能源资源的输出，使其适应实际需求。此外，综合智慧能源系统还可以根据能源市场价格、环境因素等，优化能源的购买和销售策略，实现经济效益最大化。预测分析技术可以预测未来能源需求，提前做出调整，确保能源供应的稳定性。

聚合运行的优势在于提高了能源利用效率，减少了能源浪费。通过将多种能源资源协同工作，可以平衡不同能源之间的波动性，实现能源的稳定供应。此外，聚合运行还能够为分布式能源资源提供更灵活的市场准入，促进可再生能源的普及和应用。通过综合智慧能源系统，可以更好地管理和协调分散分布的能源资源，实现整体能源系统的优化。

综合智慧能源系统的不同运行方式在不同场景下都具有独特的优势，为能源领域带来了新的可能性。它不仅能够为偏远地区提供稳定的能源供应，还能够在电网不稳定或故障时保障能源供应，同时提高了能源的利用效率和经济性。

2.3.2 综合智慧能源系统在虚拟电厂中的运行方式

虚拟电厂（Virtual Power Plant，VPP）作为一个整体对外参与电力市场和配电系统运营商的调控，实现综合智慧能源系统内各分布式能源的协调运行控制，并与用户、设备维护管理者等参与方进行互动。如图 2-11 所示，VPP 通过软件实现对的综合智慧能源系统中各分布式能源管理以及上下游的交互。VPP 软件平台需具备预测、优化决策、实时监控 3 个阶段的基本功能。图 2-11 中，VPP 数据库用于处理和存储综合智慧能源系统中各分布式能源出力/负荷历史数据、用户信息、电力市场价格信息、气象数据等，可支持 VPP 的预测和优化决策。

依据 VPP 是否参与电力市场或配电系统运营商的管理，可将 VPP 划分为 3 种基本应用模式：市场型 VPP（Commercial VPP，CVPP）、技术型 VPP（Technical VPP，TVPP）和市场和技术兼有型 VPP，下面分别进行介绍。

在 CVPP 应用下，以 VPP 参与日前电力市场为例，VPP 可作为市场的买方或者卖方。此时 VPP 平台的基本工作流程为：预测模块依据综合智慧能源系统中各分布式能源历史数据，对分布式发电、负荷功率进行日前预测，并预测日前市场的清算价格，估计功率基线、上调边界和下调边界；优化决策模块依据预测结果进行竞标决策；其后，电力市场对日前市场进行出清，向 VPP 及其他市场参与者发布竞标结果；进入日内运行阶段后，VPP 以市场约定的功率作为目标功率对综合智慧能源系统内部的分布式资源进行协调控制。进一步，VPP 还可在日前电力市场交易结果的基础上，参与实时市场。

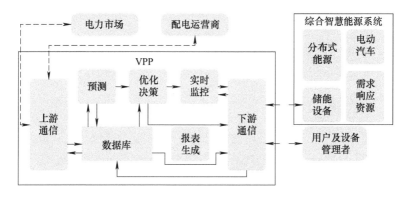

图 2-11　虚拟电厂（VPP）与综合智慧能源系统数据流

TVPP 通过为配电系统运营商提供服务，配电系统运营商借助 TVPP 对分布式能源进行主动管理，因此与 CVPP 相比，TVPP 要求分布式能源地理位置分布相对集中。此时，TVPP 向配电系统运营商提供预测、电压控制、阻塞管理等本地服务，TVPP 对聚合后分布式能源的灵活性进行估计并报告给配电系统运营商，配电系统运营商结合配电网实施运行状态，向 TVPP 发送调控指令，TVPP 对综合智慧能源系统内部分布式能源进行协调控制，以达到配电系统运营商功率调控目标。此时，TVPP 相当于主动配电系统方式中的一个代理，其对一定范围内的分布式能源进行管理，微电网也可视为一种 TVPP。

VPP 参与电力市场竞价，同时接受配电系统运营商的调控指令时，VPP 的工作流程如图 2-12 所示。VPP 的工作过程可分为计划、运行和结算 3 个阶段。在计划阶段，VPP 依据综合智慧能源系统中各分布式能源的状态建立调度计划，在运行阶段，VPP 参与实时市场，滚动修正调度计划，当配电系统运营商命令与市场目标冲突时，VPP 可优先执行配电系统运营商的调控指令。在结算阶段，VPP 将从配电系统运营商处获得的激励以及市场收益按照某种公平机制分配给每个做出贡献的分布式能源。CVPP 通常不考虑配电网约束，但随着 VPP 规模的扩大，VPP 的市场行为将对配电网产生影响，为保证配电网安全稳定运行，需要配电系统运营商对 VPP 的调控计划进行认证，同时配电系统运营商可利用

VPP 进行阻塞管理。

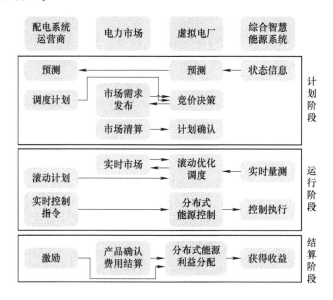

图 2-12　多方参与主体与 VPP 互动流程

第3章 多元储能技术与综合智慧能源系统

3.1 多元储能技术类型

1. 物理储能技术

（1）压缩空气储能技术

压缩空气储能技术原理图如图3-1所示。以风电为例，压缩空气储能系统进行储能的时候，风电机组会输出较大的功率，在这种情况下富余出来的风电，会被注入到压缩空气储能电站当中，借助电动机设备实现压缩机的驱动，进行空气压缩处理和降温处理，处理完毕后将其储存到系统的储气室中，储气室常见类型包括过期的油气井、山洞、经过沉降处理的海底储气罐装置及新建成的储气井等。系统释能时，风电机组设备的实际输出功率难以达到负荷的标准，这时会将系统中高压空气升温处理，然后令其进入到燃烧室当中助燃，燃烧室当中燃气的逐渐膨胀可以实现对燃气轮机的驱动，继而使得发电机设备进行发电。压缩空气储能系统能够实现高效的能源转化，转化率最高可以达到75%以上，如果运行期间搭配其他先进技术还有可能继续提升转化率。压缩空气储能系统具有较大的储能容量，实际储能期间不会消耗较多燃料，因此储能的总体成本不高，且具有较高安全等级，系统使用年限较长。但是压缩空气储能系统的储能密度相对较低，且运行期间容易受到岩层结构等地形条件的影响。压缩空气储能技术比较适合应用在规模较大的风能电力系统当中，用于解决处理风电系统功率波动的调控及风电的平滑输出等问题，保证电网系统功率的平稳。

（2）飞轮储能技术

飞轮储能系统主要是由电机设备、飞轮系统、电控系统及轴承支撑系统组成，这种储能系统也可以看成是一种能量电池，储能效率最高能够达到80%左右。储能过程中，飞轮储能系统中的电能会驱动电动机设备的运行，进而使得飞轮装置进行高速旋转，将电能通过旋转体动能的形式储存。释能过程中，飞轮的快速旋转促使发动机装置进行发电，实现机械能的转化，将其转化为电能，并将电能输送到系统外部负载进行使用。飞轮系统可以分为两种，一种为磁悬浮轴承飞轮系统，另一种为机械轴承飞轮系统。磁悬浮轴承飞轮运行速度较高，机械轴承飞轮运行速度较低。因此磁悬浮轴承飞轮更加适合用于调节电力系统的峰谷调控。为了优化飞轮运行期间的实际转速及整体的储能效果，可以使用非接触式的磁悬浮轴承技术，这种技术可以将飞轮系统和电机设备封闭在真空的容器装置当中，充分减少飞轮运转期间遇到的空气阻力。飞轮储能系统的储能密度较大，系统充放电的次数不存在限制，且充放电效率高、速度快，但是一次性购置所需的经济成本相对来说比较高。

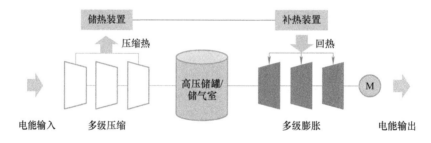

图 3-1　压缩空气储能技术原理图

飞轮储能设备的结构如图 3-2 所示。它由轴承、真空容器、电机和飞轮组合而成。

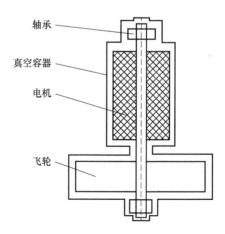

图 3-2　飞轮储能设备的结构

(3) 抽水蓄能技术

抽水蓄能（也称抽水储能）技术主要是通过低谷的电价实现能量的储存。这种储能方式不需要较高的成本费用，但是由于水资源具有易蒸发的特点，且系统泵水过程中会耗费较高能量，因此系统的能量转换效率一般在70%左右。抽水蓄能系统中使用的储能介质主要分为海水、地下水及江河大坝这几种类型。传统的抽水蓄能系统中需要设置上游蓄水池和下游蓄水池，海水的抽水蓄能系统当中会将海水作为下游蓄水池，这样可以有效节省系统储能的费用投入。但是储能期间要采取相应措施避免抽水装置等遭受海水腐蚀和大海中各类生物的附着干扰。抽水蓄能系统的实际储能容量很大，系统的运行比较灵活，应用费用低廉，但是储能过程会受到水文地质等条件的影响，因此在储能电站的选址上存在一定的限制。抽水蓄能技术当前在新能源电力系统的调频处理、调峰处理及事故备用等方面应用频率较高。抽水蓄能技术水平的不断优化提升，系统不仅具备储能发电的功能，还可配合电力系统实现多项动态作业，获取动静结合的综合效益。典型抽水蓄能电站的结构图如图3-3所示。

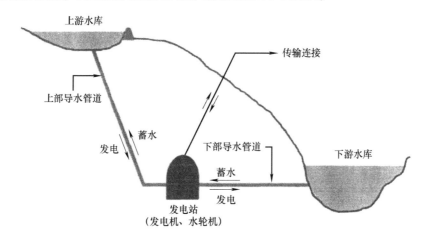

图3-3 典型抽水蓄能电站的结构图

2. 化学储能技术

化学储能技术主要是指化学电池储能系统的应用，通过化学电池的正负极之间进行氧化反应，实现充电和放电，最终实现化学能和电能之间的转化储存。化学储能系统能够实现快速功率的吞吐处理，也是当前技术水平相对成熟的储能技术之一。化学电池的类型有很多种，可以应用在新能源电力系统中的储能电池主要包括以下几种类型。

(1) 钠硫储能电池

钠硫储能电池的正极是多硫化钠及硫，负极为熔融金属钠，电池的电解质与隔膜是 Na-beta-Al$_2$O$_3$（钠-β-氧化铝）。钠硫储能电池的能量密度与铅酸储能电池比起来，是其 3 倍以上，但是运行空间需求却只需要其 1/3 大小。钠硫储能电池的充电放电效率都比较高，所需费用低，系统运行空间需求较小，后期维护难度较低，但是电池的循环使用年限及电池的放电深度还需要优化提升，储能电池系统运行期间温度要保持在 300℃ 左右。钠硫电池箱内部结构如图 3-4 所示。

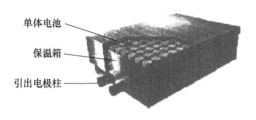

图 3-4 钠硫电池箱内部结构图

(2) 锂离子电池

锂离子电池系统是一种能源转化效率较高且能量密度大的化学电池储能系统，这种储能系统主要组成部分包括储能电池的管理系统、充电放电系统及单体电池装置，系统的综合储能效率能够达到 85% 以上。这种化学储能电池能量密度很高，充电效率和放电效率处于较高水平，且系统运行安全稳定。系统运行期间能够通过串联或者并联的方式获取高容量和高压，但是实现这一过程的经济成本比较高。锂离子电池比较适合应用在新能源电力系统中的应急供电及旋转备用等。锂离子电池箱内部结构如图 3-5 所示。

(3) 液流储能电池

液流储能电池也被称为还原液流储能电池。液流储能电池的实际输出功率主要是由电池组的实际面积及储能系统中单电池的总数决定的，想要提升液流储能电池的储能容量，可以通过提升电解液浓度和容积的方式实现，这种化学储能电池放电期间不需要采取保护措施，比较适合应用在新能源电力系统中进行电能储存和电力系统的应急供电。液流电池储能系统稳定性强且能量转换能力强。系统维护便利，运行稳定安全，应用优势众多被广泛应用在电力系统的并网发电和储能当中，但是此种液流储能电池中的部分材料成本费用比较昂贵，也在一定程度上阻碍其实际应用。液流储能电池运行原理如图 3-6 所示。

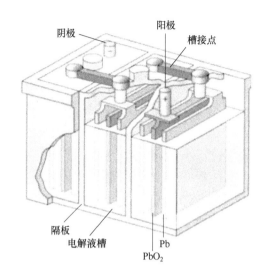

图 3-5　锂离子电池箱内部结构图

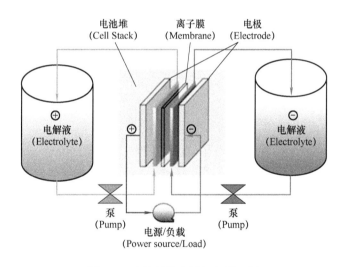

图 3-6　液流储能电池运行原理图

(4) 金属空气储能电池

金属空气储能电池绿色环保，电池的正极为氧气，负极通常为镁、铝、锌、铁等化学性质相对活泼的金属元素，电池的电解液可为氢氧化钠、氢氧化钾、氯化钠及海水等。当氧气逐渐扩散到电池的化学反应界面之后，就能与电池中的活泼金属元素发生反应产生电能。金属空气储能电池的比能量较高，比铅酸储能电池高8倍以上，这种储能电池制作成本不高且绿色无污染，电池的原材

69

料可以进行循环利用，金属空气储能电池不需要使用充电设备，在几分钟之内就可以完成金属燃料的更换，实现快速充电。当前金属空气储能电池中比较接近产业化的电池类型为锌空气储能电池，而铝空气储能电池虽然自身比能量也很高，但是电池充放电的速度相对来说比较慢，因此经常被用于备用电源。

（5）铅酸储能电池

铅酸储能电池的电解液是稀硫酸溶液，电池的正极为绒状铅及二氧化铅，负极则是由纯铅或含锡或钙的铅合金组成。这种储能电池具有较大储能容量，储能技术已经比较成熟，技术应用成本低且系统易于维护。但是这种储能电池的比能量较低，电池循环年限很短，使用过程中容易对环境造成重金属污染，发生深度放电还会对电池自身造成较大损伤。铅酸储能电池运行原理如图 3-7 所示。

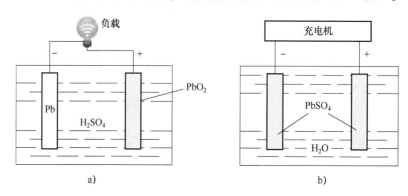

图 3-7　铅酸储能电池运行原理

a）放电过程　b）充电过程

3. 相变储能技术

相变储能技术能量密度大，储能系统组成简单，设计比较灵活，方便管控。相变储能技术常见类型包括冰蓄冷储能技术、电储热技术及熔融盐储热技术等。冰蓄冷储能技术是指通过系统中的蓄冷介质，实现结冰和融冰处理，进而对冷量进行存储与释放。这种技术可以优化制冷机组设备的运行效率，降低空调等制冷设备在用电高峰时期的系统用电负荷。电储热技术的主要储能介质是水资源和金属材料，以水作为介质进行热能储存的时候投入成本较低且便于系统维护。使用高温金属作为热能储存介质的时候，主要是通过金属的固—液态转化对热能进行储存或释放。这种方式能够实现高温储热，金属储热介质的导热性能较好。熔融盐储热技术是指将固态的无机盐进行加热处理，令其处于熔融的状态，然后通过系统热循环实现热能储存。固—液相变储能原理如图 3-8 所示。

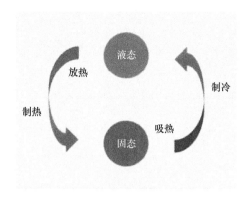

图 3-8 固—液相变储能原理图

3.2 多元储能技术现状及发展趋势

3.2.1 储能调节应用需求

综合智慧能源系统将会成为一种趋势，电力市场与碳市场的互联互通将成为一种新常态，在这种背景下，电力系统越来越离不开储能调节，储能作为更优质的灵活性资源，一方面，可促进可再生能源的消纳；另一方面，可解决风光出力随机性和波动性带来的运行稳定问题。随着我国电力市场进程的不断推进，储能作为独立主体参与调峰的优越性已经得到广泛认可，但尚缺乏完整的市场交易机制来激励和规范储能调峰能力的发挥。2021年，《国家发展改革委、国家能源局关于加快推动新型储能发展的指导意见》明确了新型储能的独立市场主体地位，加快推动储能进入并允许同时参与各类电力市场，因地制宜建立完善"按效果付费"的电力辅助服务补偿。

储能电站在源侧、网侧和荷侧等不同的应用场景下，可以提供的服务价值各不相同，主要体现在能量市场和辅助服务市场两方面，具体如图3-9所示。能量市场：能量市场主要表现为价格套利服务。通过安排储能电站充放电输出，在较低的能源市场价格购买（充）能源，并在较高的能源市场价格出售（放）能源，从而获得收入。原则上，价格套利服务与允许储能电站盈利的时间价差相关。同时，储能在源侧可平抑新能源发电的间歇性和波动性，平稳新能源场站的输出功率，抑制预测和实际输出间的功率不平衡。

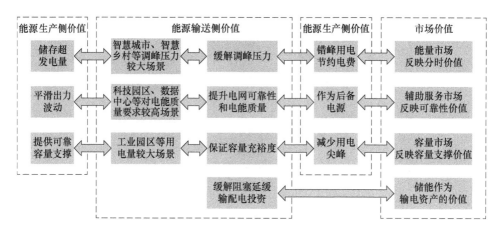

图 3-9 储能电站在不同场景下的市场价值体现

辅助服务市场：当前我国将调峰、调频、备用服务、黑启动等作为辅助服务。然而，调峰服务将在电力现货市场完备后失去意义。因此，调频服务可理解为辅助服务的核心内容。为保证电力系统频率质量，储能必须在极短的时间内（一般为几秒到几分钟）进行有功出力调整以控制频率偏差在允许的范围内。

综合智慧能源系统中的储电、蓄热、蓄冷设备，是保证供能可靠性，提高运行经济性有效技术手段。容量适宜、属性相配的储能系统可以平移间歇能量，解决源-荷时间上不匹配的矛盾，进一步提高综合能源系统的风、光消纳能力。不同储能技术的性能对比见表 3-1。在各具特色的储能技术之中，压缩空气储能因其工作寿命长、储能容量大、环境污染小等优势，成为世界范围内的研究热点。与同为机械储能方式的抽水蓄能技术不同，压缩空气储能选址时不仅限于利用自然界中的特定地形还可以根据需求建造储能容器。特别是压缩空气储能在工作过程中会周期性地吸收和释放热量，使得它的功能不再局限于储存/释放电能，还可以实现蓄热和供冷的效果，这与综合能源系统的理念不谋而合。此外，零污染、高效率、易储存的氢能也具备着成为理想二次载体的潜力。

表 3-1 不同储能技术的性能对比

储能技术	功率等级	寿命/年	效率（%）	技术特点
抽水储能	MW	40~60	75~85	容量大 寿命长 选址特殊

（续）

储能技术	功率等级	寿命/年	效率（%）	技术特点
飞轮储能	5kW~1.5MW	10万次	86~94	功率密度高 成本高
铅酸电池	1kW~1MW	3~8	70~90	成本低 效率高 有污染
锂离子电池	1kW~1MW	5~10	85~98	能量密度大 效率高
压缩空气储能	MW	30~40	50~70	容量大 性能稳定

随着大量储能资源、可控负荷、可再生能源等新增实体的并入，传统电网被有机整合成为了一个庞大的能源互联网。如何保证综合能源互联网运行在良好的市场机制之下，多方交易主体能够协同优化、互利共赢，成了亟待解决的问题。要在维持能量平衡的同时兼顾各方运营主体的收益，就需要深入研究综合能源系统的商业模式与博弈机制。现有研究通常将与外网相连的能源系统运营商视为领导者，博弈流程为领导者首先下发能源价格，储能侧、负荷侧、能源侧的各主体据此调整与上层的交互需求。能源系统运营商一般不与外部供热网络相连，因此多能供需的综合调控能力有限。此外仅利用电价差值来获取利润的交易模式也过于单一。搭配了储氢罐、燃料电池的氢能单元，不仅是用能主体，也是产能、储能主体。

图3-10所示为区域级综合能源系统架构。可再生能源供应商和传统能源供应商是综合能源系统的主要供能主体。可再生能源供应商采用了光热光伏联合电站、干热岩发电等新型的发电技术，能够同时向能源系统运营商输送热能和电能，具有很好的前瞻性。传统能源供应商内置了燃气轮机、余热锅炉、燃气锅炉等设备，以能源价格为信号调整各主动机组出力，实现收益最大化。负荷侧的负荷聚合商向能源系统运营商购买电、热，根据能源价格信号调节负荷响应量以最小化运行成本。电动汽车聚合商也属于负荷侧，通过从能源系统运营商处批量购入电能，并将其高价卖给电动汽车用户获利。网侧的综合能源系统运营商，作为各个参与主体与外部电网间的交互枢纽，为了维持能量的供需平衡并获取收益，需要合理制定能源价格。但仅仅依靠定价策略来协调各主体的能量交互，能源价格会被限制在一定范围内，加大了经济损失风险。此外系统没有接入外部供热网络，电能传输又存在着功率限制，可能出现能量失衡的情

况。加入了氢能单元后的能源系统运营商,通过电解槽耗电制氢,燃料电池燃氢发电,且两个过程都伴随着热能的产生。能源系统运营商拥有了热电氢多能联供能力,可以更加灵活地接入热、电网络,有利于改善系统的能量平衡状况。此外,氢能的产出也让综合能源系统的盈利模式更加多元化。

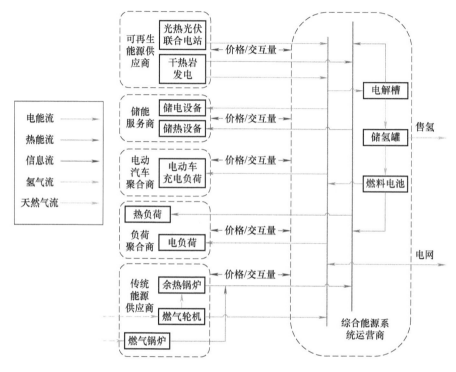

图 3-10 区域级综合能源系统架构（见彩图）

未来电力市场与碳市场互联互通,也为电力系统的优化提出了新的解决方案,电、热、气的协同配合,构建出新型综合能源系统的基本能流。

电、气、冷、热等能量的供给形式一般可分为集中式与分布式,两种供能方式各有优点与不足,其中集中式供能方式通常可调控容量大、单位供能成本较低,但其调控时效性不足、启停成本较高,如利用热力管网、天然气管网进行集中式供能通常会有时间延迟,大型热电厂的机组一般不停机;而分布式供能则具有较好的动态响应能力,但其调控容量有限、单机供能成本较高,如微型燃气轮机、蓄电池等。因此在特定的应用场景与运行目标下,综合能源系统应能够进行多种能量流的灵活切换与协调控制。此外,对于不同类型的综合能源用户,由于生产生活特性存在差异,同时考虑周边自然资源和地理条件的特点,将导致其多能源利用形式及能源需求不同,综合能源系统应能够根据实际用能情况对相关设备类型进行调整、对设备容量进行配置，通过供能设备的变化满足各类用户在不同季节或不同时段的综合用能需求。最后，综合能源系统应该不仅限于对单个多能源互联系统的能量调控，而是一个涵盖多区域综合能源系统的复杂网络，且能够通过集中式调节供能来提升区域综合能源系统的能效水平。

储能配置结果的不同会直接导致系统投资成本的不同，间接影响其他设备的调度运行，并最终影响系统的经济性和稳定性。因此，储能的优化配置至关重要，需制定合理的优化目标、设计正确的运行策略。同时，需要考虑到优化模型的约束条件以及求解方法对储能配置结果的影响。当前，储能优化配置的目标大多侧重于系统的运行经济性和能量供给的可靠性。随着环境问题的逐渐加剧以及环保要求的日益增加，环境污染治理成本对储能配置的影响也不可忽略。如图3-11所示，储能的容量配置会影响微网系统的各部分成本费用。随着储能容量配置的增加，储能的投资成本线性增长，而系统运行成本、环境成本则呈现下降的趋势，并且总成本也随之减少。当储能配置容量超过一定值后，系统运行成本、环境成本基本不变，而总成本则因为储能投资成本的增加而增加。所以，该储能配置容量为总成本由减小改变为增加趋势的转折点，为储能容量的最优配置点。因此，在侧重于经济性的储能优化配置目标中，应同时考虑系统运行成本、环境成本和设备投资成本，实现储能投资阶段与系统运行阶段的联合最优，从而确定最优的储能配置容量。同时，储能的优化配置需要考虑系统中各设备的运行策略，不同的运行策略会直接影响系统中各设备的调度运行，进一步影响系统的运行成本。运行策略分为固定运行策略和优化运行策

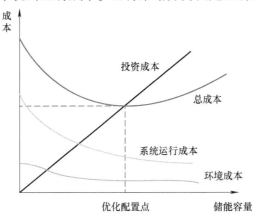

图3-11　储能容量与各成本的关系

略两大类型：固定运行策略需要考虑各机组以及储能装置的能量状态以及调度优先级，是一种基于经验以及对不同设备运行特点分析得到的运行策略，一般应用于离网型系统；优化运行策略是指基于可再生能源和负荷的典型历史数据或预测数据，建立系统的优化运行模型以确定各设备的运行状态。对于并网型系统，尤其是区域综合能源系统，各设备机组的耦合情况复杂，难以事先确定调度优先级。因此，在建立储能优化配置模型时系统可采用优化运行策略。

3.2.2 国内外应用工程

1. 国内应用工程

（1）华能集团福建罗源电厂超级电容混合储能辅助火电机组自动发电控制（Automatic Generation Control，AGC）调频示范项目

为了响应国家"碳达峰、碳中和"的宏观能源政策，推进电源侧储能项目建设，通过储能协同优化运行保障新能源高效消纳利用，提高火电机组的灵活性主动适应新型电力系统，同时克服现有锂离子电池储能调频项目存在的寿命不足和安全性不高等问题，华能集团于2022年3月16日立项开展"超级电容混合储能辅助火电机组AGC调频技术研究及示范应用"（HNKJ22-H12）课题研究，由华能罗源电厂及西安热工研究院承担，"5MW×min 超级电容+15MW/7.5MW·h 电池"混合储能系统辅助机组调频示范工程在国内首次实现大容量超级电容储能在火电调频领域的应用。

该项目是国内首个大容量超级电容混合储能调频项目，许继为该项目提供了8套2.5MW储能调频PCS升压一体机系统和6套高倍率锂电池储能系统，2.5MW升压一体机系统具备一快（响应快）、两高（转换效率高、可靠性高）、三好（交互性好、功能好、性能好）优势，结构紧凑，占地面积少，维护方便，已在电网侧、发电侧、用户侧等储能应用场景大规模应用并得到客户的一致好评；为满足快速调频需要，充分利用超级电容和电池发电响应快的特点，许继开发研制了低延时控制系统，实现储能单元对调节功率指令的毫秒级响应，促进火电机组AGC性能大幅提升。

（2）国家电投赤峰高新区红山产业园110MW风储绿色供电项目

该风储绿电项目位于内蒙古赤峰市红山区文钟镇，场地属于丘陵地区，海拔高程约为597~1007m。距离赤峰市区约22km。项目规划总装机容量110MW，建设16台6.25MW的风电机组和2台5.0MW风电机组，配置磷酸铁锂电池+全钒液流电池混合储能系统，其中磷酸铁锂电池容量16.5MW/66MW·h、全钒液

流电池容量 0.25MW/1MW·h，此外还要建设 66kV 升压站一座，安装 2 台 55MV·A 主变。

按项目装机 15% 充放电 4h 配置储能的要求，该工程拟在 66kV 升压站 35kV 母线上配置磷酸铁锂电池+全钒液流电池混合储能系统，充放电时长 4h。升压站 16.5MW/66MW·h 储能系统由 5 套 3MW/11.87MW·h、1 套 1.5MW/5.935MW·h 磷酸铁锂储能单元与 1 套 0.25MW/1MW·h 全钒液流电池储能单元组成，通过 2 回电缆线路接入升压站 35kV 母线。磷酸铁锂储能集装箱统一使用 2.967MW·h 规格，总能量 65.286MW·h。总单元为 6 个单元，由 5 套 3MW/11.87MW·h 和 1 套 1.5MW/5.935MW·h 组成（5 个 1PCS 拖 4 集装箱的单元，加 1 个 1PCS 拖 2 集装箱的单元）每组储能系统内部各储能单元在升压变流舱 35kV 开关柜处"手拉手"并联连接，采用单母线接线方式接至升压站 35kV 配电装置，共计 2 回出线。

（3）山西右玉老千山风电场"飞轮+锂电"混合储能调频项目

该项目位于山西右玉地区，坐落在老千山风电场，实施了一项前沿的"飞轮+锂电"混合储能调频项目。项目的核心目标不仅是验证风机与储能联合进行一次调频的可行性，更是实际展现其在实际运营中的实用性。储能站如图 3-12 所示。

图 3-12　山西右玉老千山风电场混合储能站

储能系统在该项目起到关键作用，因为其具备高功率密度和快速响应的特点。通过加装储能装置，风力发电机组得以具备一次调频的功能，从而能够更好地承担起新能源电站的调频任务。这不仅为电力系统消纳规模化风力发电机组开辟新的思路和方法,更为确保高比例新能源接入下电网的稳定性和可靠性,以及保证电网的供电品质提供了坚实的技术支持。

该项目由国网山西省电力公司电力科学研究院牵头进行,并与沈阳微控科技有限公司及其他相关单位紧密合作,共同攻克一系列技术难题。而其商业模式的创新之处在于发电集团能够独立投资建设储能系统,进行包括飞轮、锂电池等设备的采购以及后续的部署安装。由此产生的所有收益完全归属于投资方,为新能源领域的商业模式创新提供了有益的参考。

此外,项目还采用创新的设备租赁模式。发电集团向总包方进行整体租赁,而总包方则负责整个储能系统的部署和安装工作。在此基础上,总包方还需要按照租赁合同的约定提供相应的系统租赁服务。双方的合作基于实际运行情况进行续约或调整,这种灵活的合作方式为新能源项目实施提供更多的选择。

在具体实施方面,本项目成功安装 1MW/15MJ 的飞轮储能系统,并通过升压箱变技术将其升压至 35kV 后接入风电场的并网点。现场还配备 4MW 的锂电池储能系统,与飞轮储能系统相互配合,共同组成了混合储能调频系统。此系统不仅显著提升风电场参与电网一次调频响应服务的能力,更为整个风电场的稳定运行提供重要保障。

在风电场的一次调频过程中,当调频指令要求升负荷时,混合储能系统能够智能地优先使用飞轮储能进行响应。主要是因为飞轮储能具有快速充放电的特点,能够迅速满足电网调频的需求。然而,若遇到长时间的指令或大功率需求的情况,飞轮储能可能无法持续供应,这时系统将自动调用锂电池储能进行补充。

在确保电网一次调频要求得以满足的前提下,此系统还充分考虑了如何减少锂电池的使用次数,从而有效延长其使用寿命。设计理念充分展现项目在追求技术先进性的同时,还注重实际运营中的经济效益和环保要求。

此外,当风场的一次调频指令仍然存在时,控制系统会首先指示储能系统进行充电。如果储能系统的电量已经充满,但电网的频差仍然存在,并且一次调频指令仍需执行时,系统会自动执行减负指令。这种智能的控制逻辑不仅确保了电网调频任务的顺利完成,而且最大程度地减少了风场在此过程中的弃风损失。

(4) 济宁微山县储能调峰电站 100MW/200MW·h 项目

济宁微山县储能调峰电站作为独立储能电站,建设规模为 100MW/200MW·h。该电站以 110kV 电压等级并网,接受电网统一调度和管理,旨在提供调峰服务,增强山东电网的灵活性和安全性。

第3章 多元储能技术与综合智慧能源系统

该项目的储能电站是一个科技前沿的工程,展现了一系列创新的集成设计。其主要特点包括匹配集中式储能变流器以及涵盖风冷和液冷两种冷却技术,该电站如图 3-13 所示。

图 3-13 济宁微山县储能调峰电站

该项目为新源智储投资的独立共享电站,主要设备包括储能预制舱和电气系统。其中,电池舱和升压变流舱采用户外预制舱式设计,110kV 主变和二次设备则采用站房式布置。

该储能调峰电站集成了磷酸铁锂和固态电池两种类型的电池技术路线,涵盖了 1000V 和 1500V 的集成技术以及集中式变流器。此外,储能系统包括 1000V 风冷储能系统、1500V 风冷储能系统、1500V 液冷储能系统以及固态电池储能系统。这些技术路线的集成应用,有助于提高储能系统的性能和可靠性。

该项目的占地面积约为 17568m²,建设规模为 100MW/200MW·h,其中包括 66MW 高压风冷、27MW 高压液冷和 7.5MW 低压风冷部分,见表 3-2,这些不同的冷却方式有助于满足不同应用场景的需求,提高储能系统的适应性和灵活性。

表 3-2 不同电池系统的功率配比、技术路线、电池系统及升压/变流系统

功率配比	技术路线	电池系统		升压/变流系统	
		型号	数量	型号	数量
7.5MW	低压风冷	1.26MW/4.162MW·h	6	TR-2.75MV·A	6
66MW	高压风冷	2.75MW/5.734MW·h	24	PCS-TR-2.75MW-3MV·A	24
27MW	高压液冷	3MW/5.963MW·h	9	PCS-TR-3MW-3.3MV·A	9
1MW	固态电池	1MW/2.016MW·h	1	TR-1.25MV·A	1

该储能调峰电站示范项目主要设备为储能预制舱及电气系统，分别为户内站房式和户外预制舱式。电池舱、升压变流舱采用户外预制舱式，110kV 主变、二次设备选用站房式布置。储能电站配套建设 1 座 110kV 升压站，含 2 台 63MV·A 主变，主变型式为双绕组变压器。储能系统通过线缆接至主备 35kV 母线开关室，对外通过 1 回 110kV 线路送出。

该储能系统采用了先进的集成设计，旨在实现更高的能效和稳定性。风冷技术主要用于高压部分的储能分系统，而液冷技术则应用于高压液冷储能分系统。此外，还特别设计了一套低压风冷储能分系统，以及一套固态电池储能分系统，后者为固态电池集成和商业化应用提供了重要的技术支撑和经济模式探索实践。

在固态电池储能分系统中，包含了一套 1MW/2MW·h 的电池储能集装箱和相应的控制设备。这个系统由 10 套电池簇、热管理系统、消防系统等组成，全部集成在 40ft 的集装箱内。此外，该系统还配备了一套辅助变压器，主要用于为电池储能集装箱内的辅助设备提供 380V 的辅助电源。

储能电站的能量管理系统（Energy Management System，EMS）是一个核心组件，它可以根据系统的要求和运行方式，实时完成对储能电站、控制电源系统等电气设备的自动监控和调节。该系统还配备了冗余配置的 UPS 供电设备，并部署了全站统一的卫星时钟，确保时间数据的精确性。

集中监控系统采用了国际领先的能量管理技术，支持 IEC61850/IEC104/Modbus 等通信规约。核心控制器结合分布式时钟技术、超采样技术以及储能高级应用策略，实现大规模储能电站实时响应电网调峰、调频、电压控制、计划曲线等功能。该系统的实时控制任务最快可达 1ms，分布式时钟同步技术保证了关键控制数据的传输同步时间在微秒级偏差以内。此外，实时监控储能核心设备的运行状态，实现该系统内所有电池、变流器、升压变及保护测控等的全方位的数据采集、处理、展示、控制、历史数据维护查询。

该项目为山东济宁首个集 1500V 风冷、液冷、固态等多技术路线融合的储能项目，以电池本质特性出发，构建热模型、安全模型、机械模型，从电池安全、集成安全、管理安全以及主动安全四个维度开展攻关研究，结合数字化、智能化技术，运用专业的知识和项目经验，实现高安全、长寿命、高性能、高集成度、智能管理、多技术路线融合的技术集成及应用验证。

（5）内蒙古通辽市霍林河 3MW 项目

该项目位于内蒙古霍林郭勒市循环经济产业园区，建设装机容量为 3MW 铁铬液流电池、飞轮、锂电三种形式混合式储能系统，是我国首个投运的由铁铬液流电池、飞轮、锂电三种形式组成的混合储能项目。项目整体占地面积为 4032m²。该项目协同系统多主体源荷储调控资源，发挥各类资源的互补特性，实现优化配置和调度，保障电网安全稳定运行，助力循环经济发展。项目实现霍林河地区"源-网-荷-储-用"协同运行，促进能源可持续性，助力循环经济发展。该项目建设储能效果图如图 3-14 所示。

图 3-14 霍林河项目建设储能效果图

铁铬液流电池储能系统具有储能功率和容量可灵活定制、本征安全、寿命周期长、长时储能、环境适应性强等优势。储能时长可随着储能容量的扩大而延长，满足电力调峰 4~8h 甚至更长时间的需求。铁铬液流电池原材料资源丰富，可以支撑双碳目标下新型电力系统的建设。铁铬液流电池储能电站被誉为可以任意布置的抽水储能，适用于建设超大规模的电池储能设施，而安全稳定的大规模储能恰是现阶段电力市场最紧缺的能力。基于以上优势，该项目设计方案采用了高安全性、高可靠性铁铬液流电池为核心进行系统设计。图 3-15 所示为铁铬液流电池储能示意图。

此外，该储能电站集成了磷酸铁锂和液流电池两种类型的电化学电池技术路线，同时还采用快速充放电的飞轮储能系统，电化学储能系统与飞轮储能系统相互配合，共同组成了混合储能系统。这些技术路线的集成应用，有助于提高储能系统的性能和可靠性。主要配置为铁铬液流电池 1MW/6MW·h、液冷锂电池 1MW/2MW·h 以及飞轮储能 1MW/0.2MW·h。

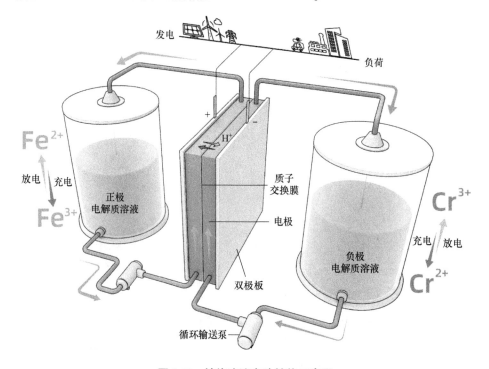

图 3-15　铁铬液流电池储能示意图

该系统介质为弱酸性电解质溶液，全封闭运行。储能系统功率 1MW，储能时长 6h。系统运行温度 $-20 \sim 70$℃，系统最高运行压力 200kPa。

该项目在多个方面展现出创新和示范特点。首先，它采用多元化的储能形式，并实现了"源-网-荷-储-用"的智能协同调度控制。针对不同的负荷用电特性，结合新能源消纳和储能运行特性，项目制定了多种运行模式和协调调度策略。这确保了多主体系统在不同模式间能够平滑切换和实现有效的调度控制。此外，项目还结合了多种关键技术，包括电源调控、混合储能运行策略、制氢/充电站负荷等可调负荷的智能响应技术。这些技术共同构建了一体化的调控系统，使得各种资源能够更智能、更有效地协同工作。在调度系统的设计中，项目采用了服务器进行总体控制。基于预测系统提供的日前预测和优化策略，源网荷储用各侧进行智能寻优计算，最终将调度策略发送给现有的自动化调度系统。这种分层的调度架构确保了整个系统的稳定性和高效性。

在区块链技术的应用方面，项目展示了多能互补系统交易的示范优点。通过构建一个多交易主体互动化的共享网络，项目实现了对等可信传输，确保了交易的透明性和安全性。同时，基于区块链技术的多交易主体能源交易，项目实现了全流程可溯源与信息安全。此外，项目还应用了基于 DPoS（Delegated Proof of Stake，委托权益证明）的交易一致性及通道安全技术，进一步提升了系统的安全性和可靠性。

最后，通过智慧能源系统管控平台，项目实现了局域电网运行的监控、调度、分析和管理支持等各类功能的集成。同时，项目还完成了智能协同调度控制技术和基于区块链的多能互补系统互动交易技术中各种功能与智能应用的实现。通过与平台的集成通信，项目成功地实现了平台应用的示范，为未来的能源管理和交易提供了新的思路和方向。

（6）甘肃省定西市通渭县压缩空气+锂离子电池组合式网侧共享储能电站创新示范项目

该项目不仅是国家能源局 2023 年乡村振兴工作要点中的重点支持建设项目，还是国家电投集团创新示范项目。本工程储能站位于定西市通渭县马营镇境内，距离县城约 20km，距离榜罗 330kV 变电站约 4.5km。工程储能电站总占地面积约 80 亩⊖，其中压缩空气储能区域占地 66 亩，锂离子电池占地约 14 亩，如图 3-16 所示。

图 3-16 定西市一期锂离子电池 40MW/90MW·h（左）
与压缩空气 10MW/110MW·h（右）共享储能电站效果图

该项目总规划建设 200MW/400MW·h，其中在建一期容量 50MW/200MW·h，采用压缩空气+锂电池耦合的储能方案，应用高规格钢材，安全可靠性高、造价

⊖　1 亩 ≈ 666.7m²

成本低，且兼具锂电池调节响应速度快、压缩空气储能时间长等特点，调节响应时间小于100ms，储能8h，释能11h，可参与调峰容量200MW·h。

压缩空气储能系统设计容量10MW/110MW·h。充电功率22.64MW，充电时长8h，放电功率10MW，放电时长11h，系统效率60.73%。充电采用1组100%容量的2台整体齿轮式离心压缩机串联组合，四段压缩，三次级间冷却的方式。放电机组由1个高转速高压缸、齿轮箱、发电机、中低压合缸组成，采用二次再热、三段膨胀，节流+旁通的两种配气方式，节省储气模块投资。匹配压缩空气参数蓄热，采用定压水储热。发电机出口电压为10.5kV，高压厂用电动机额定电压为10kV，送出线路电压等级为35kV。压空储能系统经主变送出至35kV母线，通过110kV/35kV变电站送出。

锂离子电池储能系统设计容量40MW/90MW·h。储能采用磷酸铁锂电池储能系统，高压液冷形式，预制舱户外布置，本期由30个3.1MW/3.1MW·h集装箱储能系统组成，分布式安装在规划场地。储能系统通过35kV/0.4kV升压变压器为基本接入单位，经35kV集电线路汇集后，接入110kV储能升压站的35kV低压侧母线，实现储能系统的集成及并网。

压缩空气储能与锂离子电池组合的方案具备诸多优势。首先，它能综合提供调峰和调频辅助服务，确保电力系统的稳定运行；其次，利用压缩空气储能的长时储能优势，更好地应对高峰用电需求。在技术方面，采用快速高精度自动控制技术，确保储能系统能够灵活、迅速地响应调度指令，不仅提高了系统的运行效率，还有助于实现混合储能系统的少人或无人值守模式，进一步降低运营成本。结合锂离子电池的特性，调频响应时间和负荷率的要求得到满足，同时还提高了整个储能系统的性能。为推动此项技术发展，建设长时储能耦合关键共性技术研究的国家级创新机构成为必要，通过机构促进该技术的产品定型和标准化，进一步降低系统成本。长远来看，这一技术的应用将形成战略新兴产业集群，带动相关产业的发展。随着技术的不断推广和改进，需要灵活调整压缩空气和磷酸铁锂的储能时长，并探索形成批量化生产的混合储能系统产品。这将为能源革命和新能源产业的发展提供重要的支撑性、战略性产品。

建立差异化的储能技术路线，运用多目标优化技术，优化系统工艺和关键参数，以全生命周期的经济效益最大化为目标，设计高效、低成本、宽负荷、安全可靠的压缩空气储能系统工程方案。通过自主研发的耦合协调控制系统，结合当地新能源优势，突破储网协同控制与调度技术，提升组合式储能系统的运行效果和灵活性。与核心设备厂商建立联合攻关的模式，开展设备选型及联合设计，确保设备经济性、灵活性及可靠性处于行业领先地位。

2. 国外应用工程

位于澳大利亚墨尔本的莫纳什大学拥有全球最大的商业与工业（C&I）混合储能系统。这个创新性的能源储存项目旨在彻底改变大学的能源基础设施，为可持续实践作出贡献。莫纳什 C&I 混合储能系统是将不同的能源储存技术相结合，以创建更高效和灵活的能源生态系统的显著示范。该系统结合了多种类型的能源储存技术，包括锂离子电池和热能储存。它与大学现有的太阳能光伏系统和电网连接无缝集成。这种混合方法使莫纳什大学能够有效地管理能源的产生、消耗和储存，优化能源利用，减少碳排放。

莫纳什 C&I 混合储能系统的关键特点包括其在阳光充足时储存多余的太阳能，并在需求高峰或多云天气时释放能源。热能储存部分通过管理校园建筑的供暖和冷却需求，有助于削峰填谷。这些技术的组合确保了更可靠和可持续的能源供应，降低对传统化石燃料的依赖，提高能源的韧性。

该系统由 900kW·h（12 个罐单元）的钒流机技术组成，与 120kW C1 级锂电池相结合，位于莫纳什大学克莱顿校区的新生物医学学习和教学大楼的屋顶上。通过利用两种储存技术的互补优势，混合系统将作为一个灵活的平台，与楼宇管理系统和电动汽车充电站集成，同时实现尖端的"点对池"能源交易。

3.2.3 储能产业趋势规模

20 世纪 60 年代，国内开始抽水蓄能电站的研究，并建立第一座混合式抽水蓄能电站——岗南水电站，到 20 世纪 90 年代，抽水蓄能电站建设迎来高潮；21 世纪初期，国内开始其他储能技术的研究，包含压缩空气储能等，2011 年，"十二五"规划纲要中储能作为智能电网的技术支撑在国家的政策性纲领文件中首次出现，之后储能行业政策规划陆续出台，推动储能行业发展。

随着储能行业发展，储能项目被广泛应用，技术水平快速提升，标准体系日趋完善，形成较为完整的产业体系和一批有国际竞争力的市场主体，储能成为能源领域经济新增长点。2020 年 9 月，欧盟委员会发布的 2030 年气候目标计划中指出，到 2030 年可再生能源发电占比从目前的 32% 提高至 65% 以上，可再生能源发电占比的提升与新型电力系统的建设势必推动储能需求的增长。

从国内市场来看，2021 年 7 月，《国家发展改革委、国家能源局关于加快推动新型储能发展的指导意见》中指出，到 2025 年将实现锂离子电池等新型储能从商业化初期向规模化发展的转变，装机规模达 3000 万 kW 以上；到 2030 年，实现新型储能的全面市场化发展；新型储能成为新能源领域碳达峰碳中和的关键支撑之一。近年来，国家对储能领域各项政策的推出，在优化峰谷电价机制等多个方面对现行分时电价机制做了进一步完善，并鼓励发电企业自建储能系统产品增加并网规模，引导市场主体多渠道增加可再生能源并网规模。

政策的实施为储能行业的快速发展提供了良好的发展环境。根据 GGII 预测，中国储能锂电池出货量在 2025 年将达到 58GW·h，市场规模超过 550 亿元，进入规模化快速发展时期。

在储能电池行业中，储能电池管理系统（Battery Management System，BMS）行业作为细分领域，对储能电池的安全稳定运行起到重要作用。典型的电化学储能产业链如图 3-17 所示。

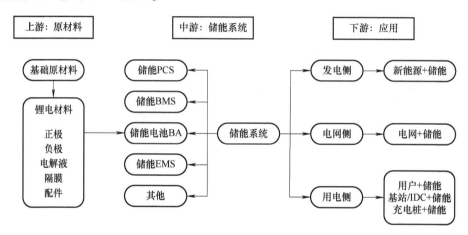

图 3-17 典型的电化学储能产业链

在储能产业链中，BMS 作为储能电池系统的重要构成部分，负责监控各单体蓄电池的工作状态并上传电池相关的状态信息，防止电池的过充与过放。储能 BMS 作为整套储能系统的管理控制中枢，会直接影响储能系统的整体运行效率和稳定性。储能 BMS 系统还需要与电网进行信息传输，控制谐波、频率等关键参数，并实现与功率变换系统（Power Conversation System，PCS，这里指储能变流器）以及监控系统的信息交互。储能 BMS 作为储能的重要细分领域，相比于动力电池 BMS 发展尚晚，目前处于快速发展阶段。未来，随着储能电池产品在发电侧、电网侧和用电侧的应用场景日益增多，市场空间广阔。

根据现有数据，预测未来几年全球以电化学储能为主的新型储能保持高速增长，2022 年海外储能同比增速最高，达到 573%。到 2025 年，国内市场主要通过新能源集中式项目的发电侧配储、电网调峰能力建设等方式，以电化学为主的新型储能装机规模将达到 182GW·h，用电侧工商业和大工业配储电量达到

70GW·h；海外以欧美等光伏装机较多的市场为主，到2025年储能装机规模达到490GW·h。储能建设规模及预测见表3-3。

表3-3 储能建设规模及预测

年份	2021	2022	2023	2024	2025
全球新型电力储能累计装机/GW·h	50.8	106	217	410	741
全球新型电力储能新增装机/GW·h	10	55	110	193	331
新增装机同比增速（%）		439	100	75	71
我国新型电力储能累计装机/GW·h	11.5	30.7	69.1	136.4	251.7
我国新型电力储能新增装机/GW·h	4.9	19.2	38.4	67.3	115
新增装机同比增速（%）		292	100	75	71

随着国家"双碳"政策的实施，电力清洁化带来储能需求持续增长，国内外对储能领域的投入力度逐年加大。随着技术的成熟和生产成本的下降，储能市场将成为拉动锂电池投资与消费的新增长点。受益于通信领域及能源互联网应用升级，市场规模将持续呈上升态势，预计未来五年我国储能锂电池将保持高速增长，发电侧、电网侧和用户侧储能产品应用市场发展潜力巨大，储能市场迎来快速发展阶段。受益于储能市场发展，储能BMS厂商也将迎来广阔市场空间。

从技术路线看，抽水蓄能占比趋于下降，推测后续"十四五"和"十五五"时期的大规模建设投资还将保持较高的水平；新型储能在整体储能市场的占比超过13%，磷酸铁锂电池储能在新型储能占比达到91%；全钒液流电池储能、压缩空气储能和钠离子电池储能是目前除磷酸铁锂电池外，市场热度较高、发展前景较好的新型储能技术，有望取得更大进展。

根据中国储能行业发展现状及市场情况来看，中国储能行业产品发展趋势特点为大容量、大型化、安全化、易回收、数字化。其中"大容量"是指在同等规模下，储能器件大容量可以减少单体电池使用数量，降低单体电池一致均衡的难度，从而降低电池发生热失控乃至起火的概率。"大型化"是指由于电力发电侧和电网侧单个储能电站规模过小对电力系统作用微乎其微，目前电力系统内大量分散式小型储能电站（单个电站规模多数在30MW以内）投运的主要意义是验证能系统的经济性、可靠性、电网适应性等。未来，配置灵活的电化学储能技术若想在电力系统中发挥更大的作用并逐步占据主导地位，大型化是必经之路。自2016年开始，全球电化学储能项目大型化趋势愈加明显。随着电化学储能在实践中逐渐证明其经济性和可靠性，未来将会建设更多更大规模的电化学储能电站，在源网荷侧发挥更大的作用。"安全性"是指标准化储能集装箱是未来电化学储能电站的主要应用形式，集装箱内部电池一般需经过了3个层次的堆叠，分别是模块、Pack和电池簇，电池在时间和空间尺度上的运行差异会越来越明显，从电池本体角度加强电池安全研究，避免电池热失控造成起火及爆炸事故，意义重大。另外，其他核心器件的本体安全（BMS和PCS等）及相互之间的电气安全也至关重要，需要从集装箱内部热管理，热失控隔离，电池单体筛选电源管理系统主动均衡、高效消防策略及装备等角度多维度全方位提升集装箱式储能电站的安全性。"易回收"是指随着储能电站规模的日益增加，退役后储能电池的回收难题日益凸显。现有电池，尤其是锂离子电池，结构设计复杂，自动化回收生产线设计难度大，回收收益不具备吸引力。从电池本体设计出发，研制易回收的储能电池体系将是未来重要方向。"数字化"是指储能产品全生命周期数字化信息既可以向上为电网调度及监控提供重要支撑，也可以向下为核心部件的状态诊断、性能提升提供数据参考，需逐步建立数字化信息传输、获取及共享制度化。

在技术方面，目前储能行业的发展趋势是确保安全、可靠的低成本，"标准化、模块化、系列化、可组合"是提高交付效率、系统可靠性和降低成本的途径。在应用模式方面，随着电力市场化推进和能源互联网技术发展，储能应用模式不断创新，分布式光伏+储能、虚拟电厂、能源共享社区，新型融资和商业模式不断涌现。

此外，储能和电动车的动力电池很不一样，动力电池更关注能量密度，而储能关注三个要素：高安全、长寿命、低成本。对于以锂电为代表的化学储能来说，长寿命相对容易实现，低成本随着规模提升也会逐步解决，最难解决的还是安全性问题。可以预见，未来储能的安全问题将是储能行业高度关注的问题。结合储能的特点及安全性要求，可以初步判断未来抽水蓄能、锂离子电池（磷酸铁锂）、液流电池（全钒液流）、铅炭电池、钠离子电池、压缩空气储能将是行业关注的重点，应用场景广阔。

3.3 各类储能技术的技术经济特性分析

3.3.1 多元储能技术特性对比

1. 锂离子电池

锂离子电池作为优异的储能设备，主要由正极材料、负极材料、电解质、隔膜4个部分组成。其中正负极材料能够保证锂离子在其中进行可逆的嵌入和脱出，以达到储存和释放能量的目的。电解质应该具有较高的锂离子电导率和极低的电子电导率，确保锂离子可以在电解液中快速传导并减少自放电。隔膜处于正负极材料中间，避免电池因两电极直接接触而短路，并且对电解质具有较好的浸润性，能够形成锂离子的迁移通道。可充电锂离子电池的基本工作原理如图 3-18 所示。以商业化的钴酸锂/石墨锂离子电池为例：充电时，Li^+ 从钴酸锂正极脱出，经过电解液和隔膜嵌入石墨，电子通过外电路从正极到达负极并伴随着正极材料中 Co^{3+} 的氧化，正极材料中锂离子浓度降低而负极材料中锂离子浓度升高。放电过程则正好相反，Li^+ 自发地从负极脱出经过电解液和隔膜并嵌入到正极材料中，电子从外电路到达正极并引发了高价钴的还原。所以，循环过程中锂离子电池的电化学反应式如下：

$$正极反应：LiCoO_2 \longleftrightarrow Li_{1-x}CoO_2 + xLi^+ + xe^- \tag{3-1}$$

$$负极反应：6C + xLi^+ + xe^- \longleftrightarrow Li_xC_6 \tag{3-2}$$

$$总反应：LiCoO_2 + 6C \longleftrightarrow Li_{1-x}CoO_2 + Li_xC_6 \tag{3-3}$$

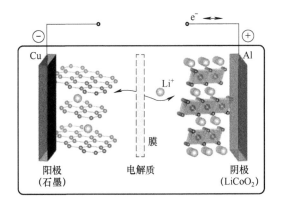

图 3-18 可充电锂离子电池的基本工作原理图

锂离子电池具有体积小、质量轻、能量密度高和循环寿命长等特点，被广泛应用在便携式电子设备、纯电动汽车和大规模储能等领域。目前以 $LiCoO_2$ 为正极材料，搭配石墨、硅碳等负极材料的全电池体系具有最高的体积能量密度，处于无可替代的地位，其能量密度可达 145mA·h/g。该体系能量密度的年增长率仅为 2% 左右，因此提高 $LiCoO_2$ 正极的工作电压是进一步提高其能量密度的可行策略之一。研究发现，当 $LiCoO_2$ 的充电电压从 4.2V 升高到 4.45V 后，比容量可以增加到 180mA·h/g 以上。

相比于其他电化学储能方式，目前锂离子电池以其能量密度高、环境友好等优势在电力系统储能方面有较强的竞争力。相关统计数据表明,近年来国内已运行的电化学储能装置中,锂离子电池占比达到80%以上,且该数据呈逐年增长的趋势。

通过对2018年储能电池招标中标结果进行统计分析得知,目前锂离子电池储能系统价格为1800~2200元/(kW·h)(包括变流器、电气配套设施建设等),综合度电成本约0.6元/[(kW·h)·次]。根据锂离子电池厂商的预测,短期来看铁锂电池系统价格会延续快速下降趋势,2023年12月,我国锂电储能系统中标均价已跌破0.8元/(W·h),全年锂电储能系统均价在1.1元/(W·h)左右,单体电芯循环寿命约为6500次。随着技术和制造工艺的不断进步,预计锂电成本中长期将继续呈下降趋势,未来规模应用储能锂电池电芯有望达到15000次。因此,锂电储能系统的度电成本将得到更好的控制和降低,其市场规模和应用范围将持续扩大。

目前,锂离子电池储能技术已广泛应用于电力系统。应用场景包括发电侧、用户侧和电网侧;应用模式主要有各种类型的储能电站、备用/应急电源车及多种储能装置。在发电侧,锂离子电池储能技术的应用主要有风/光储能电站、AGC调频电站等;在用户侧,主要有光储充一体化电站、应急电源等;在电网侧,主要有变电站、调峰/调频电站等。不同的应用模式对锂离子电池性能的要求不同,中国科学院电工研究所陈永翀指出:锂离子储能电池应用于调峰、光伏储能时,一般采用能够较长时间充放电的容量型电池;用于调频或平滑新能源波动时,一般采用能够快速充放电的功率型电池;在既需要调频又需要调峰时,则采用能量型电池。

锂离子电池储能技术在发电侧的应用包括大规模新能源并网、电力辅助服务,主要功能是促进新能源的消纳、增强电力系统的调峰能力。目前,电化学储能技术已在风、光发电系统中大量应用,规模化的锂离子电池储能技术与风光发电结合可以较好地解决新能源并网问题,解决弃光难题。例如,位于青海省的"青海格尔木直流侧光伏电站储能项目"就是锂离子电池储能技术应用于光伏电站的案例。该光伏电站规模为180MW,储能系统规模为1.5MW/3.5MW·h,项目采用了分布式直流侧光伏储能技术,有效解决了储能系统与光伏电站间的接入匹配问题。在用户侧,锂离子电池储能技术的应用场景非常广泛,包括光、储、充一体化的充电站、工业园区、数据中心、通信基站、地铁和有轨电车、港口岸、岛屿、医院、商场、政府楼宇、银行、酒店以及大型临时活动场所的用电保障和应急供电等。另外,也包括一些商业储能项目,如电解、电镀公司和冶炼厂等用电大户利用储能电站在低谷期充电、在用电高峰时放电,以降低企业用电成本。近年来，随着电力能源需求响应的发展和完善，用户侧电池储能项目快速增长；5G通信基站的逐渐普及，对锂离子电池储能技术的需求迅速增加；而各地政府对用户侧储能项目建设的支持也促进了其快速发展。锂离子电池储能技术在电网侧的主要应用包括电网辅助服务、输配电基础设施服务、分布式及微电网。主要功能是保障电网安全和经济稳定，提供调频、调峰、备用、黑启动等服务，提高输配电设备利用率；减缓现有输配电网的升级改造，解决偏远地区供电问题等；提高供电可靠性和灵活性。随着锂离子电池集成度和电池热管理水平的提高，大规模锂离子电池储能项目不断出现，比如2020年1月，福建晋江电网储能项目（30MW/108MW·h）启动并网，配套的大规模电池储能电站统一调度与控制系统可为附近3个220kV重负荷的变电站提供调峰调频服务。

2. 抽水蓄能

抽水蓄能以水作为介质，通过电能与势能相互转化，实现电能储存和管理。是目前技术最成熟、应用最广泛的大规模储能技术，具有规模大、寿命长和运行费用低的特点，近几年中国的运行规模一直保持世界第一。截至2019年底，全球已投运储能项目累计装机规模184.6GW，其中全球抽水蓄能累计装机规模为171GW；中国已投运储能项目累计装机规模为32.3GW，其中抽水蓄能的装机规模为30.26GW，占中国全部储能项目的93.7%。

抽水蓄能电站结构包括上下游水库、水泵、水轮机和发电机等，具有储能容量大、系统效率高、运行寿命长、响应快速、工况灵活、技术成熟等优点，是当前大规模储能的主流技术。2021年，在双碳目标的驱动下，国家从规划、政策等方面对抽水蓄能给予了引导和支持，我国抽水蓄能的发展迎来历史性机遇，得到了飞速发展。可变速抽水蓄能、大容量超高水头抽水蓄能、抽水蓄能与新能源联合运行控制、海水抽水蓄能以及基于废弃矿洞的抽水蓄能等技术成为研究重点。

针对抽水蓄能变速机组的控制及运行问题，Gong等人提出了水泵工况启动控制、低电压穿越控制等方法，Chen等人提出了有功励磁控制器与调速器协调控制、一次调频控制策略和技术、有功无功快速控制等新方法。武汉大学与南方电网调峰调频公司通过实证研究，量化了机组变速性能、出力性能、效率性能和压力脉动性能共性指标，揭示了可变速机组变速行为演化机理，阐明了变速运行压力脉动"拐点"效应，明晰了定扬程条件下变速入力调节的"迁移三角形"规律。围绕风光等新能源与抽水蓄能结合发电的控制特性和系统优化，

Yao 等人提出了可变速海水抽蓄电站与海上风电联合运行调度策略，优化计算了海水抽水蓄能电站的最优容量。杨森等在粒子群万有引力混合算法中引入混沌算法、惯性权重和改进步长因子，建立以经济效益最大化为目标的风-光-抽水蓄能联合发电系统数学模型。Xu 等人针对不同的风况（随机风、梯度风和阵风），从动态调节性能和互补特性的角度研究了抽水蓄能发电对间歇性风电注入的调节能力。王珏等人建立了反映抽水蓄能机组过渡过程和双馈风电机组特性的抽水蓄能-风-电联合系统模型，探究了有功功率跟踪和功率平滑模式的动态响应特性，并验证抽水蓄能机组的功率调节补偿性能。围绕水泵水轮机流动特性，Tao 等人对水泵水轮机的不可逆流动能量耗散特性进行了可视化、跟踪、量化和对比分析，指出有针对性地消除涡流、降低表面粗糙度和提高几何流动适应性有助于提高水泵水轮机的能量转换效率。Zhang 等人分析了水泵水轮机内水流破坏和重组的全过程，提高了对水柱分离危险现象的认识。Gao 等人根据水泵水轮机的完整特性曲线，建立了双馈抽水蓄能快速高精度模型。张金凤等人以提高水泵水轮机泵工况的效率与扬程为目标，用近似模型和改进 PSO 算法结合的方法对转轮 9 个结构参数进行全局寻优。针对废弃矿井构建抽水蓄能地下水库的问题，张庆贺等人以常规抽水蓄能电站主要工程结构为蓝本，提出了淮南矿区沉陷区—地下洞室群抽水蓄能电站的构建模型。卞正富等研究了水文地质与水化学特征及水循环过程对选址的影响，以及废弃矿井地下空间岩体稳定性和密闭性对运行的影响。Shang 等人开展了废弃煤矿地下空间改造为抽水蓄能电站的指标评价体系研究，指出上下水库的高差是影响最大的指标，其次为上下水库库容。另外，赵海镜等人综合考虑寒冷地区抽水蓄能电站水库最大冰厚的影响因素，利用实测资料采用多元回归方法建立了我国北方抽水蓄能电站最大冰厚计算公式。

抽水蓄能电站建设成本为 3500~4000 元/kW，预期寿命为 40~60 年。抽水蓄能是一种技术成熟、应用广泛的大规模储能技术，但其建设受到地理、地质条件的限制，需要丰富的水资源支撑，同时还要有适宜于建设上库和下库的地质地理条件。而在高纬度地区，由于严寒而出现结冰的现象，导致抽水蓄能电站也不易于建设。

在运营模式方面，目前国内抽水蓄能电站主要采用租赁、两部制电价、单一电量电价、电网统一经营 4 种模式。首先，对于租赁模式，其中具有代表性的项目为广东抽水蓄能电站，该项目在建设初期阶段为电量加工经营模式，次年开始和电网协商，更改为租赁经营模式。一期 50% 容量的租赁主体为香港中华电力集团，租赁以外的部分是广东省电力公司负责租赁。这种经营模式，在实际的运行中要考虑还本付息，同时还要有足够的资金回报。而电网方面也会对抽水蓄能电站进行相应的考核，广东抽水蓄能电站受到了电网的影响，针对从机组可用率、启动成功率、跳机次数等展开核查。根据资料发现广东电网租赁广东抽水蓄能电站在调峰、填谷等领域，发挥了巨大的作用，满足了电力系统的基本需求，同时也对电力系统的稳定运行起到了很大的作用。其次是两部制电价模式，以华东天荒坪抽水蓄能电站为代表。华东天荒坪抽水蓄能电站项目的投资建设主体为华东电网，属于国家批准的抽水蓄能电站项目。在试运行期间和投产后均采用两部制电价模式。所谓两部制电价，是有容量电价、电量电价组成，其中容量电价主要由国家发展改革委协同确定，具有辅助服务作用，体现在抽水蓄能电站备用、调峰、调频、调相等方面。省级电网公司、抽水蓄能电站共同结算，得到的容量费归纳到所在地区省级电网运行费用中，进行统一核算；电量电价作为抽水蓄能电站抽发损耗这一类变动成本的补充，实际电价水平一般是以所在地区燃煤机组标杆上网电价为基准落实，电网企业为抽水蓄能电站的运行提供所需抽水电量，根据燃煤机组标杆上网电价75%确定实际电价。单一电量电价模式以浙江溪口抽水蓄能电站为代表。浙江溪口抽水蓄能电站执行单一的电量电价模式，也就是说电站收入的确定，主要依据发电时间、发电电价、抽水电价之差进行确定，如果电价差比较明显，便可以采用单一电量电价模式。这种核算方法只是将抽水蓄能电站削峰填谷效益体现出来，因为发电量会对电站经济收入带来直观的影响，电站具有的其他功能并不能从经济层面加以呈现。电网统一经营模式是一种由电网实施统一调度、统一经营的模式，还本付息、运营成本均计入电网公司成本，即由电网公司承担成本。同时，这种经营模式，可以保证电网的安全运行，提高供电的质量。但是在实际的应用中，会影响电网公司以外的机构投资建设抽水蓄能电站的效益。

3. 压缩空气储能

压缩空气储能指利用低谷电、弃风电、弃光电等将空气进行压缩，并将高压空气密封在地下盐穴、地下矿洞、过期油气井或新建储气室中，在电网负荷高峰期释放压缩空气推动透平发电的储能方式。按照运行原理，压缩空气储能可以分为补燃式和非补燃式两类。补燃式的压缩空气储能需要借助燃料的补燃，以实现系统的循环运行，系统流程如图3-19所示。储能时，电动机驱动压缩机将空气压缩至高压并存储在储气室中；释能时，储气室中的高压空气进入燃气轮机，在燃烧室中与燃料混合燃烧，驱动燃气轮机做功，从而带动发电机对外输出电能。补燃式压缩空气储能由于采用燃料补燃，存在污染排放问题，同时存在对天然气等燃料的依赖，在一定程度上限制了其推广应用。非补燃式压缩空气储能基于常规的补燃式压缩空气储能发展而来，通过回热技术，将储能时压缩过程中所产生的压缩热收集并存储，待系统释能时加热进入透平的高压空气，系统流程如图 3-20 所示。非补燃式压缩空气储能不仅消除了对燃料的依赖，实现了有害气体零排放，而且还可以利用压缩热和透平的低温排气对外供暖和供冷，进而实现冷热电三联供，实现了能量的综合利用，系统效率得到提高。压缩空气储能电站对地理条件无特殊要求，且建造成本和响应速度与抽水蓄能电站相当，使用寿命长，储能容量大，是一种具有推广应用前景的大规模储能技术。

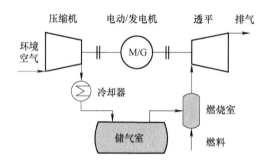

图 3-19 补燃式压缩空气储能原理图

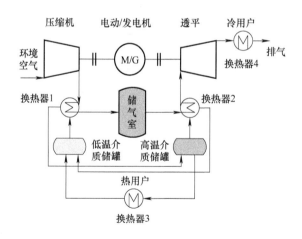

图 3-20 非补燃式压缩空气储能原理图

压缩空气储能与联合循环机组耦合利用是近年来的发展趋势。图 3-21 所示为一种压缩空气储能系统与火电机组耦合利用的发电系统。由图 3-21 可见，该系统利用压缩空气储能，在电网负荷需求较低时，采用部分中压缸排汽驱动小汽轮机进而带动空气机,以减少低压缸进汽量,快速降低系统输出功率,实现能量在火电机组和压缩空气储能之间传递;在电网负荷需求较高时,释放压缩空气,驱动空气膨胀机快速提高系统输出功率。

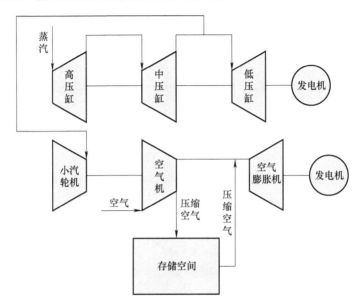

图 3-21　一种压缩空气储能系统与火电机组耦合利用的发电系统

压缩空气储能电站具有启动速度快、爬坡率高、工作范围宽、运行模式灵活及可靠性高等优点。具体表现为:

1) 快速启动能力,3~5min 可达 70%容量,10min 内实现满功率发电,5min 内实现满功率压缩;

2) 高爬坡率,如美国 McIntosh 电站爬坡率约为 18MW/min,高于典型燃气轮机约 60%;

3) 宽工况运行能力,如美国 McIntosh 电站透平机械设计及控制方案提供方 Dresser-Rand 公司拥有的 SMARTCAES 发电和压缩环节均可实现 25%~100%负荷运行;

4) 灵活的运行模式,可以超前功率因数运行的电动机模式充电和提供无功,亦可以单位或滞后功率因素运行的发电机模式来放电,抑或是以同步调相模式提供动态无功支撑;

5) 高可靠性,美国 McIntosh 电站压缩环节 100%运行可靠,发电环节 97%运行可靠。

上述优良动态特性使压缩空气储能电站具备了在调频、备用、无功调节及黑启动等辅助服务市场的应用条件,也为压缩空气储能电站市场运营提供了多个收益源,进而有利于提高其经济性与竞争力。

4. 铅蓄电池

铅蓄电池主要包括铅酸电池和铅炭电池。铅酸电池是一种以铅化合物和金属铅分别作为正极和负极材料,硫酸溶液作为电解液的蓄电池。铅酸电池原料丰富、制造工艺成熟、价格低廉、性能安全可靠,已应用在通信、交通、电力等多个领域。然而,铅酸电池循环寿命较低,为 2000~2500 次,充放电效率为 70%~90%。

铅蓄电池由正极板群、负极板群、电解液和容器等组成。充电后的正极板是棕褐色的二氧化铅(PbO_2),负极板是灰色的绒状铅(Pb),当两极板放置在浓度为 27%~37% 的硫酸(H_2SO_4)水溶液中时,极板的铅和硫酸发生化学反应,二价的铅正离子(Pb^{2+})转移到电解液中,在负极板上留下两个电子($2e^-$)。由于正负电荷的引力,铅正离子聚集在负极板的周围,而正极板在电解液中水分子作用下有少量的二氧化铅(PbO_2)渗入电解液,其中两价的氧离子和水化合,使二氧化铅分子变成可离解的一种不稳定的物质——氢氧化铅 $[Pb(OH)_4]$。氢氧化铅由 4 价的铅正离子(Pb^{4+})和 4 个氢氧根 $[4(OH)^-]$ 组成。4 价的铅正离子(Pb^{4+})留在正极板上,使正极板带正电。由于负极板带负电,因而两极板间就产生了一定的电位差,这就是电池的电动势。当接通外电路,电流即由正极流向负极。在放电过程中,负极板上的电子不断经外电路流向正极板,这时在电解液内部因硫酸分子电离成氢正离子(H^+)和硫酸根负离子(SO_4^{2-}),在离子电场力作用下,两种离子分别向正负极移动,硫酸根负离子到达负极板后与铅正离子结合成硫酸铅($PbSO_4$)。在正极板上,由于电子自外电路流入,而与 4 价的铅正离子(Pb^{4+})化合成 2 价的铅正离子(Pb^{2+}),并立即与正极板附近的硫酸根负离子结合成硫酸铅附着在正极上。

铅酸蓄电池用填满海绵状铅的铅板作负极,填满二氧化铅的铅板作正极,并用密度为 1.28g/mL 的稀硫酸作电解质。在充电时,电能转化为化学能,放电时化学能又转化为电能。电池在放电时,金属铅是负极,发生氧化反应,被氧化为硫酸铅;二氧化铅是正极,发生还原反应,被还原为硫酸铅。电池在用直流电充电时,两极分别生成铅和二氧化铅。移去电源后,它又恢复到放电前的状态,组成化学电池。

放电时,正极反应为:

$$PbO_2 + 4H^+ + SO_4^{2-} + 2e^- =\!=\!= PbSO_4 + 2H_2O \tag{3-4}$$

负极反应：
$$Pb + SO_4^{2-} - 2e^- = PbSO_4 \qquad (3-5)$$

总反应：
$$PbO_2 + Pb + 2H_2SO_4 = 2PbSO_4 + 2H_2O \qquad (3-6)$$

在大型储能应用中，铅酸电池在高倍率部分荷电状态下的循环使用会造成负极不可逆硫酸盐化，大大缩短了铅酸电池的使用寿命。铅炭电池是将超级电容器的活性炭电极材料应用到传统铅酸电池上而形成的一种新型电池，其负极是由两块平行的铅和炭电极构成，相比传统铅酸电池，寿命可提升一个数量级甚至更多。近年来，国内外学者对铅炭电池的研发投入了大量的精力，目前用于铅炭电池的碳材料主要有炭黑、活性炭、石墨纤维、石墨烯、碳纳米管等，并对其做了不同程度的改性。虽然炭材料的加入明显改善了铅蓄电池的寿命，但也存在一些问题，如碳材料的种类和添加量尚不明确、负极析氢反应缩短电池循环寿命、工艺有待进一步优化、度电成本有待进一步降低等。相较其他电池储能技术，铅蓄电池凭借着低廉的成本和高度成熟的产业水平已经在可再生能源接入、削峰填谷和智能微电网等领域得到应用，随着铅炭电池的逐渐成熟，该项储能技术将成为理想储能技术的选择之一。

5. 钠基电池

钠基电池，属于熔盐电池，是一类使用熔融盐作为电极和/或电解质的电化学储能装置，目前主要包括钠硫（Na-S）电池和钠金属卤化物（ZEBRA）电池。这两类电池的阳极均为熔融盐钠，而阴极分别为熔融硫和固体金属卤化物，固体电解质为β-氧化铝。图3-22所示为钠基电池的工作原理示意图。为了保持熔盐处于熔融状态，促进反应动力学，熔盐电池的工作温度相对较高（>300℃）。目前，以日本NGK为首的产业公司在日本、美国、阿联酋等国家实施建设了多个钠硫电池储能项目。然而，2011年9月，NGK设置于日本茨城县三菱材料筑波制所内的钠硫电池由于电池顶部高温熔融体发生了泄露引发火灾，持续两周之久。这次事故引发了人们对于钠硫电池的高温带来的电池材料耐久性、成本和安全问题的担忧，影响了其进一步的发展。近年来，大量研究致力于降低钠硫电池的工作温度，Holze等人报道了聚丙烯腈/硫复合物作为室温钠硫电池的阴极材料，初始比容量约为655mA·h/g，充放电效率约为100%。Ahn等人报道了有机溶剂四乙二醇二甲醚作为电解质的室温钠硫电池，尽管阴极成分在液体电解质中发生溶解，导致电池容量快速衰减，但采用致密的固体隔膜如β-氧化铝能够有助于解决此类问题。由于钠硫电池理论能量密度高、充放电能效高、循环寿命长，如果能解决安全性的问题，钠硫电池仍是储能应用和运输应用场景的选择之一。

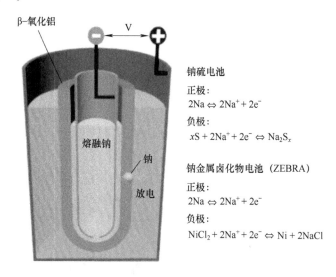

图 3-22　钠基电池的工作原理示意图

6. 液流电池

液流电池由点堆单元、电解液、电解液存储供给单元以及管理控制单元等部分构成，是利用正负极电解液分开，各自循环的一种高性能蓄电池，具有容量高、使用领域（环境）广、循环使用寿命长的特点，液流电池主要由电堆和两个电解液储液罐构成，工作原理如图 3-23 所示。

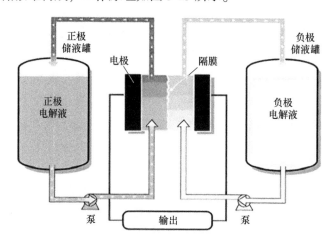

图 3-23　液流电池工作原理图

通常，电解液由泵从储液罐送到电堆内部，流经电极发生氧化还原反应，在这里化学能被转换成电能（放电），反之亦然（充电）。在阳极室和阴极室之间是隔膜，可选择性地允许非活性物质（如 H^+、Cl^-）的交叉运输，以保持电中性和电解质平衡。液流电池的功率密度由电极的大小和电堆中的电池数量决定，而能量密度由电解质的浓度和体积等性质决定。因此，液流电池可实现功率密度和能量密度的独立设计，这种特性使液流电池具有丰富的应用场景。如技术成熟的全钒液流电池，已发展至商业化阶段，具备能量效率高（>80%）、循环寿命长（>200000 次循环）、安全性好、可模块化设计、功率密度高等特性，适用于大中型储能场景。近年来，低成本、高能量密度液流电池愈来愈受关注，一方面弥补了传统全钒液流电池的短板，另一方面也有利于推动液流电池在 5G、人工智能等特殊场景的应用。降低液流电池的成本一般从两个方面进行。一是电解液，使用铁、锰、锌等地壳中含量丰富的金属作为电解液活性成分。如 Savinell 等人报道的全铁液流电池，其工作原理如图 3-24a 所示，通过将铁金属可逆地电镀在悬浮、流动的碳颗粒上，改善了传统全铁液流电池性能较差的问题。二是隔膜，选取复合膜、阴离子交换膜等低成本隔膜。如图 3-24d 所示，王保国等人发表的聚偏二氟乙烯（PVDF）/石墨烯复合纳米多孔膜，石墨烯可以增强膜的选择性和导电性，通过添加 0.15%（质量分数）的石墨烯，全钒液流电池能量效率提升了 13%；如图 3-24e 所示，张华民和李先锋等人发表的 PES/SPEEK 复合多孔膜，PES 作为基底，SPEEK 既可以调控膜的形貌又可以提供负电荷。将该膜应用于低成本的锌铁液流电池体系，既降低了成本又解决了锌枝晶的问题，同时提高了电池性能。液流电池的能量密度由活性物质的浓度、转移电子的数目、电池电势等决定。因此，可以从这三个方面提升能量密度，如邢学奇等人报道的高能量密度全液体有机液流电池，其工作原理如图 3-24f 所示，该体系选用与有机溶剂混溶的活性物质，因此溶解度较高；通过活性物质官能团位置的调控，使得电池电势扩至 2.97V，虽然该体系活性物质只转移一个电荷，但电池能量密度已达到 223W·h/L，远远高于以前报道的非水性有机液流电池，且库仑效率和能量效率分别可达到 95% 和 70%。液流电池在产业化方面已经起步，目前在新能源加液流电池储能、城市储能电站和储能调频等场景均实现了应用。储能本体技术有望在近期上一个台阶。首先，电堆技术近期实现了功率密度的大幅提升，国家能源集团北京低碳清洁能源研究院等单位，已经将全钒液流电池电堆功率密度提升到 200mW/cm^2 以上，较目前的商业化产品提高 1.0~1.2 倍，有效提高核心材料的利用率，降低电池成本。其次，清华大学等单位将钒电解液的工作温度提升至 50℃，实现了储能系统的风冷，降低了系统的复杂度和硬件投资成本。另外，国电投中央研究院制备了新型 Fe/Cr 液流电池大功率电堆，如果进一步实验成功，将大幅降低液流电池储能成本。

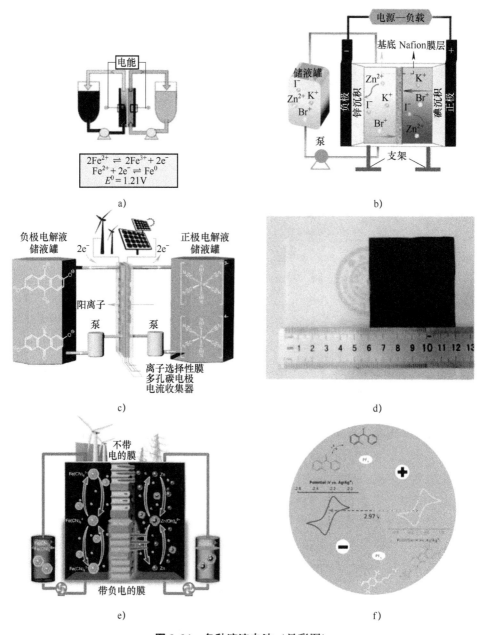

图 3-24　各种液流电池（见彩图）

a）全铁液流电池　b）锌碘液流电池　c）碱性有机液流电池　d）聚偏二氟乙烯/石墨烯复合纳米多孔膜　e）锌铁液流电池　f）全液体有机液流电池

7. 飞轮储能

飞轮储能具有效率高（达90%）、瞬时功率大（单台兆瓦级）、响应速度快（数毫秒）、使用寿命长（10万次循环和15年以上）、环境影响小等诸多优点，是目前最有发展前途的短时大功率储能技术之一。飞轮储能系统通常由飞轮转子、轴承、电机、电力电子变换器等关键部件组成，如图3-25所示。

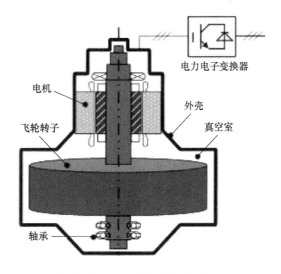

图3-25 飞轮储能系统结构图

飞轮储能的基本原理是绕定轴旋转的转动刚体在转速变化时需要获得能量而加速，减速过程需要减少动能而释放能量。这在古老的陶工转盘以及近代发动机的大转动惯量飞轮中都有大量的实际应用。现代飞轮储能一般是指电能与飞轮动能之间的双向转化，因此特征是飞轮与电机同轴旋转，通过电力电子装置控制飞轮电机的旋转速度，实现升速储能、降速释放的功能。飞轮储能以数毫秒内快速响应、持续放电时间为分秒级，因此比较适合功率应用场景，比如不间断供电过渡电源、调频、电能质量调控等。对比分析表明，在功率型储能应用领域，优于电池储能。美国能源部的研究报告表明，飞轮储能和阀控铅酸电池相比，在20年寿命期内循环使用成本低约57%，但初期投资高于42%。

8. 热储能

在众多储能技术中，热储能是最具应用前景的规模储能技术之一。热储能技术是以储热材料为媒介，将太阳能光热、地热、工业余热、低品位废热等或者将电能转换为热能储存起来，在需要的时候释放，以解决由于时间、空间或强度上的热能供给与需求间不匹配所带来的问题，最大限度地提高整个系统的能源利用率。热储能相比于电化学储能、电气储能等其他储能技术路线，在装机规模、储能密度、技术成本、使用寿命等方面具有明显优势；而与压缩空气储能和抽水蓄能这两种机械储能技术相比，热储能技术具有占地面积小、成本低、储能密度高、对环境影响小、不受地理、环境条件限制等诸多优势；热储能技术作为一种能量高密度化、转换高效化、应用成本化的大容量规模化储能方式，将在构建清洁低碳安全高效的能源体系、构建以新能源为主体的新型电力系统、保障电力系统安全稳定运行等方面发挥重要作用。

热储能技术特点优势主要表现在：储能容量大、配置灵活、无特殊环境要求；具有规模化建设及运营成本的优势，具有明显的规模效应；可根据用户需要，实现多种能源品位冷、热、电、气联供；可对区域电网实现削峰填谷、双向调节、消纳间歇性新能源（风电、光伏等）装机出力，是电网平衡峰谷差的最佳解决方案；循环次数大、寿命长，且储能电站的双向调节功能不会伴随长时间储热循环而导致效率降低；储放过程无化学反应，技术参数及过程可控，系统安全性高。热储能技术可应用于电源侧、电网侧、用户侧。

对用户侧而言，热储能技术可应用于用户冷、热、电综合能源服务、海水淡化等场合；在热能直接利用中，储热技术拥有比储电技术更高的能量利用效率；储热技术还包括储存和利用低于环境温度的热能，即蓄冷技术在冷链相关领域已有成熟应用，市场规模亦在持续扩大。

对电源、电网侧而言，现阶段电力系统呈现高比例可再生能源、高比例电力电子设备的"双高"特征，系统转动惯量持续下降，调频、调压能力不足，对电网安全提出严峻挑战，太阳光热储能发电通过汽轮发电机组的转动惯量可以有效实现调频；在火电厂灵活性改造中，热储能发电技术将机组变负荷运行时出现的过剩蒸汽热量转化为储热介质的热能存储起来，当需要时将热能释放，既能增加机组调峰深度，也能增加峰负荷能力，投资和运行成本较低，具有明显优势。

3.3.2 多元储能经济特性对比

在配电网规划中，由于储能的规模化与商业化，在选择储能技术时还必须切实考虑其经济效益。储能的经济效益主要包括储能的单位投资建设成本、运行维护成本、储能的循环使用寿命、能量转换效率以及自放电率。以电化学储能技术为例，总结各类储能技术经济指标见表3-4。

表 3-4 电化学储能经济指标

电池类型	能量效率(%)	自放电率/(%/月)	放电深度×次数	初始投资/[元/(W·h)]	维护成本/[元/(kW·h)]
铅酸电池	70~75	5	1×800 0.75×1500 0.7×4500	1	0.05
镉镍电池	60~70	5~10	1×2000	2.5	0.05
氢镍电池	80~85	60	1×1500 0.4×40000	10~15	0.05
金属氢化物镍电池	55~65	15~25	1×900 0.8×2500	2~4	0.05
锂离子电池	90~95	2	1×1000 0.3×20000	4.5~9.5	0.05
超级电容器	80~95	40~50	1×200000	27	0.05
全钒液流电池	70~80	5~10	1×13000	5~10	0.10
多硫化钠溴液流电池	67	5~10	1×2000	1.5~2	0.10
锌溴液流电池	64	12~15	1×2500	8~9.5	0.10
钠硫熔融电池 (维持约300℃)	58~62	—	1×1500 1×3000	5~7	0.10

分析各类储能的技术经济特性可知,以超级电容和超导电磁储能为代表的电磁储能技术具有响应速度快、功率密度高、能量循环效率高等优点,但存在的主要问题是容量较小、放电持续时间短、成本高等。飞轮储能和电化学储能的响应速度较快,其中飞轮储能具备功率密度高、能量循环效率高等优点,但是其能量密度较低;电化学储能的优势在于其功率和容量可以根据应用需求灵活配置,且不受外界条件的影响和限制。抽水蓄能和压缩空气储能是目前可大规模存储和长时间放电且技术较为成熟的两项储能技术,但两者都在一定程度上受到地理、地质等条件的制约。可见,不同储能的技术特征差异较大,单一的储能技术难以具备快速充放、大容量存储、持续充放、可靠性高、成本低等全面的条件。因此,多元储能协同运行规划是解决单一类型储能弊端的有效方案。

在新型电力系统中,储能设备在电源侧、电网侧、用户侧储能中均有应用,其商业模式及具体盈利方式较为清晰。

1. 电源侧

电源侧储能是指在发电厂（火电、风电、光伏等发电上网关口）建设的电力储能设备。其主要目的是提高发电机组效率，确保发电的持续性与稳定性，并储存超额的发电量。当大规模可再生能源接入电网时，电源侧储能可以对可再生能源发电平滑调控，并降低对电网的冲击，同时也可以降低可再生能源弃风和弃光率提高可再生能源的利用率。

据统计，电源侧锂电储能系统工程的建设成本大概为 $1.5 \sim 2$ 元/(W·h)。整个储能电站的成本主要分为储能系统建设成本，储能系统运维成本以及财务成本，其中储能系统建设成本最高，占比约83%，财务成本以及系统运维成本分别占12%和5%。在储能系统成本中，电芯成本占比最高，约为55%。2023年，随着电芯价格回到合理区间，储能系统整体成本也会有所下降。在电源侧，储能的应用模式包括集中式新能源、调频辅助服务、调峰辅助服 3 种应用模式。集中式新能源模式适用于"三北"地区新能源装机规模较大的省份，目前已在新疆、青海、河北、甘肃等新能源较为密集的地区得到应用；调频辅助服务模式适用于火电装机容量较大的省份，目前已投运的项目主要集中在山西省；调峰辅助服务模式尚无应用案例。锂离子电池储能的商业模式主要为电厂自己投资或合同能源管理模式，电源企业和储能企业双方以合同能源管理的模式进行利益分成。在投资回收机制及收益水平方面，集中式新能源模式通过新能源电站减少弃电率、增加发电率，进而提升效益，对于标杆电价较高且存在弃电的新能源电站有一定盈利空间，购售价差为新能源标杆电价减去弃电电价和场地租赁费；调频辅助服务模式采用辅助调频服务市场补偿机制，储能系统与火电机组联合调频，通过提供调频辅助服务获得补偿或减少考核罚款。调频收益等于实际调频里程、性能指标与市场价格三者的乘积，优质项目成本回收期最短可达 $1 \sim 2$ 年，但调频市场饱和后必然带来收益的大幅降低；调峰辅助服务模式采用辅助调峰服务市场补偿机制，储能系统与火电机组联合调峰，通过提供调峰辅助服务获得补偿或减少考核罚款，调峰补偿费用来自未承担调峰责任、受益于深度调峰的各类发电机组，包括可再生能源发电机组、核电机组等。

2. 电网侧

传统的电网通常是单向输送电能的，即从发电站点到用电站点。与传统电网相比，新型储能，尤其是电化学储能具备快速响应和双向调节的技术特点，并具有环境适应性强、配置分散且建设周期短等技术优势。当大规模可再生能源接入电网时，搭建电网侧储能系统可以为电网提供无功电压支撑，辅助调整系统频率。并通过添加新的节点于电网架构上，增加电力输送的多样性，提高电网的可靠性。此外，储能技术的应用可以通过实时调整充放电功率以及自身系统状态，为电网侧提供储能系统装机容量的约 2 倍的调峰能力。特别是在形成一定规模配置后，它可以有效地缓解地区电网的调峰压力，提供高效的削峰填谷服务。

从定价机制划分，调峰补偿分为固定补偿和市场化补偿两种。中国早期主要对辅助服务进行固定补偿，2015 年至今开启对辅助服务市场化的探索。市场化调峰流程主要为：服务提供方在日前申报调峰价格和电量，调度机构以服务成本最小为原则进行排序，形成出清价格（即最后一名中标者申报的价格），所有中标者均以出清价格结算。调峰当日，服务提供方执行调度指令并最终获得补偿。

调频补偿主要分为里程补偿和容量补偿，各地补偿标准差异较大。从价格机制看，调频市场化程度总体上低于调峰，部分区域未设立调频市场，且未明确储能的市场主体地位。在明确储能可参加调频的区域/市场中，调频主要补偿包括里程补偿和容量补偿两种，部分地区还有现货补偿等其他形式，其中里程补偿主要依据调频里程计算，容量补偿主要依据调用容量计算。各地的补偿标准差异较大，且补偿的计算方式也存在差异。

以独立（共享）储能盈利模式为例，目前我国各省普遍的收益模式为深度调峰补偿模式；在湖南、宁夏、河南、广西等地区存在调峰补偿+容量租赁模式的推广；在山东以及广州，独立储能可以实现现货市场+容量租赁+辅助服务补偿的收益模式。

以电力现货市场发展较好的山东省为例，根据国家能源局山东监管办等联合发布的《关于 2022 年山东省电力现货市场结算试运行工作有关事项的补充通知》，新型储能等新型市场主体积极参与电力现货交易，按月度可用容量给予适当容量补偿费用，容量补偿电价基准价为 99.1 元/(MW·h)，按照电力系统发用电平衡情况根据谷系数、峰系数进行容量补偿调整。

根据山东电力交易中心公开数据可查，共有八个共计 712MW/1504MW·h 的储能电站参与了电力市场，参与现货交易电量超 2 亿 kW·h，其中"古路台阳储能电站"和"伏羲中广储能电站"为 2023 年 1 月 16 日公示尚未显示受理注册，分别为 100MW/200MW·h 规模为计算方便将两个储能电站和"肥城中储储能电站（压缩空气技术）视作未参与电力市场，其余五家忽略各类差异因素，根据入市时间到统计截止时间（2023 年 1 月 29 日）计算。

在电网侧，储能主要应用于提升电网安全稳定水平、提升电网灵活调节能力。提升电网安全稳定水平应用模式用于优化电网结构、解决电网堵塞、提供事故响应等，可以百毫秒级的速度响应电网功率需求，响应速度远快于常规火电机组和抽水蓄能，可为电网提供事故后紧急功率支撑。提升电网灵活调节能力应用模式主要用于开展调频调峰服务和提高高渗透率分布式电源区域电能质量水平。甘肃省拟投资建设120MW/480MW·h电网侧储能，项目预期采用市场化机制回收投资。电网侧储能的商业模式，一是合同能源管理，储能装置厂家投资建设，与公司签订合同，按约定比例进行收益分成。如河南电网100MW级储能示范项目，由平高集团投资建设，河南综合能源服务公司进行运营。二是储能装置厂家作为独立交易主体参与辅助服务市场，储能厂家与电网企业直接结算，获得储能调峰、调频等辅助服务收益。三是经营性租赁模式，储能项目由第三方投资建设，电网企业租赁运营。如江苏电网100MW储能项目，由许继等厂家投资建设，江苏省电力有限公司租赁运营。电网侧储能尚没有成熟的投资回收机制，潜在的投资回收机制包括3种。第一，计入有效资产，争取核准输配电价，可以保证得到合理收益水平。第二，参照抽水蓄能两部制电价，电量电价应体现储能电站的"电量效用"，随着市场化的推进，购电价格可以招标决定，或"直接交易"决定。容量电价应反映储能电站"系统效用"，但容量费纳入输配电价或向终端用电电价疏导存在困难，电化学储能大规模发展采用的可能性较小。第三，逐步建立完善的储能辅助服务市场，现阶段试行政府定价，如《南方区域电化学储能电站并网运行管理及辅助服务管理实施细则（试行）》中提出，对于提供充电调峰服务充电电量进行补偿，补偿标准为0.05万元/(MW·h)；随着电力市场化改革的推进，引入辅助服务市场竞价机制，通过参与辅助服务市场的模式回收投资成本，收益水平由市场决定。

3. 用户侧

在用户侧，储能的应用场景包括用户储能模式、光储一体化模式、充储一体化模式、与微电网/增量配电结合模式、备用电源模式等。工商业储能是用户侧储能最主要的应用场景之一，工商业储能项目需求差异大、应用环境复杂且收益路径多元化，当前主要应用场景包括峰谷套利、需（容）量管理、应急备电、动态增容及需求侧响应。现阶段，我国工商业储能主要通过峰谷价差套利、削减容量电费、用户侧需求响应等途径实现盈利，其中峰谷套利是工商业储能最直接、最成熟也是应用最广泛的盈利模式。峰谷套利是指利用分时电价规则下的高（尖）峰、低（深）谷的电价差异，以低充高放的形式减少用户电费支出，当工商业储能的峰谷价差超过其LCOS（全生命周期度电成本）时，工商业储能项目将具备经济性。据EESA统计，2022年，我国储能项目两小时储能系统平均中标价格为1.6元/(W·h)，在此成本下电池工商业储能的度电成本为0.686元，即峰谷价差在0.686元/(kW·h)以上，工商业储能开始具备经济性。目前，包括浙江、上海、海南、广东、四川、山东等20个省份的峰谷价差已超过0.686元/(kW·h)，其中，浙江是中国目前峰谷价差最大的省份，且可满足两充两放，经济性显著。用户储能模式有助于提高用户负荷调控能力和供电可靠性，如无锡建设的20MW/160MW·h新加坡工业园储能电站具有削峰填谷、需求响应和应急供电等功能。光储一体化模式为储能装置与分布式光伏电站组成客户侧光储系统，用于储存光伏余电抵扣高峰用电，增加光伏业主收益。如南通河口集装箱群1.5MW/6MW·h储能电站与16MW光伏电站联合的光储一体化项目。充储一体化模式为储能装置与充电桩组成充储一体化系统，作为充电设施和电网之间能量/功率的缓冲，赚取峰谷电价差获益。如上海嘉定国际汽车城投资建设的150kW/130kW·h充换储一体化电站项目。与微电网结合模式用于支持高比例分布式可再生能源接入，支撑微电网离网运行，与增量配电结合模式用于通过峰谷价差获利、减少反送上一级电网的电量，尚未开始大规模应用。备用电源模式适用于各类需要不间断供电的用户，理论上也能够开展削峰填谷和参与需求响应，为用户带来额外的经济收益，目前一些企业已在探索数据中心备用电源项目进行削峰填谷。用户储能的商业模式主要为储能装置厂家与用户（一般工商业与大工业用户）合作运营共享收益，目前一般为一九分成，用户获得收益的10%。光储模式和充储模式的商业模式主要为用户独立投资建设和用户联合厂家建设两种。现阶段客户侧储能模式的投资回收机制主要为从单一制电价的峰谷价差以及两部制电价的需量管理和峰谷价差共同回收。在目前电价的模式下，储能盈利性水平主要与峰谷价差、储能投资建设成本、循环次数、充放电模式、用户分成比例以及对需量降低的效率影响等指标有关。储能成本模型主要考虑建设期的初投资成本，运营期的运维成本、财务成本（主要是利息）、税费、厂用电损耗等，收益模型主要考虑初投资补贴、电量收入、度电补贴等，基于成本和收益模型可以通过净现值、内部收益率、度电成本测算评估储能的收益水平。当前，普通工业和大工业用户安装储能仅少部分省份能实现盈亏平衡，随着储能技术经济性提升，按工业电价降价前目录电价计算，2020年已具有较好的盈利性。根据2019年政府工作报告中提出的普通工业电价平均再降低10%的目标，在北京市降价模式下（峰、平、谷价格统一下降同一额度，峰谷价差和峰平价差保持不变），储能收益基本保持不变，而充电成本有所下降，储能收益略有提升；在多数省份采用的河北省降价模式下（下降比例基本相同，峰谷价差和峰平价差缩小），储能收益将明显下降。目前湖北省客户侧储能理论上项目收益率最高，但暂无项目投运，主要原因为：一是一般工商业用户执行单一电价；二是从省到各地市暂无支持储能发展的政策出台；三是产业布局上无储能电池企业；四是当前项目收益率未到8%，不具有投资吸引力，用户积极性不高。客户侧储能也可通过参与需求响应获得额外收益，但缺乏常态化的需求响应机制，年度总收益有限。

户用储能（家庭储能）也是用户侧储能最主要的应用场景之一，其运行不受城市供电压力影响，在用电低谷时间，户用储能可自行充电，以备用电高峰或断电时使用；近两年，地缘政治危机加剧了欧洲能源危机，导致短期欧洲能源价格居高不下，中国光伏、户用储能等产品格外受欢迎，越来越多的中国企业正在加紧布局海外户储市场。

在发展早期，户用光伏往往能在上网电价与优先消纳上获得较好的保障，因此通常采取全额上网为主的模式。而光伏具有天然的间歇性与波动性，随着发电占比的提升，其对电网的冲击也日益加大，全额上网并非长期的解决方案。对于居民用户，搭配储能的户用光伏才能彻底取代传统的电网供电，从而实现电力的自给自足。因此随着上网电价的逐步退坡与终端电价的持续上涨，自发自用已成为更经济的方案。目前，由于稳定的居民用电价格等原因，中国户用储能市场尚处于起步阶段。然而，户用储能在高居民电价的海外地区体现出明显的经济性，典型地区如欧洲、美国、大洋洲等地区。截至2022年，德国是全球最大的户储市场，2022年其户用储能新增装机量约为$1.6GW·h$，累计装机量已超过$6GW·h$，户用光伏配储在德国已颇具经济性。

3.4 储能在综合智慧能源系统中的作用

如前文所述，储能技术简而言之就是将多余的能量储存，并在有需求时释放能量的技术。因应不同场合与需求可选择不同的储能系统，根据储能技术的原理及存储形式差异可将储能系统分为以下几类。

1）电气式储能：包括电容器、超级电容和超导磁储能等。

2）机械式储能：包括飞轮储能、抽水蓄能和压缩空气储能等。

3）化学式储能：其中可细分为电化学储能、化学储能以及热化学储能等。电化学储能包括铅酸、镍氢、锂离子等常规电池和锌溴、全钒氧化还原等液流电池；化学储能包括燃料电池和金属空气电池；热化学储能则包括太阳能储氢以及利用太阳能解离-重组氨气或甲烷等。

4）热能式储能：包括含水层储能系统、液态空气储能以及显热储能与潜热储能等高温储能。

此外，还可以依放电时间尺度及系统的功率规模对储能技术进行分类。例如放电时间为秒级至分钟级的储能系统可用于支持电能质量，此类储能系统典型额定功率小于1MW，且具快速响应（微秒级）的特性，典型的储能系统包括超导磁储能、飞轮储能、超级电容等；放电时间为分钟级至小时级的储能系统则可用作桥接电源，额定功率约在100kW~10MW的区间，且响应时间较快（小于1s），典型的储能系统包含液流电池、燃料电池和金属空气电池等；至于放电时间为数小时甚至超过24h的储能系统则多应用于能源管理，其中，压缩空气、抽水蓄能和低温储能等功率100MW以上的储能系统适用于大规模能源管理，而一些化学式与热能式储能则可用于容量为10~100MW的中等规模能源管理。

上述分类法仅是对典型储能技术的大致划分，并非绝对准确。随着各种储能技术不断发展，同一种储能技术也发展或延伸出许多不同规模、不同参数的系统，因此以放电时间尺度或其他技术参数作为指标的分类法的界线亦渐趋模糊。

根据美国能源部全球储能数据库（DOE Global Energy Storage Database）所公布的2020年统计资料，全球各类储能技术总装机容量约为192GW，各项技术占比如图3-26所示，而储能技术项目数量如图3-27所示，从中可见抽水蓄能总装机容量最大，至于项目数量则是电化学储能最多，事实上这其中又以锂离子电池为首。

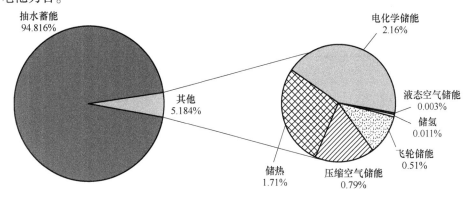

图3-26　全球储能技术装机容量占比

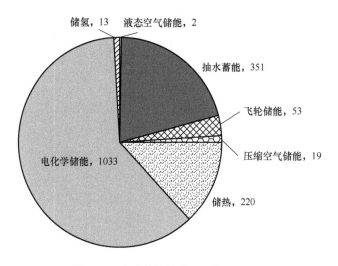

图 3-27　全球储能技术项目数量（项）

储能的核心作用体现在调频，减少弃电和价差套利三个方面。另外储能还有黑启动、离网供电等优势。例如在整个区域电力系统崩溃的极端场景下，使供电电源在无需从电网取电的情况下实现重启。

电网保持稳定核心是确保发电和用电相对（动态）平衡。调频就是调整电力系统的频率，使其变化不超过规定的允许范围。风电、光伏发电出力由自然资源决定，人为干预作用小，且风光资源目前预测精度相对低，电力系统转型背景下，调频保证电能质量变得格外重要。储能（特别是电化学储能）调频对速度和精度要求较高，它的 AGC（自动发电控制）跟踪曲线与指令曲线基本能达到一致，可以灵活地在充放电状态之间转换。以保证频率精准调节。基本不会出现调节反向、调节偏差和调节延迟等问题。风光资源的天然属性下，人为干预空间小，峰值和谷值能量差大，且与用电时段不完全匹配，会在高峰释能时浪费大量资源。例如风电在 21 点—次日 5 点左右出力处于高位，而此时用电负荷却位于最低位。弃电的大量产生也影响了风光电规模化和经济化发展效应。减少弃电本质就是将弃电存储起来，在风光出力低位时补充用电负荷。"存储"恰好是巨型充电宝—储能最大的用处。储能在放电高峰时储存较低成本的电能，在放电低谷期使用低成本电以实现经济效益最大化。储能在削峰填谷的作用下，也可以实现多余电能出售套利。例如现阶段典型的工商业储能经济模式就是通过能量时移、峰谷价差套利、容量电费削减获取收益来回收投资成本。

1. 在风能电力系统中的应用

在风力发电场中合理应用多元储能装置,可以显著优化发电厂电压运行的稳定性,有效控制系统功率,并且可以实现系统有用功和无用功的合理调控。用多元储能进行电力系统调峰电能的配置处理时,可以有效优化当地电网的整体接纳水准。将多元储能系统配置在电源侧时,通过应用储能电源就能够实现供电系统的调节优化和用户互动。

在发电厂出口并网处的母线位置进行多元储能系统的安装,能够借助储能系统的放电功能和储能功能对风电系统运行过程中的功率不稳情况实施有效控制。为了有效降低风电场供电波动对于电网造成的不良干扰,系统中每台风机装置都要安装蓄电池用于电能的后备储存,蓄电池的功率要为风机设备功率的4%左右。为了防止突发事故对风机设备的叶片装置造成损坏,还要额外配置1组功率为风机功率1%左右的蓄电池,确保风机装置的平稳运行。当前风电系统对于电力输出的稳定性控制已经成为其控制的重点内容。当前风力发电处于快速发展的状态,风力发电与电网之间的关联度也逐渐升高,风电场需要具备削峰填谷的功能,而该项功能的实现必须要借助储能技术的辅助才行。风电场中配置到储能系统额定功率值要控制在风电系统的45%左右。如果风机设备想要实现离网发电的目标,那么系统中需要配置更大额定功率值的动态多元储能系统。风电场之所以会出现闪变问题,主要是由于风电场中风速的变化比较迅速,与此同时塔影效应也会造成电场闪变,风力发电期间,如果某1台风机设备发生闪变不会造成较大影响,但是如果多台风机设备同时并入相对较小的电网系统当中时,发生的闪变会严重影响风力发电。在风机装置出口部位安装多元储能系统就能解决闪变问题,外接的多元储能系统在调节过程中其功率动态应为毫秒级。

2. 在光伏电力系统中的应用

光伏发电就是指借助太阳能的电池原理,产生电势差,实现太阳能到电能的有效转化,这种转化的电能为直流电。多元储能系统在光伏电力系统中发挥的作用优势与风电场中相似,如果光伏发电系统中电池的实际输出功率出现波动,储能系统可以即刻运行,为光伏发电系统提供瞬时功率,保证系统可以平稳运行。由于储能电池的储能技术更加成熟一些,使用成本低且具有较大的能量密度,因此进行光伏发电的时候通常都会使用蓄电池作为光伏电力系统的储能装置。但是蓄电池的储能方式比较单一,存在一定的应用限制,电池续航时间不够长且电池功率有待提升。为此可以逐步升级,尝试多元储能系统的应用。

3. 平抑可再生出力波动

由于风机、光伏等可再生能源间歇性和波动性发电的特征，在综合能源系统中接入风机、光伏发电机组，会对电力子系统中供能与网络产生较大影响。如果不能有效的平抑波动，则超过波动约束部分的电能无法利用，导致能源浪费。合理配置多元储能，能够在一定程度上有效缓解和平抑可再生能源出力带来的问题，进而提高系统内可再生能源的消纳量。

4. 保障供需平衡

实现能源系统的供需平衡是综合能源系统优化的第一要务，因此保障供需平衡是多元储能系统的重要策略之一。在综合智慧能源系统中，热/冷能源子系统供需平衡问题一般以子系统内的供能设备和储能设备为主进行调整，电力系统中的供需不平衡调整问题较为复杂。根据综合能源系统中"以电为核心"的思想，除电以外的能源子系统在保障各自内部能源供需平衡的前提下，应当参与到电力供需平衡中。

在该模式下，无论是峰期电价、谷期电价还是平期电价，均需要保障系统电力供需的平衡和电力系统的安全。当综合能源系统中的电力输出功率大于需求时，应调整系统内耗电设备、储能电池、储热装置的出力策略，以消纳多余的电力；当综合能源系统内的电力输出功率小于需求时，应调整各储能电池和购电策略，以补充不足的电力需求。具体策略为：当综合能源系统中的电力输出功率大于需求时，对比储能电池、储热装置和调整耗电设备出力消纳多余电力的成本。当综合能源系统中的电力输出功率小于需求时，对比储能电池、外部电网补充不足电量的成本。按照成本最优的原则，设置消纳多余电力的出力顺序。当综合能源系统中的电力输出功率等于系统电力需求时，相关设备不进行电力平衡操作。

5. 峰谷套利

最大可能的响应峰谷电价，利用电价差赚取利润，是多元储能系统实现经济价值、降低综合能源系统运行成本的主要途径。因此，应合理制定多元储能设备的充放能策略，最大程度享受峰谷电价差带来的红利。

综合智慧能源系统中，多元储能设备的峰谷套利策略主要指在电价低谷时蓄能，在电价高峰时释放能量。具体策略如下：

1) 当此时电价为低谷电价时，储能电池充电、蓄热装置利用电能蓄热，最大限度利用低谷电给储能系统充能；

2) 当此时电价为高峰电价时，储能电池放电、蓄热装置利用循环系统释放

热能,以减少电价高峰时从外部电网的购电电量,从而达到降低购电成本的目的;

3)当此时电价为平段电价时,需要对比低谷电价时充能成本与平段电价、平段充能成本与高峰电价之间的数量关系,以判断此时储能系统的充放状态。

6. 多元储能协同策略

电储能设备响应速度快、灵活性强,能够有效应对可再生能源出力产生的功率波动。蓄热设备能量存储多、单位成本低,能够更好地消纳系统剩余电量和响应峰谷电价。当可再生发电出力存在波动且不能被系统直接利用时,电池优先用于平抑可再生发电的功率波动。当系统电力供需不平衡时,分别对比多元储能、蓄热装置、电网等设备的调整成本,根据成本最优原则制定参与平衡电力供需的设备顺序。低谷电价时段,电池和储热装置储存能量;高峰电价时段,电池和储热装置释放能量,从而响应电网电价。在平时电价时,对多元储能和蓄热装置充放电策略的收益情况,按照收益最大原则制定各储能设备的充放能策略。

7. 在安全稳定控制下的应用

传统安全稳定控制措施以预留备用、电容器组投切、切机、切负荷等技术的应用为主。然而,传统措施难以适应新电力系统的控制要求,调控效果有限。多元储能技术的应用打破了传统控制不够灵活,响应速度慢的壁垒,在配电侧配置灵活、形式多样、响应速度快、能双向控制功率流动,调节效果显著。

(1)在频率稳定中的应用

高比例电力电子设备并网导致系统惯性不足,受扰后频率波动加剧。多元储能系统通过改变充放电状态和充放功率大小,能够快速进行频率响应,为系统提供有力的频率支撑。多元储能系统在吞吐功率的控制过程中,可通过虚拟同步发电机(Virtual Synchronous Generator,VSG)技术模拟同步发电机的运行特性为系统提供惯量支撑。VSG 控制技术有两大特性,一是惯性、阻尼特性,其与转动惯量系数 J 以及阻尼系数 D 参数密切相关;二是调频特性,受调频下垂系数控制。分布式储能 VSG 技术的研究主要集中在控制策略的设计与改进上,惯性、阻尼系数和下垂系数的适当调整有助于改善频率响应特性。此外,在设计时要注重惯性系数和下垂系数的协调,参数的改变可能会导致系统不稳定。为解决 VSG 中单一形式储能无法解决功率密度和能量密度矛盾的问题,多元储能互补方式逐渐受到关注,通常由能量密度大的蓄电池承担下垂特性输出功率,功率密度高的超级电容器承担惯性特性的输出功率。多元储能在运行方面更贴近传统同步发电机，调频效果更优。

配电侧调频资源不足，调频难度增大，目前亟需灵活性调频资源。近年来，电动汽车（Electric Vehicle，EV）因其电池具有快速响应能力，调频特性优良而受到研究人员关注。实际应用中，多数 EV 闲置时间较长，这也为 EV 参与调频创造了条件。将电动汽车进行集群优化管理后，电动汽车集群可为电力系统提供较大容量的优质调频资源。然而，EV 与其他分布式储能调频有明显的不同，一是 EV 用户用车行为的不确定性；二是需要考虑用户参与意愿。针对用车行为的不确定性，调频策略的制定主要依据 EV 运行状态，通过改变功率流向来响应调频指令。

配电侧多元储能的应用为解决频率稳定问题提供了新的途径和方法，但仍存有不足：首先，配电网高比例可再生能源接入对电网频率影响的分析不足，没有深入分析分布式储能参与调频的潜在优势；其次，调频控制参数选取不当可能会导致系统失稳，各类型储能之间、储能与传统调频电源的协调控制仍需进一步研究。

（2）在静态电压稳定中的应用

在配电侧，多元电源的并网给电力系统的静态电压稳定和调压方式带来了新的问题。多元新能源机组的接入可能导致潮流倒送，进而引发电压越限。有载变压器以及投切电容器等传统调压设备由于机械限制，无法响应快速电压波动。多元储能系统通过逆变器功角控制有功和无功出力，改变系统潮流分布，对系统电压进行调整。与调节有载变压器分接头和投切电容器组相比，分布式储能调压具有响应速度快、配置灵活的特点，在中低压配电网中应用较为广泛，通常与传统措施或与逆变器配合调压。

高比例多元电源接入后，配电侧可控设备大幅增加，传统集中式电压优化控制在计算成本和计算时间上面临巨大挑战。分散式电压控制为该问题提供了解决思路。首先将网络划分为几个集群，集群内各个节点彼此强耦合，而与其他集群中的节点松散耦合。每个集群配备一个本地控制器，它可以访问集群内的所有信息和设备，并负责控制该区域的电压。这种控制方式能够在每个集群内部实现最优，在不同集群之间实现灵活协调，更适用于运行条件复杂的大型配电系统。

在静态电压稳定问题中，多元储能调压策略的制定要注意与传统调压措施配合，与逆变器电压控制策略相协调。采用分散式电压控制，集群划分指标应充分考虑电压灵敏度，网络拓扑结构以及对系统调节能力进行衡量，并以此确定调控关键节点。

（3）在暂态电压稳定中的应用

并网逆变器无功支撑能力有限，故障情况下系统动态无功支撑能力不足，暂态电压稳定性面临挑战。配电网发生故障时，节点电压大幅跌落，可能会造成风机、光伏脱网；在电压恢复过程中，无功补偿装置退出的滞后性会引发电压短时骤升，导致新能源机组因暂态过电压而脱网。多元分布式储能一定程度上能够提高并网新能源发电系统的低电压和高电压穿越能力。实际暂态应用中，超导磁储能（Superconducting Magnetic Energy Storage，SMES）因其功率密度高、充放电速度快、能量损耗低的优良特性备受关注。引入兼具限流和储能作用的超导磁储能-限流器，并将其串联在光伏电站与配电网的公共耦合点处。采用鲁棒性更强的双闭环滑模控制策略，在快速吸收短路功率的同时，能发出更多的无功功率用于支撑并网点电压，从而提高了光伏系统的低电压穿越能力。超级电容器优先响应电压暂态波动，快速吸收直流侧不平衡功率。蓄电池工作在无功补偿状态，用于平抑母线电压波动，提升了新能源机组的高电压穿越能力。

系统在受到大扰动之后，电压在调整过程中可能因系统呈现负阻尼特性而持续性振荡。为此，一些学者提出利用多元储能系统提高系统阻尼的方法抑制电压振荡。考虑在多元储能控制环节引入虚拟电阻，对系统阻尼进行调整，并进一步证明了基于有源阻尼法的多元储能控制策略能够抑制暂态电压振荡，提高电压稳定性。

微电网作为配电网相对独立的结构单元，在面对并网/离网模式转化、系统故障等大干扰时，暂态电压稳定能力不足。针对微电网在并网模式和孤岛模式转换过程中存在的大功率扰动问题，使用 SMES 的多模式控制策略，电压的暂态稳定能力显著提升。基于直流母线信号的电压分段控制方式，SMES 在容许电压偏差内处于储能状态，一旦瞬态功率波动超过电压阈值，SMES 将进行暂态功率调节，提高了微电网暂态电压恢复能力。

暂态电压稳定控制问题相比静态问题更复杂，现阶段少有人从机理层面研究新型电力系统配电网暂态电压特性。此外，暂态电压稳定与控制方式有很大的关系，传统 PI 控制具有一定局限性，容易受到不确定因素干扰，控制策略不当、系统阻尼不足可能会引发电压振荡。双闭环的滑模控制等新型控制技术在暂态电压稳定中的应用值得深入研究。

8. 短/中长周期及自然灾害下的灵活经济性运行

国际能源署（IEA）从供需平衡的角度对"灵活性"进行定义，即当出现变化或不确定因素时，系统能够调控使用各种资源保证安全、经济运行的能力。

从时间尺度来看，多元分布式储能能够参与短时的功率调节，提供中长周期内的能源补给，实现自然灾害下的灵活性应急。其中多元分布式储能的短时灵活调整主要以电储能、蓄热、蓄冷等的应用为主，中长周期的灵活运行以氢储能的应用为主，自然灾害下主要考虑移动式储能和固定储能的电力供应。

(1) 短周期内功率调节

系统在短周期内功率调节中面临着诸多问题，下面就有关多元分布式储能的关键问题进行论述。

1) 不确定性问题。新型电力系统短期随机不确定因素增多，从不确定性来源看，新能源机组（风电、光伏等）出力的不确定性以及多元负荷（冷、热、电、气等负荷）的不确定性给系统的短期运行带来了巨大的挑战。多元分布式储能具有快速响应的特性，在应对不确定性因素上更加灵活，因此在不确定场景中通常考虑分布式储能的配置。从市场角度看，以多元分布式储能为核心元件的配电侧虚拟电厂（VPP）具有市场属性，市场电价等不确定因素也需要被考虑。此外，电动汽车本身兼具储能特性和用户用车行为的不确定性，在短期运行中应充分考虑用户出行需求的不确定性以及响应的不确定性。

现阶段针对不确定性问题已有多种研究方法，从建模角度看，主要有随机优化（Stochastic Optimization，SO）、鲁棒优化（Robust Optimization，RO）、模糊优化（Fuzzy Optimization，FO）、信息间隙决策理论（Information Gap Decision Theory，IGDT）等多种方法。从时间角度看，涵盖多时间尺度调控，模型预测控制（Model Predictive Control，MPC）等方法。出行链分析、历史数据分析法、Sigmoid 云模型等方法也在电动汽车不确定性问题中得到应用。

2) 多元互补协调问题。多元互补协调问题是系统短期灵活运行的一个关键问题，以热电联产为代表的多类型能源转化设备加深了电、热、气等能源之间耦合。然而，短期内新能源出力与用电负荷并不匹配，电、热、气等负荷高峰在时间上也存在差异性，仅依靠能源转化设备，新能源消纳不足且多元互补性欠缺，多元分布式储能作为各能源系统融合的纽带，能够提升系统整体的运行特性。

为进一步提升多元互补特性，多元分布式储能的协调配合是研究核心，研究内容主要包含多元分布式储能之间的协调、与不同能源设备的协调等内容。单一的储能配置方案需要通过多次能源转化来满足负荷需求，运行灵活性不足；多元混合储能通过协调运行能够对负荷功率进行灵活性调整，降低能源转化损耗。由于多元混合储能应对负荷峰值能力更强，因此运行经济性更优。电-热-冷系统中仅电储能、热储能以及混合电热储能三种工况下的运行情况下，电热协同作用主要体现在夜间风电大发阶段，"过剩"电能一部分以电能形式存储，另一部分通过制热装置以热能形式存储，日间电、热、冷负荷高峰阶段，存储的电能在满足电负荷高峰的同时，通过电制冷机满足制冷需求，热储能则进行供热。

多元分布式储能与不同能源设备在时序上也存在可协调性。传统热电联产机组"以电定热""以热定电"的运行方式不够灵活，热储能与CHP的联合运行，增加了CHP的下调空间，系统运行灵活性显著提升；电锅炉与热储能配合则提升了供能的稳定性。具体来看，负荷低谷时段，CHP少发功率，CHP侧的储热系统处于供热状态；电锅炉增加用电功率，电锅炉侧储热系统处于蓄热状态。负荷高峰时段，为满足负荷需求CHP增大出力，此时CHP侧的热储能处于蓄热状态；电锅炉减小用电功率，电锅炉侧热储能处于供热状态。

3) 区域多能互补问题。不同区域新能源出力情况，各区域内资源配置情况以及用能特性各方面都存在差异，这些因素都会导致区域之间能量存在互补协调性。多元分布式储能在兼顾区域内能源互补协调的同时，能为其他区域提供能量支撑。考虑到各微电网光伏出力以及负荷需求在时序上存在很大的不同，多个微电网之间可利用多元分布式储能系统实现电能互济，减少对公共电网的依赖，即，"余电"微电网中的分布式储能系统通过联结线将电能供给"缺电"微电网。各区域配置电/热/气多元储能，一方面多元分布式储能互补协调提升了区域内运行水平，另一方面电储能通过联络线与其他区域协调，从整体上提升了经济效益。

相比于区域内多元互补问题，区域间多能互补问题变得更复杂，多元分布式储能对区域互补提升效能难以具体量化，这一问题有待进一步研究。

(2) 中长周期内能量平衡

这里将中长周期的时间范围定义在周内、月内、跨季节时间尺度内，这要求多元储能装置具有很低的自损耗率，充放电行为能够以月/跨季度为单位。从各种储能的运行特性来看，配电侧电化学储能主要在短期内为电力系统提供调峰，平抑短时的电力波动等服务。电储能自损耗率比较高且受容量限制，难以应对中长期的电量平衡问题。当前蓄热、蓄冷设备绝热能力有限，存在耗散比较大的问题，适用于在短期内为系统提供一定的容量备用，在中长期应用中仍然受限。

氢气作为一种安全高效、清洁绿色的能源，已被认为是未来清洁能源的主要形式。氢气在中长期存储中自耗散率接近0，可实现大容量和长期储存，且便于转化为其他能源形式。现阶段主要有固态储氢、液态储氢、气态储氢三种储氢形式，气态储能虽然技术成熟、成本低、应用广，但存储密度和安全系数较低。液态储氢易挥发且维护过程能耗大、成本高。固态储氢兼聚能量密度大、安全性高等优势，最具发展前景。

1）氢储能中长期灵活性应用。氢储能主要用于独立系统的长周期运行或实现跨季度储能（季节性调峰）。一方面，氢储能相比于电储能可以长时间大规模储存能量，其更能适应独立型微网以及孤岛的长期运行。氢储能系统能有效降低负荷强制切除率以及减少弃风、弃光现象，实现独立型微网的长期稳定运行。同样地，氢储能系统能够满足海岛、偏远哨所的长时间用电需求。

另一方面，某些地区可再生能源和负荷之间经常存在季节性供需失衡的问题，可再生能源电解水制氢以及存储技术是实现跨季节能源互补和供需平衡的重要手段。以我国华北地区为例，制氢与耗氢存在明显的季节性，春、冬季节风电大发，制氢量显著增加；夏、冬季用电负荷高，燃料电池用氢量比较大，春、秋季用氢量相对较低，由此可见，氢储能技术在季节性调峰中的应用潜力巨大。

2）氢储能在中长期能量平衡中的经济性评估及碳排放潜力。氢气在中长周期内能量补给方面具有广阔的应用前景。然而，氢储能在中长期能量平衡中的经济性还有待考量。风电制氢-储氢-燃料电池组合的技术路线发电成本仍比较高，达到3.61元/(kW·h)，远超现有度电成本。现阶段风电耦合制氢-燃料电池模式下，电-氢-电系统的转化效率低于40%，且设备的投资成本比较大，风电制氢平准化成本大约在27.65元/kg，这是造成氢储能在解决能量短缺问题上经济性欠佳的主要原因。

氢储能主要贡献在于减少碳排放。由于配电侧稳定发电单元以燃气轮机为主，新能源匮乏时期，燃气轮机需要提高出力来满足系统的功率需求，这将大大增加碳排放。若以储氢-燃料电池的方式替代燃气轮机供电，则碳减排潜力约为 $0.53kg\ CO_2/(m^3H_2)$，即每立方米 H_2 可减少 $0.53kg$ 碳排放。因此，在中长期能量平衡中，区域季节性特征越显著，氢储能的碳减排效益越高。

3）氢储能在配电侧推广的可行性。氢储能主要通过氢转电技术实现中长期能量平衡，而氢转电技术高度依赖氢气运输条件。现阶段我国氢能的应用仍处于起步阶段，配电侧氢气的运输仍主要靠长管拖车，槽车等。除此之外，将一定比例的氢气混入现有天然气管道可以看作氢气运输发展的过渡阶段。事实上，英、法等一些国家和地区也进行了试验，通常认为参氢比不超过20%对管道输送、现有设备正常运行影响不大。随着氢能源需求激增，可构建纯氢网络，实现电力系统深度脱碳。由此看来，氢储能在配电侧的应用推广有巨大的空间。

(3) 突发灾害下的灵活性电力供应

近年来，台风、洪水等自然灾害频发，这些高影响低概率事件给包括电力系统在内的能源系统造成了巨大的影响。电力系统等能源设施面对这些突发事件时，不得不进行防御与抵抗。为提高电网在极端天气下的供电能力，电力系统"韧性"的概念被提出并得到研究人员关注。其中，配置多元储能设备能够提升系统供电能力。

现有研究主要将"韧性增强"分为规划阶段（准备阶段）和运行阶段（抵抗-恢复阶段）。在规划阶段，主要考虑配电侧分布式储能的配置。

在运行阶段，主要考虑多元分布式储能的调度策略对故障恢复能力的影响以及车载移动储能资源在交通网络中的状态和路径规划。由于路径规划是一项急迫的任务，随着路径范围增大，基于时空网络的传统路径规划方法计算效率比较低。

综上，从规划，运行两个维度来看，多元分布式储能可实现系统在自然灾害下的韧性提升。然而，突发事件发生具有高不确定性，决策时一方面需提高预测能力，另一方面针对自然灾害中的不确定性问题，如何发挥储能在韧性提升策略中的优势有待进一步研究。此外，已有研究大多关注电力系统韧性的提升，在多能流系统韧性提升方面的研究较少，未来需要深入研究多元储能在多能流系统中韧性提升方面的作用。

此外，储能参与电力市场也将对储能在综合智慧能源系统中的配置产生多方面的影响。一方面，储能参与电力市场将显著影响储能系统配置的补贴方式进而影响配储主体的经济效益。随着储能系统在电力市场中的重要性日益显著，市场运营主体很可能对配储综合能源系统的补贴政策进行全面调整，以更好地反映储能系统在市场中的实际价值。更加激励创新和可持续性的政策能够鼓励配储主体更加积极地参与到电力市场中。同时，储能的补贴标准也会得到更新。市场运营主体能够通过重新评估储能系统的市场表现，针对储能系统的效率、灵活性和可再生能源整合能力，对其提供更为差异化和有针对性的补贴，以反映其在提高电力系统韧性和可持续性方面的实际贡献，确保主题价值的有效体现。市场运营主体会考虑到市场收入的影响。由于系统能够更多地依赖市场收入来支持其运营和维护，额外的市场收益能够在一定程度上减轻政府对市场主体补贴的负担。市场运营主体在补贴政策制定时可能会更加关注市场的可预测性和稳定性，以确保储能系统能够持续地为电力市场做出积极贡献。此外，补贴政策的调整还可能涉及政府对储能技术创新的支持。通过补贴或奖励性的政策，能够有效促进新型储能技术的研发和应用，以提高储能系统的性能和效益，有助于推动储能技术的进步，提高其在电力市场中的竞争力，同时减少对政府长期财政支持的需求。

另一方面，储能系统参与电力市场为其带来了更强的运营灵活性。储能系统能够根据市场需求实时调整充放电策略，以适应电力系统的供需波动。在高峰时段，储能系统可以快速释放电能，为电力系统提供额外的能量，缓解电力需求压力。相反，在低谷时段，系统可以通过市场购买廉价电力进行充电，提高电能储存效率。这种灵活性使得储能系统能够更加主动地参与电力市场，有效地平衡供需关系，确保电力系统的稳定运行。运营灵活性也表现在储能对综合智慧能源系统中可再生能源消纳的支持上。由于可再生能源的波动性，储能系统可以在能源充裕时储存多余的能量，而在需求高峰时释放能量。这种调度策略有助于整合更多的可再生能源，提高电力系统的可再生能源比例，从而推动能源可持续发展。储能系统的智能调度也能够为电力系统的黑启动和恢复提供重要支持。在电力系统故障或停电时，储能系统可以迅速投入运行，提供紧急备用电力，确保电力系统的稳定性和可靠性。

3.5 综合智慧能源系统中多元储能的协调模式

对于多元复合储能系统来说，应尽量选择各性能参数互补的储能类型，各尽其职。首先，基于前文研究对各类储能技术的适用储能时长、响应时间、放电时长、综合效率、寿命等参数进行了总结，见表3-5，为后续研究提供数据支撑。

表3-5 各类储能技术参数

	储能技术	储能时长	响应时间	放电时长	综合效率（%）	寿命/年	技术成熟度	应用场景
物理储能	抽水蓄能	长时	s~min级	1~24h	75~85	40~60	成熟	调峰备用
	空气储能	长时	min级	1~24h	70~89	20~40	成熟	调峰备用
	飞轮储能	短时	ms~min级	ms级~15min	93~95	15以上	商业化早期	调峰平滑波动

(续)

储能技术		储能时长	响应时间	放电时长	综合效率（%）	寿命/年	技术成熟度	应用场景
电磁储能	超导储能	短时	<100ms	ms级~8s	95~98	20以上	开发阶段	调峰 平滑波动
	超级电容	短时	ms级	ms级~60min	90~95	20以上	开发阶段	调峰 平滑波动
电化学储能	铅蓄电池	短时	ms~min级	min~h级	75~90	5	商业化	调峰 调频 通信基站
	钠硫电池	短时	ms级	s~h级	80~90	10~15	商业化	调峰 调频 能量管理
	液流电池	短时/长时	ms级	s~h级	60~85	5~10	商业化早期	调峰 调频 能量管理
	锂电池	短时/长时	ms~min级	min~h级	95~98	5~15	商业化	调峰 调频 能量管理
化学储能	氢能	短时/长时	ms~min级	min~h级	60~90	10~20	开发阶段	调峰 调频 能量管理
	电转甲烷	短时/长时	ms~min级	min~h级	—	—	开发阶段	调峰 调频 能量管理

储能按照最大输出功率能力、放电持续时间的长短、使用频率以及放电深度这些性能参数大致可分为容量型、功率型、能量型、备用型4大类。其中，容量型储能包括抽水蓄能、压缩空气储能、钠硫电池、液流电池、铅碳电池等；功率型储能包括超导储能、飞轮储能、超级电容器、2C型磷酸铁锂电池等；能量型储能包括0.5C或1C型磷酸铁锂电池等；备用型储能包括铅酸电池、飞轮储能等。不同储能类型所对应的参数范围及典型技术见表3-6。

表3-6 不同储能类型所对应的参数范围及典型技术

储能类型	放电时长	应用模式	典型技术
容量型储能	小时级（≥4h）	削峰填谷 微电网离网运行	抽水蓄能、压缩空气储能、钠硫电池、液流电池、铅碳电池

(续)

储能类型	放电时长	应用模式	典型技术
功率型储能	秒级	调频 平滑功率波动	超导储能、飞轮储能、超级电容器、2C 型磷酸铁锂电池
能量型储能	小时级（1~2h）	调峰、调频、备用电源	0.5C 或 1C 型磷酸铁锂电池
备用型储能	分钟级（≥15min）	数据中心或通信基站备用电源	铅酸电池、飞轮储能

同时，不同应用场景对储能的持续放电时长有不同需求。应用时序分析方法，将电源侧、电网侧、负荷侧各应用场景分为超短时、短时和长期时间尺度 3 种类型，不同应用场景对应储能持续放电时间要求见表 3-7。

表 3-7 不同应用场景对应储能持续放电时间要求

	超短时尺度 （秒~分钟）	短时尺度 （小时~天）	长期尺度 （天以上）
电源侧	平滑可再生能源出力	跟踪发电计划	
	调频	调峰、提供备用容量、黑启动	
电网侧	提高系统暂态稳定性		
	无功支撑	缓解设备阻塞、事故备用	
负荷侧	提高电能质量、参与电网辅助服务		
		参与需求响应、备用电源	

从可行性和经济性考虑，人们希望储能装置的用途不是单一的，如建设在风场出口处的储能电站既可以平抑风电功率波动，又可以作为热备用，还可以利用电费的峰谷差价灵活地储存和送出电能。一般来说，这些用途并不是完全独立的，应评估并区分出这些用途的优先次序，考虑储能装置对于每个用途投入的容量或时间的比例。用数学方法估算储能装置满足这些用途的百分比。针对不同应用场景对储能技术特性的需求，从可行性和经济性考虑，应尽量依照应用需求选择各性能参数互补的储能类型，各尽其职。将不同的储能应用目的划分为 3 类，并根据其对储能装置技术特性的不同需求，依据前文划分的 4 类型储能类别，对 3 类储能应用场景进行了多元储能协调分配策略研究。

1. 平滑可再生能源出力、系统调频、提供无功支撑等

大规模风新能源网给电力系统带来了很多问题，接入多元复合储能系统是目前解决问题的有效途径。风电波动频率大、波动范围广、波动偏移随机性大，这就意味着需要使用响应速度快、瞬时功率大、持续放电时间长的储能装置。

建议采用功率型储能与备用型储能组成复合储能系统，按照风功率波动的频率合理分配各储能装置的出力，功率型储能主要分担瞬态或持续时间较短的动态功率补偿，备用型储能承担时间尺度较长的功率补偿、能量调节任务，不仅提高了大规模风电场的并网能力，同时也优化了蓄电池的充放电过程，延长了其使用寿命。常见的结合方式为超级电容器与飞轮储能共同构成多元储能系统。

2. 提高系统暂态稳定性、跟踪发电计划、缓解设备阻塞等

在传统电力系统中，储能装置可以有效地提高功角稳定性、电压稳定性和频率稳定性。以功角稳定性为例，根据扰动的大小将功角稳定分为大扰动功角稳定和小扰动功角稳定。大扰动如输电线路故障出现的频率小，但需要响应速度快、瞬时功率大、放电深度深的储能装置；小扰动如负荷波动是长期存在的，需要容量大、频繁使用的储能装置。因此，建议将容量型储能和备用型储能联合使用，根据不同的扰动合理动作，提高电力系统的功角稳定性。常见的结合方式为抽水蓄能与飞轮储能共同构成多元储能系统。

3. 微网运行、提高电能质量、参与电网辅助服务、备用电源等

微网既可独立运行，也能连接到大电网运行，为了更好地实现微网的技术特性，储能技术已成为微网的核心技术之一，其主要功能有提高供电质量（如电压补偿）、供电可靠性（如不间断电源）和优化能量管理等。供电质量要求储能装置快速响应，频繁动作，而不间断电源，能量管理要求则是储能装置的容量。因此，建议在微网中将能量型储能和功率型储能装置复合使用，满足微网多方面需求。常见的结合方式为超级电容器与锂离子电池共同构成多元储能系统。

为对多元储能的规划配置进行协同优化，首先从电/热/冷储能的统一性和差异性两方面对多元储能进行数学描述。统一性模型体现不同类型储能在跨时段能量存储上的共性。差异性模型在统一性模型的基础上，针对不同类型储能对模型进行完善，使其更加符合自身特性。电/热/冷储能都是能量存储设备，可建立多元储能统一模型。类似于电池储能荷电状态（State of Charge，SOC）概念，引入能量状态（State of Energy，SOE）表征多元储能某时刻的剩余能量以表征多元储能统一性数学模型。在差异性模型方面，根据储能设备自身的运行参数与工作原理，分别对电储能、热储能、冷储能建立数学模型。

其次，根据综合智慧能源系统模型和多元储能模型，建立多元储能协同配置模型并进行求解。多元储能协同配置模型中变量可分为规划变量和运行变量。规划变量包括多元储能的额定功率和额定容量（连续变量）、电/热/冷节点是否投建储能（0-1 变量）。运行变量包括规划典型日中各时段的多元储能充放能功率、EES 无功功率、CHP 功率、EB 功率、AC 功率、CERG 功率、补偿电容器投入数量、热网热媒温度、电网节点电压、综合智慧能源系统与上级电网交互功率等。在目标函数方面，为追求储能配置经济效益和环境效益最大化，以电/热/冷储能投资成本、综合智慧能源系统运行成本、配电网容量收益以及环境成本的总和最小作为优化目标。在约束条件方面，对电/热/冷储能安装容量与功率、电/热/冷储能安装位置数目、新能源设备功率、联络线功率、CHP 爬坡及弃热约束、电/热/冷节点功率平衡等方面进行约束。基于以上分析建立多元储能协同运行优化模型，进行求解。

第4章 综合智慧能源系统中多元储能优化配置

4.1 综合智慧能源系统的储能调控需求

综合智慧能源系统的崛起标志着能源行业的革新，储能作为其中的关键组成部分，对于实现能源供应的稳定性、可持续性和高效性具有重要作用。储能技术的应用使得能源在时间和空间上的分布更具灵活性，能够有效应对可再生能源的波动性以及电网负荷的变化，从而构建更为稳定和可靠的能源系统。

单从储能系统的层面看，其起到的作用有以下几方面。

1) 平衡能源供需。在一个不断变化的能源环境中，能源的产生和消耗之间常常存在着不同时间尺度上的差异。这种差异性既可以是日夜之间的周期性变化，也可以是季节性、年度性甚至更长时间尺度上的波动。这就导致了能源供需之间的不匹配，从而可能引发能源浪费和能源短缺等问题。而储能技术的引入恰恰弥补了这一差异性，使得能源系统能够更加智能地应对变化的能源需求。

储能技术通过将多余的能源储存起来，将能源的时间和空间分布进行重新配置。在能源产生过剩时，储能系统可以将多余的能源储存起来，避免能源的浪费。这可以应对可再生能源的间歇性产生，如太阳能光伏板在白天产生大量电力，而夜间需求相对较低的情况。同样，风能也存在于风力强度变化引起的能源波动性。通过储能技术的介入，过剩能源可以被有效储存，以备在需要的时候释放，填补能源供应缺口，保障系统的稳定运行。

在能源需求高峰时，储能系统能够将储存的能源释放出来，弥补供应不足，从而有效平衡能源供需。这在电力系统的高负荷时段尤为重要。传统电力系统可能在高负荷时面临电力供应不足的问题，而储能系统则可以迅速响应，通过释放储存的能源，满足高负荷时期的能源需求，维护电力系统的稳定性。

2) 提高可再生能源利用率。可再生能源如太阳能和风能因其取决于自然环境的特性，具有显著的不稳定性。其产生受到天气和气候因素的影响，导致能源产量在时间和空间上呈现出波动性，可能造成能源供应的不确定性。然而，引入储能系统作为综合智慧能源系统的一部分，可以有效解决这一问题，实现可再生能源的平稳利用和能源供需的协调。

储能系统在这一背景下发挥了至关重要的作用。当太阳能或风能产生过剩的能源时，储能系统可以将这些多余的能量储存起来，避免能源的浪费。例如，太阳能光伏板在白天的阳光充足时可能会产生更多的电力，而此时的电力需求可能并不高。这时，储能系统可以将多余的电力转化为储存的能量，储存在电池等设备中。同样，风力发电机在风力较大时产生的电力也可以被储存在储能系统中。这种方式有效利用了可再生能源的过剩产量，避免了能源的浪费，同时为后续能源需求提供了可靠的备用能源。

另一方面，当太阳能或风能不足时，储能系统可以释放储存的能源，填补能源供应缺口，以平稳地满足能源需求。在夜晚或风速较低时，可再生能源的产量可能会下降，但能源需求并不会因此减少。这时，储能系统可以通过释放储存的能源，弥补能源供应的不足，确保电力供应的稳定性。这种能源的平稳补充不仅可以保障能源供应的连续性，还可以避免因天气变化而引发的能源供应波动，从而提高能源系统的稳定性。

3）提供应急备用电源。储能技术在综合智慧能源系统中具备应急备用能源的重要作用。当发生突发停电、电网故障或自然灾害等紧急情况时，储能系统能够在瞬间迅速投入运行，为关键设施和服务提供紧急备用电源，这一应用在提高社会的韧性和抗灾能力方面具有不可忽视的价值。

在面临突发停电或电网故障的情况下，传统的能源供应可能会受到严重影响，从而导致医疗机构、通信网络、金融系统等关键设施的中断，甚至可能影响到人们的日常生活。然而，储能系统的引入可以快速填补能源供应的空白，迅速投入运行，为关键设施提供紧急备用电源。例如，医院和紧急救援中心对于稳定的电力供应至关重要，一旦停电可能会影响到医疗设备的正常运行和紧急救援的效率。而储能系统可以立即释放储存的电力，支持医疗设施的运行，确保医疗服务的连续性。

同样，在自然灾害等紧急情况下，电力供应往往受到严重干扰。飓风、地震、暴雨等自然灾害可能导致电网设施损毁，电力中断。在这些情况下，储能系统可以迅速投入运行，提供稳定的备用电源，支持紧急通信、救援、救灾等工作，提高抗灾应急的能力。

4）支持能源市场交易。储能系统作为综合智慧能源系统的关键组成部分，不仅在平衡能源供需、应对突发情况方面发挥重要作用，还具备参与能源市场的能力，从而实现能源的高效购买和销售。这一功能的引入使得能源系统更加灵活、智能，通过根据市场价格进行能源的储存和释放，实现经济效益的最大化。

储能系统参与能源市场的方式是基于市场价格的波动性。能源市场的价格随着供求关系、季节变化、天气因素等而波动，因此在市场价格低谷时购买能源，再在价格高峰时释放能源，成为一种有效的策略。当市场供应充裕、需求较低时，能源价格可能较为合理，这时储能系统可以将多余的能源储存起来，以备在市场需求高峰时使用。这种策略不仅可以避免在高峰期购买高价能源，还可以将低价时段的能源充分利用，实现成本的降低和经济效益的提升。

储能系统在能源市场中的角色还表现在能源销售方面。当市场价格达到高峰时，储能系统可以释放储存的能源，将能源出售给市场，实现高价出售，从而获取更大的经济回报。这种能源的灵活调度和高效销售策略使得储能系统不仅能够满足自身能源需求，还能够在市场中获得利润，为能源系统的可持续经营提供支持。

通过储能系统的参与，能源市场得以更加智能地运作。储能系统可以根据历史数据、市场趋势等信息，预测市场价格的变化，从而在适当时机采取储存或释放能源的行动。这种智能化的能源管理不仅有助于平衡能源供需，还有助于实现能源的经济化利用。

因此，结合综合能源系统，其对于储能的调控需求体现在以下几个方面。

1）动态能源管理。综合能源系统在实现高效运行和能源平衡方面，需要实时监测能源需求和产生情况，并根据实际情况灵活调整储能系统的充放电策略。这种智能化的控制系统不仅能够根据实时数据做出即时响应，还能利用预测分析技术来优化储能的调度，以确保系统的能源供应与需求之间始终保持平衡。

为了实现实时的能源监测和调整，综合能源系统通常会采用先进的传感技术和监测设备。这些设备可以监测能源产生设备（如太阳能电池板、风力发电机）的产出情况，以及能源消耗设备（如家庭用电器、工业机器）的能耗情况。同时，能源系统还可以获取天气预报、能源市场价格、电力负荷情况等信息，从而全面了解能源供需的变化。

基于这些实时数据，智能化的控制系统可以进行实时调整。例如，在可再生能源产生充足的情况下，储能系统可以选择将多余的能源储存起来，以备后续使用。而在能源需求高峰时，储能系统可以根据能源需求和市场价格，释放储存的能源来满足电力负荷。这种实时调整能够在短时间内响应能源需求的变化，确保系统的能源供应持续稳定。

除了实时监测，预测分析技术也是综合能源系统智能化控制的关键。通过分析历史数据、趋势变化以及外部因素的影响，系统可以预测未来能源需求和产生情况。例如，根据天气预报和季节性趋势，系统可以预测出可再生能源产生的潜在情况。基于这些预测，系统可以提前调整储能系统的充放电策略，以便在能源供求变化之前做出适当的准备，避免能源供应不足或浪费。

综合能源系统中的智能化控制不仅可以提高系统的能源利用效率，还可以降低能源成本，减少环境影响。通过实时监测和预测分析，系统可以更加精确地调整能源供应，避免不必要的能源浪费。这不仅对于企业和家庭用户的能源消耗有益，还有助于降低整个能源系统的负荷，减少碳排放。

2）优化充放电策略。在综合能源系统中，制定合理的储能充放电策略是确保能源平衡、提高系统效率的关键一步。这不仅能够平衡能源供需，还可以最大程度地延长储能设备的寿命。然而，制定优化的策略需要综合考虑多个因素，包括能源价格、能源需求、储能效率等，以实现系统的高效运行和可持续发展。

首先，能源价格是一个重要的决策因素。能源市场价格的波动会直接影响储能充放电策略的选择。当能源价格较低时，系统可以选择将多余的能源储存起来，以备高峰期使用。这种策略有助于在低价时购买能源，降低能源成本。而当能源价格达到高峰时，储能系统可以释放储存的能源，实现高价售出，从而获取更大的经济回报。通过灵活地根据能源价格进行调整，系统可以实现经济效益的最大化。

其次，能源需求的变化也是储能充放电策略的重要考虑因素。能源需求的波动性会影响系统的能源存储和释放。在高负荷时段，系统需要释放储存的能源来满足能源需求，平衡电力负荷。而在低负荷时段，系统可以将多余的能源储存起来，以备不时之需。通过根据能源需求的实际情况进行调整，系统可以保障能源供应的连续性和稳定性。

另外，储能效率也是制定储能策略时需要考虑的因素之一。不同的储能设备具有不同的能量转换效率，在储存和释放过程中会有一定能量损失。因此，在制定充放电策略时，需要综合考虑储能设备的效率，以及在不同能量转换阶段可能出现的损失情况。通过优化策略，系统可以在能源存储和释放之间找到一个平衡点，以实现最佳的能源利用效率。

3）应急备用能源。综合能源系统的高效运行不仅需要平衡能源供需，还需要确保储能系统在紧急情况下能够提供足够的备用能源。为了应对突发情况，保障关键设施和服务的正常运行，必须制定相应的备用能源策略，以确保能源系统在紧急情况下能够及时响应。

制定备用能源策略涉及多个方面的考虑。首先,需要明确哪些设施和服务属于关键设施,需要保障持续供电。这可能包括医疗机构、紧急救援中心、通信网络、金融系统等。针对这些关键设施,需要确定其对能源供应的要求,例如最低的电力负荷、持续供电时间等,以便制定相应的备用能源方案。其次,需要考虑能源的储备容量。在正常情况下,储能系统可能被用于平衡能源供需、参与能源市场等。然而,在紧急情况下,需要留足够的储备容量,以保障备用能源的提供。这可能需要调整储能系统的充放电策略,确保在突发情况下能够有足够的能源储备。此外,备用能源策略还需要考虑储能系统的充电速度和释放速度。在紧急情况下,需要能够迅速释放储存的能源,以满足关键设施的能源需求。因此,储能系统的充放电速度需要足够快,以确保能够及时响应紧急需求。

4) 市场参与策略。综合能源系统作为一种智能化、高效的能源管理方案,需要充分利用市场机制,根据市场价格和需求参与能源市场,以实现经济效益的最大化。为此,综合能源系统需要制定相应的能源购买和销售策略,通过优化能源的利用和交易,实现资源的高效配置和经济效益的提升。

在综合能源系统中,能源价格是一个重要的决策因素。市场价格的波动性直接影响着能源的购买和销售策略。系统可以根据市场价格的变化,选择在价格低谷时购买能源,储存以备高峰期使用,以及在价格高峰时释放能源进行销售。这种策略有助于在低价时购入能源,降低成本,同时在高价时卖出能源,获取更大的经济回报。通过精准地根据市场价格进行调整,系统可以实现经济效益的最大化。

能源需求的变化也是能源购销策略的重要考虑因素。综合能源系统需要根据不同时间段的能源需求情况,灵活地调整能源的购销计划。在能源需求高峰时,系统可以释放储存的能源,满足电力负荷,从而实现最佳的市场销售。而在低负荷时段,系统可以将多余的能源储存起来,以备不时之需。

此外,长时储能的出现也对综合能源系统配储产生了新的影响。长时储能(Long-Duration Energy Storage,LDES)通常指的是持续放电时间不低于4h、寿命不低于20年的储能技术。当风光发电受气候、地形等自然因素的影响,出现日/周/季节间歇时,需要有日/周/季节调节能力的长时储能技术,长时储能可凭借其长周期、大容量的特性,在更长的时间维度上调节新能源的出力波动。随着我国以风光为主的可再生能源装机占比的不断提升,长时间尺度(日、周、月、季度)电量不平衡问题逐渐成为新型电力系统主要矛盾之一，未来可再生能源占比越大，建设长时储能的必要性和急迫性就越大。当前长时储能的主要技术路线有：机械储能、热储能、电化学储能和化学储能等。

1）机械储能。最广泛和最成熟的储能技术是抽水蓄能设施，这是一种机械储能形式，占全球总储能容量的95%。如今出现新型抽水蓄能设施，以减少其对地理条件的依赖。其他新兴的机械储能解决方案包括压缩空气储能（Compressed Air Energy Storage，CAES）系统和基于重力的储能系统。CAES将能量以压缩空气的形式存储在压力调节结构（地下或地上）中。CAES还包括热储能，用于存储压缩过程中产生的热量，并在放电循环中重复使用。基于重力的储能系统是另一种具有发展前途的机械储能形式，它通过提升在需要能量时释放的质量来储存能量。这项技术目前在商业发展的早期阶段。最后，机械储能也可以采用液态二氧化碳的形式，可以在高压和环境温度下储存，然后在闭环中的涡轮机中释放，并且不会产生碳排放。

液态空气储能（Liquid Air Energy Storage，LAES）系统的工作原理与CAES系统类似，使用电力，通过压缩空气来冷却和液化介质，并在低压下将其储存在低温储罐中。出于这个原因，LAES有时被归类为机械储能，有时被归类为CAES。

2）热储能。热储能技术以热能的形式存储电能或热能。在放电循环中，热量被传递给流体，然后通过热力发动机提供动力，并将电力释放回系统。根据储存热量的原理，热储能可分为显热（提高固体或液体介质的温度）、潜热（材料的相变）或热化学热反应（吸热和放热的基础）。这些技术使用不同的介质将热量储存在绝热容器中，例如熔盐、混凝土、铝合金或岩石材料。同样，充电设备的选择也多种多样，最广泛使用的热储能技术是熔盐与聚光太阳能（Concentrated Solar Power，CSP）发电设施相结合，但是，该技术与其他新型长时储能技术不同，因为它具有不同的特性（例如，由于它不是模块化的，因此无法广泛部署，聚光太阳能发电设施占地面积大，仅在太阳辐射高的地区更高效）。尽管如此，熔盐可以有效地用于新型热储能，以独立于CSP发电设施存储电力。

热储能技术可以同时释放电力和热量，支持热力部门的脱碳，热力部门的碳排放约占全球的50%（与其相比，2019年电力部门占20%）。在总热量消耗中，估计只有大约10%由热储能技术提供，可以通过向依赖化石燃料的能源密集型行业提供零排放的热量，来支持该行业的脱碳，并且几乎没有脱碳替代方案和其他供热应用（例如区域供热网络）。

3）化学储能。化学储能系统通过产生化学键来储存能量。两种最流行的新兴技术都基于电转气概念：电转氢和电转天然气。在第一种情况下，电力用于为电解槽提供动力，电解槽产生的氢气可以储存在储罐、洞穴或管道中。当氢气被供应到氢气涡轮或燃料电池时，其能量被释放。如果氢气与二氧化碳结合生成甲烷，则生成的天然气（称为合成气）具有与天然气相似的特性，可以在常规发电厂中储存和燃烧。类似地，氢气可以转化为氨气直接燃烧。

4）电化学储能。不同化学成分的不同电池正在出现，以提供长时储能的灵活性。电化学液流电池将电能存储在两种化学溶液中，这些溶液存储在外部储罐中，并通过选择性隔膜实现充电和放电过程。这些电池适用于化学和设备成本可能较低的长期应用。新兴金属空气电池依赖于低成本、丰富的地球金属、水和空气——这意味着它们具有高可扩展性和低安装系统成本的潜力。此外，这些解决方案通常不会遭受热失控的影响，因此可以安全地安装和操作。还有具有液体电解质和金属阳极的混合液流电池，它们结合了传统液流电池和金属阳极系统的一些特性。

2022年美国平均配储时长约为3h，其中加州大部分部署的电池储能系统持续放电时间在4h以上。今年3月以来美国能源部宣布与合作伙伴签署谅解备忘录以加速长时储能的商业化，并制定了长时储能计划，旨在十年内将电网规模储能系统的成本降低90%，持续时间提高至10h以上。根据测算，为实现碳中和，到2030年美国需要部署6~10GW的长时储能项目（>10h），到2050年需部署长时储能460GW。2022年我国平均配储时长为2.1h，随着可再生能源占比提升，电网调节压力增大，配储由最初的鼓励引导到成为并网标配，再到目前部分省份不合格受罚，比例从10%~20%逐步上升至15%~30%，配储时长从1~2h提升至4~5h，据统计，河北、西藏、内蒙古、上海、新疆等10多个省份明确提出配置4h以上长时储能。

此外，2023年7月山东省印发了《关于支持长时储能试点应用的若干措施》，这是国内首个支持长时储能发展的地方性专项政策，长时储能可享受优先接入电网、优先租赁、容量补偿标准提高、减免输配电价等优惠政策。在下游装机需求带动下，各类型长时储能技术得到快速发展。其中抽水蓄能技术成熟已得到大规模应用，根据水电水利规划设计总院数据，截至2022年年底，我国抽水蓄能电站已投产总规模45.79GW，核准在建121GW。新型长时储能路线示范应用速度加快，科技部部署的"十四五"储能重大专项中提出，要研究开发"4h储能技术"。在"十四五"期间，我国将推动大容量、中长时间尺度储能技术示范，推动全钒液流电池、铁铬液流电池、压缩空气储能、熔盐储热、氢储能等多种类别的长时储能技术研发。2022年以来，长时储能商业化进程加快，全球规模最大的氢储能发电项目张家口200MW/800MW·h氢储能发电工程预计今年完全投入运行，同时多个GW·h级项目陆续招标/开工/投运。

4.2 多元储能在综合智慧能源系统中的优化配置

4.2.1 多元储能技术建模

1. 物理储能

(1) 压缩空气储能

为了便于性能核算，这里用到的空气按理想气体考虑，压缩机和膨胀机的绝热效率均设为定值。

1) 压缩机：这里采用压缩机和冷却换热器相间布置方案，假设压缩机的工作过程是稳定的，各级压缩机耗功为

$$W_c = \frac{k}{k-1} \frac{m_c R_g T_0}{\eta} \left(\beta^{\frac{k-1}{k}} - 1 \right) \quad k = 1, 2, \cdots, n \quad (4\text{-}1)$$

式中，T_0 为首级压缩机进口温度；k 为绝热系数；m_c 为质量流量；R_g 为气体常数；η 为压缩机绝热效率；β 为压比；n 为级数。各级压缩机出口温度 T_c 为

$$T_c = T_0 \beta^{\frac{k-1}{k}} \quad (4\text{-}2)$$

2) 膨胀机：假设膨胀机中空气的膨胀过程稳定，采用换热器和膨胀机相间布置方案，各级膨胀机输出的轴功 W_e 为

$$W_e = \frac{k}{k-1} m_e R_g T_{in} \eta_e \left(1 - \beta_j^{\frac{k}{k-1}} \right) \quad j = 1, 2, \cdots, m \quad (4\text{-}3)$$

式中，m_e 为质量流量；T_{in} 为膨胀机入口空气温度；η_e 为膨胀机绝热效率；β_j 为膨胀比；m 为膨胀机级数。膨胀机出口温度 T_e 为

$$T_e = T_{in} \left[1 - \eta_e \left(1 - \beta_j^{\frac{k}{k-1}} \right) \right] \quad (4\text{-}4)$$

3) 充放电效率：压缩空气储能系统的充放电效率计算式为

$$\eta = \frac{W_e t_e}{W_c t_c} \times 100\% \quad (4\text{-}5)$$

式中，t_c、t_e 分别为压缩、膨胀时间。

(2) 飞轮储能

飞轮储能装置主要由飞轮和电机等器件组成。飞轮是动能的储存和释放元件，电机实现机械能和电能的转化。飞轮储能系统的储存/释放电能与飞轮有关参数的具体计算公式为

$$E = \frac{1}{2}J\omega'^2 \qquad (4\text{-}6)$$

式中，E 为飞轮储能系统的储存/释放电能；J 为飞轮的转动惯量；ω' 为飞轮转子的机械角速度。其中 J 的计算公式为

$$J = \frac{1}{2}mr^2 \qquad (4\text{-}7)$$

式中，r 为飞轮半径；m 为飞轮盘质量。

由式（4-7）可知，如果飞轮储能装置中参与设计的飞轮的半径较长，就可使转动惯量 J 增大，同时储存的能量更多，通过对飞轮储能装置的机械设计可得到大容量型的飞轮储能设备。

飞轮储能系统的运行有 3 种状态：①储能状态，即电机拖动飞轮运转，将电能转换成动能储存在飞轮中；②保持状态，即在没有任何的充放电要求时，电机维持一个恒定转速，为保证飞轮储能系统的机械损耗最小，飞轮所处环境为真空状态，通常采用磁悬浮轴承实现；③释能状态，即飞轮旋转的动能通过电机转换成电能输送出去，此时电机为发电机状态，飞轮转速不断降低。

飞轮储能装置的能量表达式为

$$E_{\text{fess}}(t+1) = E_{\text{fess}}(t) - \eta'\Delta T P_{\text{fess}}(t) \quad t = 0,1,\cdots,T-1 \qquad (4\text{-}8)$$

式中，$E_{\text{fess}}(t)$、$E_{\text{fess}}(t+1)$ 分别为 t 时间点、$t+1$ 时间点飞轮储能装置的容纳能量；η' 是飞轮储能装置的能量释放效率；ΔT 为飞轮储能装置的单位响应时间，一般为 0.02~0.03s；$P_{\text{fess}}(t)$ 为 t 时间点飞轮储能系统输出的有功功率；T 为飞轮储能的充放电周期。

为保证飞轮储能系统的工作状态，式（4-9）中按照飞轮储能系统的充放电深度对其剩余电量进行限制：

$$E_{\text{fess, min}} \leq E_{\text{fess}}(t) \leq E_{\text{fess, max}} \qquad (4\text{-}9)$$

式中，$E_{\text{fess,min}}$、$E_{\text{fess,max}}$ 分别为飞轮储能装置容纳能量约束的下限、上限。其中：$E_{\text{fess,min}} = 1 - E_{\text{D,fess}}$；$E_{\text{fess,max}} = 1 - E_{\text{C,fess}}$；$E_{\text{C,fess}}$、$E_{\text{D,fess}}$ 分别为飞轮储能装置的充、放电深度。

(3) 抽水蓄能

抽水蓄能电站是以水为介质的"蓄电池"，具备启停迅速、运行灵活可靠、

可快速响应负荷变化的优势。它能够根据所在电力系统的具体情况，发挥机组能够调峰、调频、调相和紧急备用的功能，充分利用水库水量和抽水/发电出力来满足电力系统安全经济运行的需要。

在发电过程中，抽水蓄能相当于一座常规水电站，而抽水过程相当于一个电力大用户。当然，抽水蓄能电站也有效率损耗，抽水蓄能的综合效率（发电量与抽水电量之比值）一般约为75%左右，条件优越的抽水蓄能电站可达80%以上。即使这样也是合算的，因为它迅速灵活的调峰功能避免了火电机组的高煤耗运行与设备损耗，保障了新能源消纳。

$$E_{\text{HPS, in}} = \eta'' E_{\text{HPS, op}} \tag{4-10}$$

式中，$E_{\text{HPS,in}}$、$E_{\text{HPS,op}}$分别为抽水蓄能电站吸收和放出的能量；η''为抽水蓄能电站的综合效率。

2. 化学储能

（1）化学储能技术的性能对比

化学储能技术主要就是指化学电池储能系统的应用，通过化学电池的正负极之间进行氧化反应，实现充电和放电，最终实现化学能和电能之间的转化储存。化学储能系统能够实现快速功率的吞吐处理，也是当前技术水平相对成熟的储能技术之一。各类化学储能技术性能具体对比见表4-1。

表4-1 不同化学储能技术的性能对比

储能	储能类型	寿命/年	优点	缺点	应用范围	响应时间	效率（%）
化学储能	锂离子电池	5~10	能量密度大、循环寿命长、体积小、质量轻	成本较高、容量缓慢衰退、不耐受过冲过放	辅助可再生能源备用、调峰、调频、容量备用	百毫秒级	85~98
	全钒液流电池	5~15	安全性好、寿命长、容量大	成本较高、受钒价格影响较大	调峰、调频、USP、电能质量调节	百毫秒级	75~85
	铅炭电池	3~8	性价比高、技术成熟、原料易得、安全可靠	能量密度较低	削峰填谷、容量备用	百毫秒级	70~90

选择储能首先考虑储能的应用。不同的应用对规模储能的要求侧重点不同，需要综合考虑需求目的和储能技术类型。保证储能的安全可靠是规模储能的首要要求。除此之外还需要兼顾储能的技术特性，包括初始投资、维护成本、能量转换效率、自放电率、循环寿命、技术难度、响应速度、场地和环境适应性

等等。对于化学储能，环境温度也很重要。例如在低温（如-40℃）环境下，储能效果最好的是 Cd/Ni 电池和超级电容器，而在高温（如60℃）环境下，则是 Zn/Ni 电池、MH/Ni 电池和超级电容器。

（2）化学储能技术的经济效益对比

由于储能的规模化与商业化，在选择储能技术时还必须切实考虑其经济效益。储能的经济效益主要包括储能的单位投资建设成本、运行维护成本、储能的循环使用寿命、能量转换效率以及自放电率。其中储能的单位成本又可分为容量成本与功率成本。通过综合比对上述指标，可以对各类储能进行评价。对主要化学储能技术进行评估得到的数据见表4-2。

表4-2 不同化学储能技术的经济效益

电池类型	能量效率（%）	自放电率/[（%）/月]	放电深度×次数	初始投资/[元/(W·h)]	维护成本/[元/(kW·h)]
铅酸电池	70~75	5	1×800 0.75×1500 0.7×4500	1	0.05
镉镍电池	60~70	约10	1×2000	2.5	0.05
氢镍电池	80~85	60	1×1500 0.4×40000	10~15	0.05
金属氢化物镍电池	55~65	15~25	1×900 0.8×2500	2~4	0.05
锂离子电池	90~95	2	1×1000 0.3×20000	4.5	0.05
超级电容器	80~95	约50	1×200000	27	0.05
全钒液流电池	70~80	5~10	1×13000	5~10	0.10
多硫化钠溴液流电池	67	5~10	1×2000	1.5~2	0.10
锌溴液流电池	64	12~15	1×2500	8~9.5	0.10
钠硫熔融电池（维持约300℃）	58~62	—	1×1500 1×3000	5~7	0.10

（3）化学储能容量配置边界条件

计及化学储能系统最大充放电功率限制、容量约束、充放电循环过程，建立模型如下：

充电模型：$\begin{cases} P_{\text{bat}}(t) \leq P_{\text{ch-max}} \\ E_{\text{bat}}(t) + P_{\text{bat}}(t) \leq E_{\text{max}} \\ E_{\text{bat}}(t+1) = E_{\text{bat}}(t) + P_{\text{bat}}(t) \end{cases}$ (4-11)

放电模型：$\begin{cases} P_{\text{bat}}(t) \leq P_{\text{dch-max}} \\ E_{\text{bat}}(t) - P_{\text{bat}}(t) \geq E_{\text{min}} \\ E_{\text{bat}}(t+1) = E_{\text{bat}}(t) - P_{\text{bat}}(t) \end{cases}$ (4-12)

式中，$P_{\text{bat}}(t)$ 与 $E_{\text{bat}}(t)$ 分别为化学储能系统第 t 小时的充、放电功率和储存的能量；$P_{\text{ch-max}}$ 和 $P_{\text{dch-max}}$ 分别为化学储能系统的最大充电功率和最大放电功率；E_{min} 和 E_{max} 分别为化学储能系统的最小容量和最大容量限制。

3. 相变储能

对于相变储能，这里主要介绍箱式相变储能热库，箱式相变储能热库与传统蓄热罐相似，采用集成的热库技术，相变材料储能密度高，同样容积的蓄热量可达水的 5~15 倍，在同样蓄热能情况下，容积也可比普通水缩小 3~10 倍。相变储能装置箱体内部结构为不锈钢内胆中加入无机相变纳米复合物，同时材质中均衡排布铜材质或 304 不锈钢铁质的换热器，外表加装保温层。相变储能装置箱体及其内部结构如图 4-1 所示。

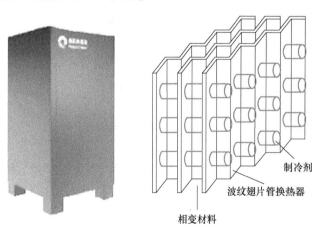

图 4-1 相变储能装置箱体及其内部结构图

相变储能换热量控制原理如图 4-2 所示。

假设流过储能系统出口时没有热量损失，即相变材料温度（T_{PCM}）即为储能装置出口温度，因此储能系统吸收的热量 $P_{\text{PCMES}}(t)$ 可表示为

$$P_{\text{PCMES}}(t) = \alpha c_{\text{w}} m_{\text{s}} [T_{\text{in}}(t) - T_{\text{PCM}}(t)] \quad (4\text{-}13)$$

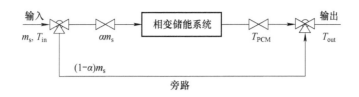

图 4-2 相变储能换热量控制原理图

式中，α 为流入相变储能装置的流量百分比；c_w 为水的比热容，单位为 kJ/(kg·℃)；m_s 为储热系统的总流量，单位为 kg/s；$T_{in}(t)$、$T_{PCM}(t)$ 分别为 t 时刻储热系统进、出口温度，单位为℃。

在相变储能与冷热电联供系统的热交换过程中，相变储能系统储热量 $Q_{PCMES}(t)$ 可由式（4-14）表示：

$$Q_{PCMES}(t) = Q_{PCMES}(t_0) + \int_{t_0}^{t} [H_{PCMES}(t) - H_{loss}(t)] dt \qquad (4-14)$$

式中，$H_{PCMES}(t)$ 为储能系统与区域供冷系统交换功率，单位为 kW；$H_{loss}(t)$ 为自身热量耗散功率，单位为 kW；$Q_{PCMES}(t_0)$ 表示储能系统在初始时刻 t_0 的储热量，单位为 kJ。

对相变储能系统中的储热状态 $SOC_{PCMES}(t)$ 作如下定义：

$$SOC_{PCMES}(t) = \frac{SOC_{PCMES}(t_0)}{Q_{PCMES,max}} \times 100\% \qquad (4-15)$$

$$SOC_{PCMES}(t) = (1 - \delta_{PCM}) SOC_{PCMES}(t_0) + \frac{Q_{PCMES,char}(t) - Q_{PCMES,dis}(t)}{Q_{PCMES,max} - Q_{PCMES,min}} \qquad (4-16)$$

$$Q_{PCMES,char}(t) - Q_{PCMES,dis}(t) = [H_{PCMES,char}(t) - H_{PCMES,dis}(t)] \Delta t \qquad (4-17)$$

式中，$SOC_{PCMES}(t)$、$SOC_{PCMES}(t_0)$ 分别为相变储能系统 t 时刻、上一时刻的储热状态；δ_{PCM} 为相变储热自放热率；$Q_{PCMES,char}(t)$、$Q_{PCMES,dis}(t)$ 分别为相变储能系统当前时间段的充、放能量；$H_{PCMES,char}(t)$、$H_{PCMES,dis}(t)$ 分别为相变储能系统 t 时刻的充、放能功率；$Q_{PCMES,max}$、$Q_{PCMES,min}$ 分别为相变储能系统所能存储的最大、最小热量；Δt 表示单位时间段。

4.2.2 综合智慧能源系统中多元储能优化配置模型

1. 目标函数

多元储能总成本由综合智慧能源系统运行成本与储能规划成本两部分构成。在运行成本 C_{op} 中，考虑综合智慧能源系统向上级电网购电成本 C_{inj}、多元储能

充放电损耗成本 C_{ch}，此外，为了响应"双碳"目标，加入综合智慧能源系统碳排放惩罚成本 C_{cp}，以使多元储能规划产生减碳效益。

$$C_{op} = C_{inj} + C_{ch1} + C_{ch2} + C_{cp} \tag{4-18}$$

$$C_{inj} = \sum_{i=1}^{96} P_{inj}(i) c_{ele}(i) t_i \tag{4-19}$$

$$C_{ch1} = \sum_{i=1}^{96} [P_{ch1}(i) + P_{dis1}(i)] c_{d1} t_i \tag{4-20}$$

$$C_{ch2} = \sum_{i=1}^{96} [P_{ch2}(i) + P_{dis2}(i)] c_{d2} t_i \tag{4-21}$$

$$C_{cp} = \sum_{i=1}^{96} P_{inj}(i) c_{cp} t_i \tag{4-22}$$

式中，$P_{inj}(i)$ 为第 i 时刻上级电网向综合智慧能源系统注入功率，单位为 kW；$c_{ele}(i)$ 为第 i 时刻综合智慧能源系统向上级电网购电价格，单位为元/(kW·h)；t_i 为时间粒度，单位为 min；$P_{ch1}(i)$、$P_{ch2}(i)$ 分别为第 i 时刻储能 1、2 的充电功率，单位为 kW；$P_{dis1}(i)$、$P_{dis2}(i)$ 分别为第 i 时刻储能 1、2 的放电功率，单位为 kW；c_{d1}、c_{d2} 分别为储能 1、2 的单位充放电量损耗成本，单位为元/(kW·h)；c_{cp} 为单位电量碳排放惩罚成本，单位为元/(kW·h)。

储能规划成本 C_{plan} 包括储能初始投资成本 C_1 与储能运行维护成本 C_2 两部分，考虑到通货膨胀等因素，将储能全寿命周期内的运行维护成本通过等年值法折算至现值进行计算。

$$C_{plan} = C_1 + C_2 \times \kappa \tag{4-23}$$

$$C_1 = c_p \times P_{max} + c_e \times E_{max} \tag{4-24}$$

$$C_2 = C_m \times P_{max} \tag{4-25}$$

$$\kappa = \frac{r(1+r)^n}{(1+r)^n - 1} \tag{4-26}$$

式中，c_p 为单位功率储能建设成本，单位为元/kW；c_e 为单位容量储能建设成本，单位为元/(kW·h)；P_{max} 为储能额定功率，单位为 kW；E_{max} 为储能额定容量，单位为 kW·h；κ 为等年值系数；r 为贴现率。

综上，多元储能运行-规划优化模型目标函数如式（4-27）所示。

$$目标函数 = C_{op} + C_{plan} \tag{4-27}$$

2. 约束条件

优化模型的约束条件来自于两方面，其一为综合智慧能源系统整体功率平衡约束，与各出力主体功率限制约束；其二为由储能设备自身技术特性决定的多元储能设备充放电特性约束。

(1) 综合智慧能源系统功率平衡约束

$$P_{\text{inj}}(i) + P_{\text{w}}(i) + P_{\text{v}}(i) + \sum_{i=1}^{96}\sum_{k\in\varphi} P_{\text{dis}k}(i) - \sum_{i=1}^{96}\sum_{k\in\varphi} P_{\text{ch}k}(i) = P_{\text{D}}(i) \quad (4\text{-}28)$$

式中，$P_{\text{w}}(i)$、$P_{\text{v}}(i)$ 分别为第 i 时刻综合智慧能源系统中风电机组、光伏机组出力，单位为 kW；$P_{\text{ch}k}(i)$、$P_{\text{dis}k}(i)$ 分别为第 k 种储能设备在第 i 时刻的充、放电功率，单位为 kW；$P_{\text{D}}(i)$ 为综合智慧能源系统在第 i 时刻的用电负荷大小，单位为 kW。

(2) 各出力主体功率限制约束

$$0 \leqslant P_{\text{inj}} \leqslant P_{\text{injm}} \quad (4\text{-}29)$$

$$\sum_{i=1}^{96} P_{\text{dis}k}(i) \times t_i \leqslant E_{\text{max}k} \quad (4\text{-}30)$$

$$0 \leqslant P_{\text{dis}k}(i) \leqslant B_{\text{dis}k}(i) P_{\text{max}k} \quad (4\text{-}31)$$

$$0 \leqslant P_{\text{ch}k}(i) \leqslant B_{\text{ch}k}(i) P_{\text{max}k} \quad (4\text{-}32)$$

式 (4-29) 为上级电网注入功率约束，其中 P_{injm} 为上级电网向综合智慧能源系统注入最大功率，单位为 kW；式 (4-30) 为储能设备充放总电量约束，其中 $P_{\text{max}k}$ 为第 k 种储能设备的额定充放电功率，单位为 kW；式 (4-31)、式 (4-32) 为储能设备充、放电功率约束，其中 $B_{\text{dis}k}(i)$、$B_{\text{ch}k}(i)$ 分别为第 k 种储能设备在第 i 时刻的限制储能充放电状态的 0-1 变量，满足如下约束：

$$B_{\text{dis}k}(i) + B_{\text{ch}k}(i) \leqslant 1 \quad (4\text{-}33)$$

(3) 多元储能设备充放电特性约束

$$E_{\text{max}k} = \beta P_{\text{max}k} \quad (4\text{-}34)$$

$$\text{SOC}_k(i+1) = \text{SOC}_k(i) + \frac{P_{\text{ch}k}(i) t_i \eta_k - P_{\text{dis}k}(i) t_i / \eta_k}{E_{\text{max}k}} \quad (4\text{-}35)$$

$$\text{SOC}_{\text{min}k} \leqslant \text{SOC}_k(i) \leqslant \text{SOC}_{\text{max}k} \quad (4\text{-}36)$$

$$\text{SOC}_k(1) = \text{SOC}_k(96) \quad (4\text{-}37)$$

$$P_{\text{dis}k}(i) = P_{\text{dis}k}(i+1) = \cdots = P_{\text{dis}k}(i+n) \quad (4\text{-}38)$$

式 (4-34) 为储能额定容量与额定功率之间的能量倍率约束，其中，β 为能量倍率系数，由储能持续放电时长决定；式 (4-35) 为储能荷电状态连续性约束，其中，$\text{SOC}_k(i)$ 为第 k 种储能设备在第 i 时刻的荷电状态；η_k 为第 k 种储能设备的充放电效率；式 (4-36) 为储能荷电状态约束，$\text{SOC}_{\text{max}k}$、$\text{SOC}_{\text{min}k}$ 分别为第 k 种储能设备的最大、最小荷电状态；式 (4-37) 为储能荷电状态初始化约束，即储能设备经过一天的运行周期后需要回到初始状态；式 (4-38) 为第 k

种储能设备的响应速度约束，多元储能系统中各类型储能响应时长不同，n 由各类型储能响应速度决定。

4.3 案例测算

以国网嘉兴供电公司电力红船基地零碳智慧园区示范工程为例，选取典型日新能源出力及用电负荷数据进行计算。该园区内典型日光伏出力 P_V、风电出力 P_W、用电负荷 P_D 数据见表 4-3~表 4-5。

表 4-3 典型日光伏出力数据

时 刻	P_V/kW	时 刻	P_V/kW
0:00:00	0	5:30:00	0
0:15:00	0	5:45:00	0
0:30:00	0	6:00:00	0
0:45:00	0	6:15:00	10.9985
1:00:00	0	6:30:00	21.997
1:15:00	0	6:45:00	32.9955
1:30:00	0	7:00:00	43.99408
1:45:00	0	7:15:00	53.1
2:00:00	0	7:30:00	63.2675
2:15:00	0	7:45:00	73.3
2:30:00	0	8:00:00	84.50093
2:45:00	0	8:15:00	100.94
3:00:00	0	8:30:00	117.304
3:15:00	0	8:45:00	133.704
3:30:00	0	9:00:00	150.2558
3:45:00	0	9:15:00	162.7
4:00:00	0	9:30:00	175.256
4:15:00	0	9:45:00	187.256
4:30:00	0	10:00:00	209.4269
4:45:00	0	10:15:00	209.4269
5:00:00	0	10:30:00	209.4269
5:15:00	0	10:45:00	209.4269

(续)

时刻	P_v/kW	时刻	P_v/kW
11:00:00	209.2995	17:30:00	0
11:15:00	214.3	17:45:00	0
11:30:00	219.3	18:00:00	0
11:45:00	224.3	18:15:00	0
12:00:00	230.4654	18:30:00	0
12:15:00	220.45	18:45:00	0
12:30:00	210.45	19:00:00	0
12:45:00	195.5	19:15:00	0
13:00:00	180.7949	19:30:00	0
13:15:00	180	19:45:00	0
13:30:00	176	20:00:00	0
13:45:00	173	20:15:00	0
14:00:00	170.7844	20:30:00	0
14:15:00	145	20:45:00	0
14:30:00	120	21:00:00	0
14:45:00	96	21:15:00	0
15:00:00	88.65705	21:30:00	0
15:15:00	66	21:45:00	0
15:30:00	44	22:00:00	0
15:45:00	22	22:15:00	0
16:00:00	0	22:30:00	0
16:15:00	0	22:45:00	0
16:30:00	0	23:00:00	0
16:45:00	0	23:15:00	0
17:00:00	0	23:30:00	0
17:15:00	0	23:45:00	0

表 4-4 典型日风电出力数据

时刻	P_w/kW	时刻	P_w/kW
0:00:00	0.070129	0:45:00	0.0748
0:15:00	0.0716	1:00:00	0.077741
0:30:00	0.0732	1:15:00	0.079

(续)

时刻	P_w/kW	时刻	P_w/kW
1:30:00	0.081	9:30:00	0.2
1:45:00	0.083	9:45:00	0.16
2:00:00	0.084301	10:00:00	0.114041
2:15:00	0.084	10:15:00	0.1
2:30:00	0.084	10:30:00	0.085
2:45:00	0.084	10:45:00	0.06
3:00:00	0.084299	11:00:00	0.04919
3:15:00	0.081	11:15:00	0.043
3:30:00	0.078	11:30:00	0.037
3:45:00	0.075	11:45:00	0.031
4:00:00	0.071976	12:00:00	0.024597
4:15:00	0.06	12:15:00	0.026
4:30:00	0.05	12:30:00	0.028
4:45:00	0.035	12:45:00	0.03
5:00:00	0.025898	13:00:00	0.034954
5:15:00	0.03	13:15:00	0.039
5:30:00	0.035	13:30:00	0.044
5:45:00	0.04	13:45:00	0.049
6:00:00	0.047098	14:00:00	0.054067
6:15:00	0.037	14:15:00	0.052
6:30:00	0.027	14:30:00	0.051
6:45:00	0.017	14:45:00	0.052
7:00:00	0.07884	15:00:00	0.051475
7:15:00	0.12	15:15:00	0.04
7:30:00	0.17	15:30:00	0.03
7:45:00	0.22	15:45:00	0.015
8:00:00	0.261786	16:00:00	0
8:15:00	0.266	16:15:00	0.0015
8:30:00	0.271	16:30:00	0.003
8:45:00	0.276	16:45:00	0.0045
9:00:00	0.284623	17:00:00	0.005976
9:15:00	0.24	17:15:00	0.0045

(续)

时 刻	P_w/kW	时 刻	P_w/kW
17:30:00	0.003	20:45:00	0.009
17:45:00	0.0015	21:00:00	0.013778
18:00:00	0.001293	21:15:00	0.0145
18:15:00	0.009	21:30:00	0.016
18:30:00	0.006	21:45:00	0.0175
18:45:00	0.003	22:00:00	0.01908
19:00:00	0	22:15:00	0.0185
19:15:00	0	22:30:00	0.018
19:30:00	0	22:45:00	0.0175
19:45:00	0	23:00:00	0.017098
20:00:00	0	23:15:00	0.026
20:15:00	0.003	23:30:00	0.045
20:30:00	0.006	23:45:00	0.057

表 4-5 典型日用电负荷数据

时 刻	P_D/kW	时 刻	P_D/kW
0:00:00	39.78955	4:00:00	34.23057
0:15:00	38.64486	4:15:00	35.34606
0:30:00	37.71971	4:30:00	33.83483
0:45:00	37.41815	4:45:00	34.96735
1:00:00	37.59577	5:00:00	35.88054
1:15:00	36.39389	5:15:00	33.62466
1:30:00	36.6286	5:30:00	34.26717
1:45:00	36.14603	5:45:00	34.60254
2:00:00	34.64163	6:00:00	34.3728
2:15:00	34.60937	6:15:00	34.4868
2:30:00	33.29334	6:30:00	35.22283
2:45:00	35.22163	6:45:00	35.8772
3:00:00	34.48677	7:00:00	34.55235
3:15:00	34.8552	7:15:00	36.77743
3:30:00	33.70949	7:30:00	36.273
3:45:00	33.08312	7:45:00	39.74229

(续)

时刻	P_D/kW	时刻	P_D/kW
8:00:00	38.75686	16:00:00	43.0476
8:15:00	40.55452	16:15:00	44.88829
8:30:00	39.76777	16:30:00	45.27598
8:45:00	42.1098	16:45:00	46.05472
9:00:00	43.38983	17:00:00	45.28266
9:15:00	41.81866	17:15:00	47.20269
9:30:00	44.0494	17:30:00	48.04443
9:45:00	43.46363	17:45:00	49.73443
10:00:00	44.17529	18:00:00	48.18606
10:15:00	43.32	18:15:00	51.89969
10:30:00	44.87772	18:30:00	50.52249
10:45:00	46.61986	18:45:00	51.75823
11:00:00	46.43666	19:00:00	51.64443
11:15:00	46.60023	19:15:00	49.60712
11:30:00	46.23257	19:30:00	49.6664
11:45:00	45.8552	19:45:00	50.73743
12:00:00	44.10389	20:00:00	50.8558
12:15:00	44.42857	20:15:00	51.00437
12:30:00	44.48443	20:30:00	49.77012
12:45:00	44.50126	20:45:00	49.5664
13:00:00	42.29274	21:00:00	49.95895
13:15:00	43.73037	21:15:00	49.28337
13:30:00	42.86092	21:30:00	49.92683
13:45:00	40.7	21:45:00	48.11117
14:00:00	42.68592	22:00:00	48.726
14:15:00	42.73546	22:15:00	47.51103
14:30:00	42.74446	22:30:00	45.89535
14:45:00	42.44872	22:45:00	43.64929
15:00:00	42.35969	23:00:00	42.89137
15:15:00	42.7388	23:15:00	43.04817
15:30:00	42.72449	23:30:00	42.8088
15:45:00	43.5486	23:45:00	42.70015

选择飞轮储能、钠硫电池储能作为多元储能装置,两者经济技术特性参数见表 4-6。

表 4-6 多元储能装置经济技术特性参数

特性参数	飞轮储能	钠硫电池储能
单位功率建设成本 c_p/(元/kW)	1500	1120
单位容量建设成本 c_e/[元/(kW·h)]	3000	2000
运行维护成本 C_m/[元/(kW·年)]	100	97
充放电损耗成本 C_{ch}/[元/(kW·h·年)]	0.01	0.015
响应时长 t/min	15	60

将以上数据代入 4.2.2 节中所构建的优化模型进行计算,得到电力红船基地零碳智慧园区多元储能配置结果,典型日内储能设备充放电情况见表 4-7,剩余电量变化趋势如图 4-3 所示,多元储能配置结果见表 4-8。

表 4-7 典型日内储能设备充放电情况

时 刻	E_1/kW·h	E_2/kW·h
0:00:00	100	100
0:15:00	100	91.74461
0:30:00	100	83.80759
0:45:00	100	76.128
1:00:00	100	68.53263
1:15:00	100	60.88873
1:30:00	100	52.40857
1:45:00	100	45.03424
2:00:00	100	37.79451
2:15:00	99.82755	31.13589
2:30:00	99.6551	24.48616
2:45:00	99.48266	18.20198
3:00:00	99.31021	11.38218
3:15:00	92.02368	11.38218
3:30:00	84.73715	11.38218
3:45:00	77.45062	11.38218
4:00:00	70.16409	11.38218
4:15:00	60.22737	11.38218

（续）

时刻	E_1/kW·h	E_2/kW·h
4:30:00	50.29066	11.38218
4:45:00	40.35394	11.38218
5:00:00	30.41723	11.38218
5:15:00	22.81292	11.38218
5:30:00	15.20862	11.38218
5:45:00	7.604308	11.38218
6:00:00	0	11.38218
6:15:00	0	4.625036
6:30:00	0	0.888564
6:45:00	0	0
7:00:00	0	0
7:15:00	2.023122	0
7:30:00	4.046244	1.557449
7:45:00	6.069366	5.527332
8:00:00	8.092488	10.98519
8:15:00	21.15602	6.688079
8:30:00	34.21955	6.459199
8:45:00	47.28309	10.13385
9:00:00	60.34662	16.97267
9:15:00	88.27052	10.23488
9:30:00	116.1944	7.377866
9:45:00	144.1183	7.377867
10:00:00	172.0422	10.20067
10:15:00	207.1824	10.20066
10:30:00	242.3226	10.38995
10:45:00	277.4629	10.18676
11:00:00	312.6031	9.492702
11:15:00	347.8767	8.636723
11:30:00	383.1503	9.030293
11:45:00	418.424	10.63024
12:00:00	453.6976	13.43874
12:15:00	488.9712	18.02706

(续)

时 刻	E_1/kW·h	E_2/kW·h
12:30:00	524.2449	20.28918
12:45:00	559.5185	20.28918
13:00:00	594.7921	16.13228
13:15:00	623.7577	16.63368
13:30:00	652.7233	16.63368
13:45:00	681.6889	15.76548
14:00:00	710.6545	14.66558
14:15:00	732.3967	20.47868
14:30:00	754.139	20.47868
14:45:00	775.8813	13.53146
15:00:00	797.6235	0
15:15:00	767.8919	33.17318
15:30:00	738.1603	61.16064
15:45:00	708.4287	84.19908
16:00:00	678.697	102.0987
16:15:00	629.8754	129.7616
16:30:00	581.0538	157.0106
16:45:00	532.2321	184.1727
17:00:00	483.4105	211.16
17:15:00	504.1725	171.4433
17:30:00	524.9344	131.1928
17:45:00	545.6964	90.70813
18:00:00	566.4584	49.75358
18:15:00	551.1964	50.58742
18:30:00	535.9345	50.58742
18:45:00	520.6725	50.89661
19:00:00	505.4105	50.92709
19:15:00	490.1544	50.97806
19:30:00	474.8982	51.48743
19:45:00	459.642	51.98346
20:00:00	444.3858	52.23851
20:15:00	395.5642	78.14451

(续)

时　刻	E_1/kW·h	E_2/kW·h
20:30:00	346.7426	104.0178
20:45:00	297.9209	130.1694
21:00:00	249.0993	156.3675
21:15:00	200.2777	182.4784
21:30:00	151.456	208.7415
21:45:00	102.6344	234.8601
22:00:00	53.81274	261.3876
22:15:00	74.79275	220.433
22:30:00	95.77275	179.8158
22:45:00	116.7528	139.6472
23:00:00	137.7328	100.1025
23:15:00	125.1552	100.0718
23:30:00	112.5776	100
23:45:00	100	100

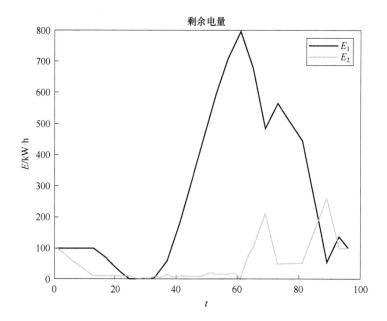

图 4-3　典型日内剩余电量变化趋势

表 4-8 多元储能配置结果

参 数	钠硫电池储能	飞轮储能
额定容量/kW·h	3322.4	1675.0
额定功率/kW	165.9936	147.4364

分析优化配置结果可知，该多元储能配置方法能够在很大程度上减少园区向上级电网购电成本，并有效消纳园区光伏、风电出力，提升园区型综合智慧能源系统的能源利用效率。

第5章 多元储能与综合智慧能源系统协同发展建议

5.1 综合智慧能源系统多元储能行业标准建议

电化学储能市场呈现快速发展趋势。电化学储能是主流且技术相对成熟的新型储能（除抽水蓄能外的新型电储能技术）技术。2020年全球电化学储能项目的装机规模逆势上涨，刷新了单年新增规模纪录，达到4.7GW，是2019年的1.6倍；中国新增投运的电化学储能达1559.6MW，首次突破吉瓦大关，是2019年同期的2.4倍，目前中国已成为全球最大的电化学储能应用市场。据CNESA预测，在理想场景下，2025年中国电化学储能累计装机规模将达到55GW；在理想场景下可达到6614.8MW。"十四五"期间是储能探索和实现"刚需"应用、系统产品化和获取稳定商业利益的重要时期，电化学储能市场有望实现快速增长。

中国电化学储能正处于从商业化初期向规模化发展转变的关键期。近年来，储能已在电网调峰调频、分布式发电及微电网领域展现出广阔的应用前景，同时它也是支撑新型电力系统的重要技术和基础装备，对推动能源绿色转型、应对极端事件、保障能源安全、促进能源高质量发展、实现碳达峰碳中和具有重要意义。为推动新型储能快速发展，2021年4月21日，国家发改委、国家能源局发布的《关于加快推动新型储能发展的指导意见（征求意见稿）》提出，到2025年，实现新型储能从商业化初期向规模化发展转变，装机规模达到30GW以上；到2030年，实现新型储能全面市场化发展，成为能源领域碳达峰碳中和的关键支撑之一。在此期间，电化学储能行业将加速向规范化、标准化发展，行业格局有望重塑。

近三年来，国家发展改革委、国家能源局等持续加强新型储能行业宏观引导，促进产业规模快速发展。先后出台了《关于加快推动新型储能发展的指导

第5章 多元储能与综合智慧能源系统协同发展建议

意见》《新型储能项目管理规范（暂行）》《"十四五"新型储能发展实施方案》《关于进一步推动新型储能参与电力市场和调度运用的通知》《关于促进新型储能并网和调度运用的通知（征求意见稿）》等一系列政策，开发建设全国新型储能大数据平台，初步建立了全国新型储能行业管理体系，统筹推动全国新型储能试点示范，为新型储能技术创新应用和产业高质量发展奠定了基础。

《关于加快推动新型储能发展的指导意见》提出，积极支持用户侧储能多元化发展；鼓励围绕分布式新能源、微电网等其他终端用户，探索储能融合发展新场景；鼓励聚合利用不间断电源、电动汽车、用户侧储能等分散式储能设施，依托大数据、云计算、人工智能、区块链等技术，结合体制机制综合创新，探索智慧能源、虚拟电厂等多种商业模式。为保障在基地的新能源发电利用率不低于90%和外送新能源电量占比不低于50%等条件下，输电通道能够稳定送电，基地需要配建新型储能与新能源协调运行，《新能源基地送电配置新型储能规划技术导则》首次明确新能源大基地送电配储规模。《关于进一步推动新型储能参与电力市场和调度运用的通知》提出，鼓励新能源配建储能在企业自愿条件下转为独立储能，支持通过部分容量独立、部分容量联合等多种方式参与电力市场，充分发挥新型储能价值；鼓励以配建形式存在的新型储能项目，通过技术改造满足同等技术条件和安全标准时，可选择转为独立储能项目；鼓励探索同一储能主体可以按照部分容量独立、部分容量联合两种方式同时参与的市场模式。《关于促进新型储能并网和调度运用的通知（征求意见稿）》首次规定可接受调度的新型储能范围和提出优先调用新型储能试点示范项目。

然而，部分地方不少新建的新能源项目都配置了储能电站，但由于主动支撑等能力不足，利用率普遍偏低。受收益模式不明确、设备质量等原因影响，据统计，2022年新能源侧配置储能日均充放电次数仅为0.22次。另根据中电联发布的《新能源配储能运行情况调研报告》，新能源配储在弃电期间至多一天一充一放运行，个别项目存在仅部分储能单元被调用、甚至基本不调用的情况，所调研电化学储能项目平均等效利用系数为12.2%，而新能源配储系数仅为6.1%，相比火电厂配储15.3%、电网侧储能14.8%、用户侧储能28.3%的利用系数，显然，新能源配储整体调用情况不理想。这也与新能源利用率很高有关。根据国网能源研究院定量分析，按新能源利用率95%测算，在不考虑新增煤电灵活性改造、新型储能以及需求侧响应资源的情况下，2025年国家电网经营区调峰缺口将达到8000万kW左右，2030年调峰缺口达到1.6亿kW左右。通过新能源优化配置储能，可以提升系统调节能力，支撑高比例新能源高效利用。而全额消纳通常是包括但不限于并网规模、网架结构、系统综合调节能力、调度运行安排等多种因素综合作用的结果。因此在缺乏新型储能等调节能力支撑的情况下，新能源利用率可能会受到影响。同时，储能电站建设运营不规范、安全管理机制不健全、安全预警和处理能力较弱，以及锂电池的火灾处置难等问题，已经严重阻碍了行业发展。如何解决这些问题关系到未来电化学储能行业和能源体系绿色安全的发展。

1. 储能安全方面

数十起安全事故为电化学储能行业发展蒙上阴影。据统计，近十年来，全球共发生了32起电化学储能电站安全事故，其中30起发生于最近五年，电化学储能电站安全事故呈高发态势。由于安全事故原因复杂，很多详情未能公开披露，但有限的公开资料表明，从事故类型看，三元锂离子电池安全事故率最高，采用三元锂离子电池发生事故25起；磷酸铁锂离子目前已知的两起事故都发生在中国。从发生地域看，韩国储能电站起火爆炸事故占24起，这与韩国各大电池企业以三元锂电池为主流产品有关；从事故发生环节看，储能电站起火爆炸大多发生在充电中或充电后休止中，占21起。

目前已披露的事故报告主要有：美国亚利桑那州公用事业服务公司（APS）*McMicken Battery Energy Storage System Event Technical Analysis and Recommendations*（《McMicken电池储能系统事件技术分析与建议》）、韩国2017年8月后发生的23起ESS火灾事故分析报告，以及北京集美大红门25MW·h直流光储充一体化电站项目事故分析。据分析，引发电化学储能电站安全事故的原因主要涉及电池自身、安全标准、安全管理等五个方面，这些问题在中国较为普遍，且目前仍未得到很好解决。

电池产品本身存在安全风险。受技术水平限制，发生事故的电化学电池构造和材料无法阻止电池发生热失控及其在电池模组内的传播，且电池会随着使用时间的增加而老化，导致枝晶生长、产热增加等火灾风险升高，安全性退化。电池能量密度随着技术进步逐步提高，相同体积的电池产品设备将聚集更多能量，储能系统部署规模越大，安全风险就愈发集中；新技术和拓扑结构设计不断涌现，项目建设前对采用新技术和新结构的储能电池安全性验证时间难以保证，可能导致有瑕疵的电池并入系统。

电池储能电站建设安全相关要求有待规范。储能电站建设标准化是科学安全处置的前提，2015年开始实施的《电化学储能电站设计规范》（以下简称《规范》）中，关于储能系统标准部分的电池性能指标模糊、应急处置和救援措施要求偏低，风险评估相关要求不明确，易导致监管疏漏出现，存在低价竞争、系

第 5 章 多元储能与综合智慧能源系统协同发展建议

统容量虚标虚报,以及已有标准得不到遵循的情况。2020 年初发布的《关于加强储能标准化工作的实施方案》缺少对安全标准的相关要求,储能电站的重要性未能得到应有的重视。此外,梯次利用动力电池的安全使用标准缺失,相关储能电站质量难以保证;部分储能系统服役时间增加,充放次数逐渐接近设计极限,其安全风险也相应增大。

安全管理体系不健全,各方责任落实不到位。储能系统安全是一个多因素交织的复杂问题,项目承包部门、实际建设部门、项目运营者、项目所有者、行业主管部门各方的安全管理应形成闭环,且均按照制度规范管理才能最大限度地避免事故的发生。从已披露的信息看,国内储能电站建设运营方安全意识普遍淡薄,安全管理制度缺失,安全管理体系不健全,各方职责不明或履行不到位,已成为电站安全管理的主要风险。

安全管理系统预警及处理能力不强。从已披露的储能电站事故报告看,电池 BMS 大多因早期未监测到电池内部故障发出预警或作出处理,从而引发热失控;或者是电站缺少气体监测装置和通信系统,未能对易燃易爆气体集聚做出通风处理,未能及时让消防救援人员了解到内部环境的危险性。此外,还有一个重要因素就是,BMS、PMS(Power Management System,电源管理系统)、EMS(Energy Management System,能量管理系统)之间的信息不能共享,数据没有发挥其最大价值,BMS 与 PCS 控制器的信息交互程度较弱,协同控制能力不足。

消防手段存在局限性,无法有效阻止事态扩大。在消防方面,《规范》只是对电气安全、消防配置等一般性内容进行了规定,缺少针对性强的消防设计要求,消防安全装备仍以传统的消防烟雾报警器、温度报警器为主,均属事后报警,无法对电池前期故障进行消防安全处理。与其他类型火灾场景相比,电化学储能电站事故发生频率偏低,消防部门和消防人员的应对经验相对不足,技术、装备较为欠缺,现有消防灭火措施只能处理锂离子电池储能系统早期的火势,难以有效抑制电池热失控和控制初期火灾蔓延,同时产生的有毒可燃气体也给火灾扑救带来挑战,还可能进一步引发爆炸事故。比如,北京丰台"4·16"事故,就是在对储能电站南区进行处置过程中,电站北区在毫无征兆的情况下突发爆炸而导致人员伤亡。

2022 年 6 月 29 日,国家能源局综合司发布了关于征求《防止电力生产事故的二十五项重点要求(2022 年版)(征求意见稿)》意见的函,其中在防止电化学储能电站火灾事故的要求中提到:中大型电化学储能电站不得选用三元锂电池、钠硫电池,不宜选用梯次利用动力电池;选用梯次利用动力电池时,应进行一致性筛选并结合溯源数据进行安全评估。基于目前储能电站在安全性与运营管理方面所存在的问题，从以下四个角度提出建议。

1）应当加强电池技术研究和安全性强制要求。一是鼓励在改进储能电池安全控制技术/安全结构方面的研究，实现安全性方面的突破，降低电池出现连锁热失控风险。二是借鉴国家标准 GB 38031—2020《电动汽车用动力蓄电池安全要求》，适时出台更加严格的储能电池强制性国家标准，并建立监督管理机制，确保强制标准得到切实实施。

2）要尽快完善储能设备建设安全标准体系，引导规范化发展。一是严格准入，提升储能项目的安全相关门槛。就建设而言，对于储能电站项目的建设承担单位，可强化其项目经验、系统集成能力和已有项目运维效果等方面的要求；以储能电池型式试验报告等认定的容量额定值代替普遍存在的依据自行设定的储能电池容量标称值核算储能系统容量，拒绝低价中标，倡导质优安全，促进电化学储能行业由成本导向向质量导向转变。就运营而言，电站应加强工作人员识别危险和排除隐患的能力，确保其能正确维护和保养储能电站设置的安全设施和设备。二是补充现行的国家标准 GB 51048—2014《电化学储能电站设计规范》缺失的安全性标准，如将原有规范中的安全性相关条款设置为强制性条款补充储能电站的选址、防火、灭火、冷却、抑爆设计要求等，对建筑物及设备防火等级、可燃气体探测器配置等要求作出明确规定。

3）应加快完善储能电站的安全管理体系。根据公开资料显示，2017—2022 年国内外共发生 60 多起储能安全事故仅 2022 年上半年就发生了 17 起火灾事故。从发生的事故来看，引发储能电站安全事故的直接原因可以总体分为：电池本体因素、外部激源因素、运行环境因素、管理系统因素四类。电池本体因素是指电池制造瑕疵以及本身老化，进而影响储能系统安全；外部激源是指电池的电滥用（过充/放、外部短路）、机械滥用（挤压、针刺）、热滥用（过热）而导致的电池热失控；运行环境指储能的热管理系统以及其他管理系统的运行监测，预防电池起火；管理系统指的是运行维护以及电池管理系统存在的软件缺陷。在发生的 60 多起储能事故中除去企业管理不当，运输环节疏漏等原因，由储能电池引发的火灾事故共达到 55 起，由锂离子电池引发的事故占比到 80%（占所有事故因素），可知的锂电事故中三元锂电池共 25 起，铅酸电池，钠硫电池最少，各 1 起。从电池特性来看，目前主要的储能电站电池采用的是锂离子电池和铅酸电池。几者相比，铅酸电池能量密度低，稳定性高，寿命低；相对来讲，磷酸铁锂电池能量密度较高，热稳定较好，且使用寿命也是铅酸电池的 5 倍左右；而三元锂电池能量密度最高，但热稳定性差，也是引发安全事

第 5 章 多元储能与综合智慧能源系统协同发展建议

故最多的。《防止电力生产事故的二十五项重点要求（2022 年版）（征求意见稿）》就明确提出"中大型电化学储能电站不得选用三元锂电池、钠硫电池，不宜选用梯次利用动力电池"。综合来讲，磷酸铁锂电池由于其相对稳定的性能，仍然是储能电池较优解。解决电池储能系统的安全问题，就要在电池热失控的每个过程中牢牢把关。除去电池老化，瑕疵的内部原因外，电池热失控的过程为：单体电池的机械滥用及电滥用导致电池自产热，产热导致电池过热（热滥用），致使单体电池发生热失控，伴随可燃气体和烟雾的释放，电池开始起火并引起连锁反应，最后储能电站起火，甚至可能爆炸。在起火前期的整个过程中，全方位，多层次的系统级检测必不可少，同时 BMS 的抗干扰性，检测的准确性、及时性，都是有待解决的问题。当前，我国储能产业发展迅速，但是相关的技术以及标准体系尚不完善，这也是导致储能电站存在安全问题的根本原因。一是在储能电站建设规范中明确新型储能产业链各环节安全责任主体及安全管理职责划分，尤其要重视事故报告制度建设，事故发生后应由官方及时公开，且明确对相关责任主体的处理意见，即明确项目相关各方的责任，以保障项目建设运营过程中各项安全职责的切实履行，为之后的建设项目提供有效的风险管控指导，避免类似事故发生；二是完善基于储能项目技术升级和安全性的检测认证和监督体系，对核心部件和充放次数接近上限的、梯次利用的储能系统等进行严格管理，确保储能系统安全可靠地运行，电站工作人员操作安全规程、维护检修制度等也应纳入其中；三是按风险等级对电化学储能电站进行分类分级管控，对危险等级高的储能电站进行仿真建模、可行性论证、设备制造、建设安装、测试运行等，建立全周期安全监管制度和规范。比如，依据 GB 50140—2005《建筑灭火器配置设计规范》，电化学储能电站的电池室与危险化学品库房同属严重危险级，可借鉴相关危险化学品安全管理制度，制定电池室的安全管理制度、应急方案、事故报告制度等。

4）要提升安全预防管理的智能化水平。一是搭建储能电站大数据平台，将实时参数上传至统一管理平台作为储能电站大数据分析和事故预测的依据，研判风险，提前准备，确保及时响应；二是建设智能化程度高、集成水平好的安全管理系统，重点是加强组件和系统的运行状态在线监测、电池系统和周边环境的调节措施，以及与消防部门的联动，比如电池温度监控、易燃气体检测、自动通风系统、各部门联动通信系统等，确保能够在风险达到一定阈值时能够自动断电或作出相应处理，以避免事故发生或扩大，为各部门提供信息依据，便于其做出应对措施。

强化针对电化学储能的消防能力建设。一是进一步深化储能电站系统安全研究、储能系统火灾演化机制及防控技术研究，针对火灾防控、早期预警、事故处置等方面的重点攻关，多部门联合研究制定电化学储能电站专门的消防安全产品和应对方案。比如，加强消防系统和 BMS 等系统的信息交互，提高系统整体消防安全等级；认真总结事故教训，举一反三，提高消防部门对电化学储能电站爆炸风险的认识和应对能力，开展储能电站消防技能培训和演练。二是支持研发和应用专用特种消防材料和设备应对电化学储能电站事故，做好防爆准备，进一步研究科学处置流程，避免和减少人员伤亡。

2. 储能发展方面

现阶段，我国新型储能应用仍以锂离子电池储能为主，截至 2021 年底，我国全部储能装机中抽水蓄能装机占比约占 90%，新型储能装机占比约 10%。在新型储能中，锂电池占比超过 90%，余下近 10%包括压缩空气储能、液流电池、铅酸电池、飞轮储能等。从技术成熟度和产业链发展情况看，新型储能技术中，除锂离子电池外，钠离子电池、液流电池、压缩空气储能等技术将逐步具备规模化发展条件，具有较好的发展预期。

由图 5-1 可见，目前，储能用锂电池以磷酸铁锂电池为主，其安全性较好，在我国电力系统储能中广泛应用。其中，三元锂电池具有较高的能量密度，但是循环寿命相比于磷酸铁锂电池较低，且存在较大的燃爆安全隐患，主要应用于动力电池，也在国外部分储能电站中有所应用。今后一段时间内，储能用锂电池应向长寿命、低成本、高安全方向发展。目前储能用锂电池循环寿命和系统服役寿命与电力设备寿命不匹配，成本和安全性能仍有进步空间，需进一步改进材料、优化生产工艺，从而提高电池循环寿命、降低造价成本、提升安全性能。锂电池储能系统集成技术应当以高效、智能、安全为发展方向，需要更

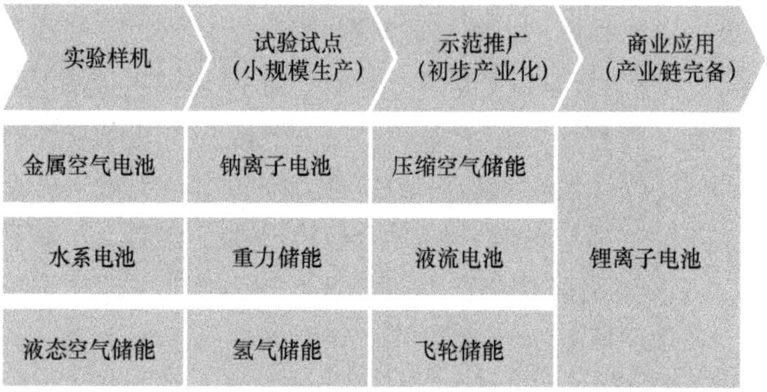

实验样机	试验试点（小规模生产）	示范推广（初步产业化）	商业应用（产业链完备）
金属空气电池	钠离子电池	压缩空气储能	锂离子电池
水系电池	重力储能	液流电池	
液态空气储能	氢气储能	飞轮储能	

图 5-1 新型储能技术发展成熟度示意图

第5章　多元储能与综合智慧能源系统协同发展建议

加适应新型电力系统建设需求，通过电站规划设计标准化、储能系统产品模块化提高储能电站效率，借助智慧调控、电池管理智能化技术提高储能电站智能化水平，从可靠运行、安全运行两方面入手切实保证储能电站安全性。

在钠离子电池技术方面，我国处于国际领先地位。宁德时代、中科海纳等企业已对钠离子电池进行产业化布局并发布了相关产品，在山西开展了1MW·h钠离子电池储能示范项目。由于钠离子电池性能与磷酸铁锂电池接近，且钠资源储量丰富，钠离子电池成本有较大的下降预期，因此钠离子电池有望在未来电力系统中成为锂离子电池的替代技术。

相比于锂电池，液流电池具有更高的安全性能，且可以灵活配置功率和容量，适用于4h及以上的储能应用，目前已开展工程示范。其中，全钒液流电池技术发展较为成熟，形成了模块化产品，开展了1~100MW不同规格的试点示范。但是液流电池成本校对较高，充放电效率（70%~75%）。钒电池上游相关产业链规模较小，全氟离子膜国产化产品可靠性和产能仍需提升。此外，铁铬等技术路线的液流电池也在开展示范应用。针对液流电池技术，建议推动新材料研发和系统优化，提高储能设备效率以推进技术发展，同时健全从钒矿到钒电池的产业链，以降低液流电池成本。在核心设备方面，建议加大对于全氟离子膜的研究投入力度，推动国产全氟离子膜产能和可靠性提升，并开展铁铬等多元化技术路线示范，推动新型液流电池发展。

在压缩空气储能方面，国内压缩空气储能技术以非补燃路线为主，已陆续开展了100kW~100MW不同等级的示范项目，国内自主掌握大规模压缩空气储能电站系统集成技术，相关设备均具备自主研发生产能力。在未来，压缩空气储能技术将向大规模、高效率、灵活储气方向发展。随着主机设备单机规模增大及压缩及换热环节的优化，压缩空气储能电站效率将进一步提高。储气方式由盐穴、金属容器向人工造穴等方式发展，布局选择更加灵活。液态空气、二氧化碳储能等技术也在不断发展。

综上所述，新型储能技术的创新应以新型电力系统建设需要为导向，从实际需求出发点对点提高储能电站的各方面性能。首先应当加快研发电力系统储能专用的长寿命、低成本、高安全性电化学储能技术；其次要着力攻关压缩空气储能关键技术，推动关键主机设备定型优化，提高系统效率，加快灵活性储气技术研发；第三，应抓紧开展新型储能电站规划设计、系统集成、智慧调控相关技术研究，尽快形成相关标准和规范。此外，建议紧跟国际前沿研究和潜在应用需求，提前布局新型储能技术研究。更多地关注国内外储能前沿技术创新，如金属-空气电池、二氧化碳储能等技术，提前布局相关前瞻性技术的研究工作。建议结合中长期电力系统发展需要，提前开展 10h 以上长时储能技术研究，加强高效储热、氢储能、重力储能等各类长时储能技术的研发储备。在新型储能技术成果转化方面，应当推动产学研用一体化发展，加强校企联合，打造国家级新型储能领域研发创新平台和重点实验室，以示范带动技术创新，促进创新链产业链融合。充分发挥国家级新型储能大数据平台作用，加强新型储能技术创新趋势跟踪、示范项目成效评估和创新成果展示推广。

在储能容量配置标准方面，建议结合储能技术相关的技术标准，尽快制定综合智慧能源系统中规模化应用储能系统容量配置相关标准，以适应大规模新能源和储能技术快速发展的需要，具体建议如下：

1）在标准制定过程中应该考虑到综合智慧能源系统中规模化应用的储能系统的应用目标，且应该充分考虑系统的经济技术效能约束。为此需要进一步深入研究综合智慧能源系统中存在的各种系统风险，以及消弭这些风险储能系统的作用机理。建议储能系统容量配置相关标准的制定过程中增加关于应用目标的规定，且在当前合理的应用目标应该包括明确的"风险消弭"原则。其中风险确定规则应该依据相关风电场功率波动限值和电力系统调峰调频相关标准来进行。

2）储能容量配置标准的制定应该同储能设备级标准衔接。综合智慧能源系统中储能系统规模化应用容量配置时应该考虑不同类型的储能技术及其技术特征对容量配置的影响，在配置标准的设定上既要从应用目标角度反映一般性，也要从储能技术角度体现差异性。

3）储能容量配置标准的制定应该同储能系统运行控制标准的制定结合起来，统一有序推进。储能容量配置标准中，明确容量规划目标应该能够通过适当的技术手段在运行过程中被实现。

在储能的接入准则方面，现行的国家标准 GB 36547—2018《电化学储能系统接入电网技术规定》中关于动态响应特性、故障穿越能力等指标低于电网运行要求，储能电站的设计、施工、验收等环节没有形成有效的安全和并网技术标准体系，导致新型储能电站平均等效利用系数普遍较低，"配而不用、配而难用"问题突出，没有充分发挥其提升电力系统灵活性的作用。建议加快完善技术标准体系细化储能电站接入电网和应用场景类型，结合多元储能技术创新和应用场景，完善接入电网系统的安全设计、测试验收等标准。

在市场机制方面，一方面，应当推动价格疏导，研究出台国家层面的新型储能两部制电价政策，提升市场主体创新活力。按照"谁受益、谁付费"的原则，建立合理的成本分摊和疏导机制，推动各类市场主体共同分摊新型储能建设成本。加快制定大型新能源基地、调节支撑电源和外送通道统筹规划配置、调度运用新型储能相关标准规范，创新消纳政策机制。通过风光火储一体化模式加快推动新型储能发展。加强"源网荷储"一体化协调发展，推动新型储能系统示范应用，大力发展"新能源+储能"模式，支持新能源合理配置储能，鼓励建设集中式共享储能设施，推动"风光储"一体化项目建设。同时，加大支持新型储能发展的财政、金融、税收、土地等政策力度。另一方面，需要建立能够反映电力资源稀缺属性的电价机制，加快电力现货市场建设，引导配建储能参与电力现货市场，丰富新型储能参与的交易品种，发挥配建储能和新能源电站的整体联动作用，实现新能源项目的效益最大化。此外，进一步深化能源电力体制改革，优化储能服务市场算法规则和储能调用机制，探索储能参与碳市场和绿证市场，疏解储能成本。同时，新型储能是重要的灵活性调节资源，盈利不能只靠电价政策，也应从运行角度考虑，容量电价实施需要做好前期规划。

5.2 综合智慧能源系统多元储能应用及创新建议

在综合智慧能源系统中，多元储能技术之间的耦合互补可以提高系统的性能和效率。不同类型的储能技术具有不同的特点和优势，通过耦合互补，可以充分发挥各种技术的优势，提高系统的整体性能。例如，将高能量密度的储能技术与高功率输出的储能技术耦合，可以实现能量与功率的双重平衡。高能量密度的储能技术可以储存大量的能量，以满足长时间的能源需求。而高功率输出的储能技术可以迅速释放能量，满足短时间内的高功率需求。通过这种耦合互补，系统可以更好地应对不同时间尺度上的能源需求变化。

在多级电网耦合协同的背景下，多元储能技术可以发挥重要作用。不同电网层级之间的能量传递和协同可以通过多元储能技术来实现。通过分布式储能系统和中心化储能系统的耦合，能量可以在不同电网层级之间进行有序传递，以实现能源的平衡和优化利用。多元储能技术可以作为能量媒介，将能源从一个电网层级传递到另一个电网层级。例如，分布式储能系统可以通过智能控制，将过剩的能源送入中心化储能系统进行储存，然后在需要时释放能源供电。这种多级电网耦合协同的方式有助于提高整个系统的灵活性和可靠性。

目前，电化学储能技术中，锂离子电池性能大幅提升，电池能量密度提高1倍，循环寿命提高2~3倍；成本下降迅速，储能系统建设成本降至1200~

1800元/(kW·h);平准化度电成本降至0.58~0.73元/(kW·h)(按照储能每天充放电循环一次),产业链持续完善,基本实现国产化,已初步具备规模化商业化发展条件。液流电池方面已攻克全钒液流电池卡脖子技术,基本能够实现关键材料、部件、单元系统和储能系统的国产化,循环寿命超过16000次,储能系统建设成本降至2500~3900元/(kW·h),正在建设百兆瓦级项目试验示范。铅炭电池取得较大进步,循环寿命达5000次,储能系统建设成本降至1200元/(kW·h),实现了兆瓦到数十兆瓦级应用。其他电化学储能技术如下一代锂离子电池、钠离子电池、液态金属电池、金属空气电池尚不具备实用化价值。机械储能技术中,压缩空气储能方面开展了新型压缩空气储能研究,并在关键技术上取得较大突破,实现10MW级先进压缩空气储能技术试验示范。飞轮储能方面自主掌握了飞轮、磁悬浮、电机系统等关键技术,实现了钻机动力调峰、动态UPS、电能质量管理的示范应用。电磁储能技术中,超级电容储能方面混合型电容实现较大突破,能量密度已达到40W·h/kg以上,功率密度已达到1kW/kg以上,充放电循环次数50000次以上。储热、氢储能技术也实现了原理样机突破。

目前我国多元储能技术发展处于世界前列水平。电化学储能方面,我国锂离子电池储能处于国际先进水平,基本实现国产化,但是自动化程度有待提升,部分核心部件如高精度膜头依赖国外进口,在高精度高速极片热复合设备、大面积高速真空镀锂设备、干法极片设备等新装备方便开发较少。液流电池方面,我国全钒液流电池储能总体处于国际领先水平,少数钒电堆关键材料如质子交换膜主要由国外厂商掌握核心知识产权,双极板和电极由于产业链不完善尚未摆脱国外市场的制约,国外目前在加紧布局铁铬液流、锌溴液流电池。其他电池方面,钠硫电池技术被日本NGK垄断,钠氯化镍电池方面我国通过引进美国GE公司技术进行产业化。机械储能方面,我国先进压缩空气储能技术研发处于国际领先水平,但是大功率电动机的设计和制造水平较为欠缺,仍需依赖国外进口。飞轮储能方面,美国处于国际领先水平,我国的大储能量飞轮、高速电机、磁悬浮等关键技术积累不充分,总体技术水平和国外相比差距约10年。电磁储能方面,我国的混合型电容器处于国际领先水平,双电层电容器和赝电容器处于跟跑水平,但是高进度涂敷模头等高精度部件和碳粉、隔膜、铝箔等核心材料尚依赖国外进口。

为了提高综合智慧能源系统的规划水平,应当建立完善的多元储能科技创新机制,将各方的力量整合起来,推动不同领域的专业知识和技术在储能领域的创新应用。政府、产业界和研究机构可以共同组建多元储能技术创新联盟,建立协同创新平台,以促进跨学科的交流与合作。这种机制可以为各种

第 5 章　多元储能与综合智慧能源系统协同发展建议

储能技术的发展提供资金支持、研发合作、技术分享等资源，创造有利于创新的环境。

良好的科技创新政策应当鼓励不同领域的专家共同开展合作研究。例如，电池技术领域的专家可以与能源管理领域的专家合作，探索如何更好地将新型电池技术应用于能源存储。同样，智能控制技术、物联网技术、电力系统优化技术等领域的交叉合作，也可以为多元储能系统的创新带来新的机遇。多元储能科技创新机制可以为跨学科的合作提供支持，为综合智慧能源系统的规划和运行注入更多的创新力量。

同时，为确保综合智慧能源系统的高效运行，需要制定多元储能的配置标准。这些标准可以根据不同的应用场景和需求，明确储能技术的性能指标、安全标准、互操作性要求等。标准化的配置有助于降低系统规划和运维的成本，同时保障系统的可靠性和安全性。

多元储能配置标准应考虑到不同类型的储能技术的特点和优势。例如，钠硫电池在能量密度和循环寿命方面具有优势，而超级电容器在高功率输出方面具有优势。标准可以规定不同储能技术的适用场景和性能要求，以便在实际应用中做出正确的选择。在制定多元储能配置标准时，还需要考虑技术的发展趋势和创新。标准应具有一定的灵活性，以适应不断涌现的新型储能技术。同时，标准的制定应该充分考虑储能系统的整体性能，如系统的能量转化效率、循环寿命、功率响应速度等。

多元储能系统的接入准则需要综合考虑市场、电网安全和环境等多方面因素。为了保障系统的安全稳定运行，应明确不同储能技术的接入要求和条件。这涉及储能系统的电压、频率、容量等技术参数，以及与电网的互操作性。为了实现经济效益的最大化，多元储能系统的接入准则还需要考虑市场因素。根据市场需求和能源价格的变化，制定储能的优先级和激励机制。这可以包括在峰谷时段进行储能充电，以备高峰期使用；或者根据市场价格进行能量销售，获取经济回报。这种接入准则可以鼓励储能系统在市场中发挥更大的作用，为系统运营带来更好的经济效益。因此，需要通过能源创新进一步加强关键技术攻关，补齐产业链短板，解决"卡脖子"问题，持续增强能源产业链自主可控能力。围绕新型电力系统建设，加快适应大规模高比例可再生能源友好并网的新一代电网、储能、源网荷储衔接等关键技术和核心装备的突破，加快储能技术，特别是大规模和超大规模的储能问题的解决，以应对风光项目的不稳定性冲击。

同时，多元储能接入准则还需要考虑环境保护因素。系统应鼓励使用环保型储能技术，减少对环境的负面影响。此外，还需要建立监测和评估机制，对储能系统的运行和性能进行实时监测和评估，及时调整接入准则以适应不断变化的市场和技术环境。

2022年5月24日，国家发展改革委、国家能源局印发了《关于进一步推动新型储能参与电力市场和调度运用的通知》，其中明确新型储能可作为独立储能参与电力市场，并鼓励配建新型储能与所属电源联合参与电力市场。此举将有力推动新型储能产业发展，进而为中国构建新型电力系统提供有力支持。当前我国多元储能技术仍面临一些瓶颈问题亟待突破。

1）新型储能技术成熟度有待进一步提升。电化学储能方面，锂离子电池需进一步提高电池循环寿命和日历寿命，在低产热功率、高能量效率、高安全储能用电池和模块技术开发等方面加强攻关。铁铬液流电池技术进展较慢，关键材料的全国产化和批量化制备、以及大功率电堆的高效智能组装技术有待于开发。铅炭电池模块化、集成化、智能化程度仍需进一步提升。机械储能方面，面向应用场景的系统设计与变工况调控、高效高负荷压缩/膨胀机、阵列式蓄热换热器、电力系统耦合控制等关键本体技术和应用技术仍需攻关。电磁储能方面，混合型电容器储能技术已经完成研发，但技术成熟度仍需实证检验。

2）目前新型储能成本仍然偏高，距全面商业化应用还有较大差距。以电池储能为例，非电池部分成本仍占到储能系统成本的50%，降低非电池部分成本将是未来重要任务。

3）储能系统安全性问题亟待解决，近年来国内外电化学储能电站的安全事故频发，引发社会和业界广泛关注和担忧，系统安全防护与消防灭火技术水平尚不能完全满足储能规模化应用需求，亟须开展单体、模组、系统等级别多层安全防护策略研究，做好安全技术提升及消防方案开发，研究高效热设计及管理策略，做好功率规模达百兆瓦级及以上的系统安全可靠性技术开发。

4）储能运行控制策略有待优化，目前受数据采集方式、响应速度、控制精度等方面限制，考虑不同储能时间尺度和响应特性、多点分散布局聚合控制、以及与多种电源品种协调优化的储能电站调度控制策略有待进一步提升，实际运行中储能设施对电力系统的各项效益尚未充分发挥，特别是未来随着储能与新能源发电的深度协调融合发展，电网风光储协同控制技术可能成为制约储能系统价值创造的瓶颈。

5）储能产业链尚未形成闭环，储能废旧设施回收利用环节仍有待建立完善。

5.3 综合智慧能源系统多元储能市场政策建议

5.3.1 多元储能市场准入机制建议

随着近年来成本的快速下降，电化学储能逐渐逼近商业运营，各界对电力储能也日益关注。尽管国家陆续出台各类政策文件推动储能发展，但相比美、英、德、日等国，我国现有的储能政策主要集中在宏观指导层面，定价机制和市场准入等关键问题尚未完全厘清，一定程度上影响了储能的持续投资和商业模式的形成。

在多元储能市场准入机制制定方面，欧美国家有较多时间。以美国电力市场为例，美国联邦能源管理委员会于 2018 年 2 月颁布的 841 号法案中要求市场考虑储能特殊的物理特性。首先，储能主体的准入门槛将从 1MW 降低到 100kW。这将在很大程度上增加市场主体数量，增强市场的竞争性，实现更大范围内更优的资源配置。在我国，自 2019 年《输配电定价成本监审办法》出台后，储能成本在该监审周期不能核入输配电价成本之中，作为被管制资产的电网侧储能发展受到了限制。2021 年 4 月，国家发展改革委、国家能源局发布《关于加快推动新型储能发展的指导意见（征求意见稿）》（下文简称《指导意见》），要求明确储能市场主体的定位，同时探索将电网替代性储能设施成本收益纳入输配电价回收。2021 年 5 月，国家发展改革委发布《进一步完善抽水蓄能价格形成机制的意见》，提出储能可从输配电价中回收部分成本，体现其调频、调压、系统备用和黑启动服务的价值。从成本-效益的角度分析，部分储能项目事实上具有提高系统可靠性、替代输配电资产的作用，若被管制渠道的收益放开，一定程度上可以促进部分有成本优势的储能项目的投运。

在储能的市场准入方面，目前存在社会资本进入批发市场门槛和电网企业储能资产所有权两方面问题，其中，前者国内较为突出，后者属于国内外共性问题。

我国用户侧储能主要以社会资本投资为主，调频和可再生能源消纳主要采用与发电企业联合运行的方式。《指导意见》明确鼓励各类主体投资发电侧、电网侧、用户侧储能，但目前各地电储能参与调频、调峰等电力系统运行规则不一，且普遍存在门槛。例如，《华北电力调峰辅助服务市场运营规则》目前只包括火电机组；《东北电力辅助服务市场运营规则》则包含电储能调峰；《关于鼓励电储能参与山西省调峰调频辅助服务有关事项的通知》明确储能可作为独立主体直接参与调峰、调频辅助服务，但分别设定了 1 万 kW 和 1.5 万 kW 的最低容量要求。此外，社会资本投资的储能设施直接参与电网运行还存在包括主体资格认定、验收标准、电价政策等方面的问题。综上原因，目前，国内储能基本借由发电企业身份参与电力系统运行，几乎没有独立参与调频辅助服务的储能项目。

国内电网侧储能项目大多引入第三方主体（电网系统内）作为项目投资方，负责项目整体建设和运营，储能系统集成商和电池厂商参与提供电池系统，电网企业提供场地并与第三方签订协议，协议明确定期付费标准或按收益分成方式付费。以江苏镇江东部项目为例，8 个储能电站分别由国网山东电工电气集团有限公司、国网江苏综合能源服务有限公司和许继集团有限公司投资建设，以租赁形式供电网公司使用，5 年之后电站资产将移交给国网江苏省电力有限公司，国网湖南综合能源服务公司投资的长沙储能电站更是采用了为期 10 年的核心设备租赁模式。

在相关政策的支持下，电源侧和用户侧的储能发展迅速，但市场参与仍较为有限。例如，青海等地已经出台政策，要求并网的可再生能源配置一定规模的储能；苏州对分布式储能给予度电补贴，刺激用户侧储能的投资。但是，这些政策只是"单点突破"，并没有能够发挥市场配置资源的作用，储能本质上没有成为市场主体，只在促进可再生能源消纳、削峰填谷等特定场景下发挥作用。可喜的是，2016 年国家能源局《关于促进电储能参与"三北"地区电力辅助服务补偿（市场）机制试点工作的通知》出台后，陆续有部分地区允许第三方储能进入调频、调峰市场，在全国起到了示范的作用。

目前，山西、广东、甘肃、宁夏等地尝试性地开展了调峰、调频、需求侧响应机制，但准入门槛较高。在允许储能参与市场的省份中，大部分要求储能的放电功率达到 10MW，要求较低的广东省也达 2MW，这远远高于美国 0.1MW 的准入条件。较高的准入门槛固然减轻了市场组织的压力，但这使得市场不能充分利用小型储能设施，也反过来阻碍小型储能的投资。

因此，在市场准入方面，应兼顾公平和效率问题，研究制定不同时期电网企业储能投资运营监管及成本疏导办法，并制定降低社会资本参与调频辅助服务市场门槛的具体措施，适当降低储能市场准入门槛，以扩大储能的市场参与范围，促进各种类型、各种产权性质的储能共同参与市场。中国已有部分省份赋予了第三方储能市场主体的地位，建议在全国推广，并推动发电侧、用户侧的储能资源在闲置时也参与市场竞价，扩大资源优化配置的空间。同时，考虑到中国目前储能准入门槛较高的情况，建议在政策上做好迎接更多小规模储能参与市场的准备，并优化出清算法、提升算力以应对更多投标。此外应公开调频、调峰、可再生能源发电弃电等电力系统经济运行信息，引导社会资本对储能项目的合理决策。具体而言，参与中长期市场方面，在新能源占比高、净负荷峰谷时段变化较大的省区，建议电化学储能电站暂不参与中长期交易。参与现货市场方面，在系统净负荷峰谷时段比较稳定且独立储能装机容量尚不大的省区，可采用"报量不报价"的方式起步，其他省区储能电站应主要采用"报量报价"方式参与现货市场，或起步阶段允许"报量不报价"，但对"报量不报价"总容量进行限制（例如不超过 30 万 kW），以防止电站行使市场力或造成部分时段现货市场价格出现不合理波动。考虑到电化学储能电站实际运行中并不存在"开机""停机"，而是一直在并网状态，因此，除停电检修时段外，应设置电化学储能电站全天为"开机"状态，作为机组组合计算的边界条件。结算方面，应研究储能电站充电、放电均按现货节点电价结算的可行性，以激励在新能源送出时段性受阻区域的储能建设，减少网络受阻、新能源弃电。参与辅助服务市场方面，应积极探索建立电化学储能电站可参与的一次调频、二次调频、爬坡、备用等辅助服务市场，丰富辅助服务交易品类，发挥电化学储能调节速率快的性能优势。但需注意各辅助服务品类的交易规则对待不同技术特性的参与主体时，应秉持技术中立、服务同质同价的原则，做到贡献与收益相匹配；在市场规模与费用分摊方面，应考虑源网荷储的发展实际及费用分摊主体的承受力，对各类交易品种研究确定合理的需求范围，对辅助服务市场的总费用设定上限，同时按照"谁受益、谁分摊"的原则开展费用分摊，逐步做到个体分摊比例与受益程度关联的精细化安排。调度运用方面，电化学储能电站应由系统调度中心统一集中调度，常态下参与现货与辅助服务市场，按规则调度运用。当电力系统出现故障或异常时，以及电力供应紧缺或新能源消纳困难时，系统调度中心须能够对各个在运储能电站进行应急调用，保障系统的安全、经济、绿色运行。

5.3.2 多元储能峰谷电价、调峰调频交易机制建议

调峰、调频辅助服务和峰谷电价套利是我国电化学储能当前最主要的收益途径。电力价格和市场机制是决定电化学储能收益机制的基础，我国电化学储能的主要收益途径包括在电力辅助服务市场中通过提供调峰、调频等服务获利，

通过峰谷分时电价或现货电能量市场实现高低电价间套利，通过输配电价获取合理收益，通过容量成本回收机制获得补偿收益。

电力辅助服务有偿化且逐步向用户分摊是我国电力市场化改革的重要方向，其中一次调频、二次调频、备用和调峰是电化学储能收益机制的近中期关注重点。电力辅助服务用于维持电力系统安全稳定运行，保证电能质量，促进清洁能源消纳。目前，调峰、调频是储能参与电力辅助服务的主要领域，且辅助服务相关费用由发电侧承担，制约着储能在辅助服务领域获得补偿的可持续性。2021年12月国家能源局修订印发的《电力辅助服务管理办法》进一步强调了"谁受益、谁承担"的有偿化改革方向，规定了辅助服务按服务对象分摊的原则，强化了辅助服务的市场化配置方式。

在费用分摊改革方面，《广东省电网企业代理购电实施方案（试行）》政策首次在国内实践中明确提出辅助服务的相关费用由直接参与市场交易和电网企业代理购电的全体工商业用户共同分摊，具有里程碑的意义。辅助服务品种方面，随着新能源装机占比提升，一次调频和备用市场有望成为独立储能新的价值增长点。《山西独立储能电站参与电力一次调频市场交易实施细则（试行）》征求稿允许储能电站通过参与电力一次调频市场获取收益，《南方区域电力备用辅助服务市场交易规则（征求意见稿）》允许储能电站作为第三方辅助服务提供者参与跨省备用市场交易，扩展了储能的收益来源。结合我国电力辅助服务市场建设情况，一次调频、二次调频、备用和调峰是电化学储能收益机制的近中期关注重点。

以输配电价疏导电网替代性储能成本的政策吸引力大，但预计相对审慎推进。《关于加快推动新型储能发展的指导意见》提出，"将电网替代性储能设施成本收益纳入输配电价回收"。由于我国输配电价按照"准许成本+合理收益"的政府定价机制，电网替代性储能若能通过输配电价获取收益将极大增加相关投资收益的确定性，从而刺激电网替代性储能发展。但为避免盲目低效投资的出现，我们认为国家对于电网替代性储能纳入输配电价将较为审慎，可能会开展相关试点但大范围推广预计相对谨慎。

电力容量成本回收机制有望加速推进，电化学储能预计受益但中短期程度相对有限。电力容量成本回收机制是电能量市场和电力辅助服务市场的有效补充，激励常规发电机组、需求响应和储能等投资建设，保证电力系统在高峰负荷时段有足够的容量冗余，可为储能项目提供相对稳定的补偿收益。美国已有将电化学储能纳入容量市场的机制实践，2022年1月国家发展改革委、国家能源局发布的《关于加快建设全国统一电力市场体系的指导意见》也提出，因地

第 5 章 多元储能与综合智慧能源系统协同发展建议

制宜建立发电容量成本回收机制，鼓励抽水蓄能、储能、虚拟电厂等调节电源的投资建设。

目前，我国电化学储能的价值主要通过用户侧电价管理、提供调频辅助服务、可再生能源消纳及输配电服务体现。在用户侧电价管理方面，目前国内绝大部分省市工商业用户已实施峰谷电价制，储能可通过"削峰填谷"帮助电力用户实现电价峰谷差套利，采用合理的储能配置和充放电策略还可进一步降低需量电费。未来随着第三产业用电比重不断提升，峰谷电价差或将进一步加大，为储能平抑负荷峰谷差营造更大应用空间。但目前国内用户侧储能面临价格政策风险，电价政策的不确定性对用户侧储能市场的影响已经显现，工业与居民的电价交叉补贴等问题也一定程度上干扰了用户侧储能的市场环境。在调频辅助服务方面，当前电储能参与辅助服务基本采用与火电打捆的方式，火电机组通过加装储能使其自动发电控制（AGC）调节性能大幅改善，进而获得调频市场/补偿收益，但储能设施作为独立主体提供辅助服务的项目尚未出现。虽然京津唐、山西等区域的辅助服务政策已经纳入了爬坡速度、调节精度等质量因素，但全国层面的辅助服务补偿机制设计仍相对滞后，定价机制的欠缺一定程度限制了储能在电力辅助服务领域的应用空间。在可再生能源消纳方面，随着可再生能源渗透率不断提升，电力系统灵活性资源的价值相应增加。储能不仅能促使可再生能源更有效的利用，减少弃风弃光，同时也可以平抑发电出力，提高电能质量，参与电网负荷平衡。但目前储能平准化成本相对可再生能源发电成本仍然偏高，储能单纯通过可再生能源消纳的经济性不足。在输配电服务方面，2017 年以前，我国储能市场以用户侧电价、参与电力辅助服务以及可再生能源消纳为主，但 2018 年电网侧储能市场快速扩大，全年新增投运（不包含规划、在建和正在调试的储能项目）的电网侧储能规模 20.68 万 kW，占 2018 年全国新增投运规模的 36%，规划/在建的电网侧储能总规模更是经超过 1407.3MW·h。除输配电储能外，目前国内各类储能项目商业模式基本采用类似于合同能源管理的模式，即发电厂、电力用户与储能设备与运营企业合作，发电厂和电力用户提供场地、储能接入以及储能参与市场的资格，由储能企业负责投资、设计、建设、运营、维护等工作，两方以预先商定的比例分享储能收益。

在峰谷电价机制方面，美国联邦能源管理委员会 841 号法案允许储能在市场上申报投标购电或售电，且其充放电能按照节点电价结算。这实际上让储能反映自身成本，且让市场自主发现储能的调峰价值。2019 年 PJM 平均的峰谷电价价差约为 16 美元/(MW·h)，而光伏渗透率较高的美国加州独立系统运营商（California Independent System Operator，CAISO）平均峰谷价差则达到约 45 美元/(MW·h)，在某些供需紧张日期，峰谷价差可达到1元/(kW·h)以上。市场可根据不同系统不同日期的调峰压力，给出不同的调峰奖励。峰谷分时电价或电能量市场还原了电力商品的分时价格差异，价差套利是电化学储能的重要生存基础。峰谷分时电价和现货电能量市场反映了电力供需变化下的电价波动，两者实质相近，都是通过峰谷价格差实现套利。两者区别在于前者采用行政定价方式，且主要针对用户侧；后者采用市场定价方式，可只用于发电侧，也可用于发电和用户两侧。值得注意的是，现货电能量市场可以替代调峰辅助服务。根据《电力辅助服务管理办法》规定，现货电能量市场运行期间，已通过电能量市场机制完全实现系统调峰功能的，原则上不再设置与现货电能量市场并行的调峰辅助服务品种。

目前，我国储能调峰市场未形成有效的价格机制，激励不充足、不稳定、不够准确。调峰补偿是现货市场未建立、分时价格未形成时的过渡机制。部分省份设定固定补偿价格，大多在 0.4~0.7 元/(kW·h) 之间，尚未为电化学储能参与调峰提供充足利润。同时，现有的调峰补偿价格有被政策干预的可能，面临下降甚至取消的风险，无法向储能投资者传递稳定的收益预期。另外，固定价格机制未能通过能量市场准确地反映不同系统、不同日期调峰的价值差异，可能造成价格信号的扭曲。

在现阶段，山西、广东等省的调频支付机制考虑了调频效果，有利于奖励快速响应资源。与美国市场类似，中国部分省份的调频市场也引入了表现支付，给予响应速度快、精度高、延迟少的资源更多支付。此外，市场还对调频容量、调频里程给予部分支付。不过，目前大部分省份的调频市场依旧独立运行，无法很好地考虑调频、能量、备用等标的间的耦合关系。

综上，在定价机制方面，首先，要进一步完善辅助服务定价机制，充分纳入调节质量因素，并合理疏导辅助服务成本至用户侧；其次，要加快现货市场改革，尽快形成日前、日内价格曲线；最后，要积极探索用户侧灵活电价机制，逐步消除电价交叉补贴。建议国内储能市场形成更有效的调峰、调频价格信号，并逐步向现货市场的分时价格体系过渡。考虑到现货市场建成尚需时日、在地域上也参差不齐，中国独立运行的调峰调频机制在短时间内仍有一定的实施空间。调峰机制方面，建议根据系统运行情况建立动态价格机制，并在供给侧建立竞价机制，使市场发现调峰服务的真实价值。调频机制方面，建议在更多省份推广按调频效果付费的机制，奖励快速响应资源。在远期，逐步将现有的调峰调频市场与现货市场融合，用分时价格替代调峰机制，并推动能量与调频市场的联合运行。

5.3.3 碳电市场交易机制建议

"双碳"是一场广泛而深刻的经济社会变革,对于能源行业既是艰巨的挑战,也是难得的机遇。在这场变革中能源是主战场,电力是主力军,新能源是关键。2021年可再生能源占全球新增发电装机容量超过90%。未来,可再生能源装机仍会保持较快的增长。按照《2030年前碳达峰行动方案》的要求,到2025年我国新型储能装机容量将达到3000万kW以上,到2030年非化石能源消费比重达到25%左右,风电、太阳能发电总装机容量达到12亿kW以上。伴随着强随机性、波动性的新能源大规模并网,以及电动汽车、分布式电源等交互式设备大量接入,电力系统将呈现高比例新能源、高比例电力电子化的"双高"特点,电力系统在供需平衡、系统调节、稳定特性、配网运行、控制保护和建设成本等方面都将发生显著变化,面临一系列新的挑战。为了实现以可再生能源为主体的电力系统的负荷平衡,储能将发挥重要作用。在"十四五"规划中,明确指出加强源网荷储衔接,提升清洁能源消纳和存储能力,加快抽水蓄能电站建设和新型储能技术规模化应用。

储能是第三次工业革命的战略性技术,也是新能源大规模发展的必要手段和支撑技术。2020年12月,国家能源局指出要大力提升新能源消纳和存储能力,加快推进"风光水火储一体化"和"源网荷储一体化"发展。2021年7月,国家发改委、国家能源局正式印发《关于加快推动新型储能发展的指导意见》明确了储能行业的发展规划与目标,要求到2025年,实现新型储能从商业化初期向规模化发展转变。新型储能技术创新能力显著提高,核心技术装备自主可控水平大幅提升,在高安全、低成本、高可靠、长寿命等方面取得长足进步,标准体系基本完善,产业体系日趋完备,市场环境和商业模式基本成熟,装机规模达3000万kW以上。新型储能在推动能源领域碳达峰碳中和过程中发挥显著作用。到2030年,实现新型储能全面市场化发展。新型储能核心技术装备自主可控,技术创新和产业水平稳居全球前列,标准体系、市场机制、商业模式成熟健全,与电力系统各环节深度融合发展,装机规模基本满足新型电力系统相应需求。新型储能将成为能源领域碳达峰碳中和的关键支撑之一。2021年9月和10月国务院连续发布《关于完整准确全面贯彻新发展理念做好碳达峰碳中和工作的意见》《2030年前碳达峰行动方案的通知》两份重要文件,其中"开展低碳零碳负碳和储能新材料、新技术、新装备攻关""推进高效率太阳能电池、可再生能源制氢、可控核聚变、零碳工业流程再造等低碳前沿技术攻关"

"加强电化学、压缩空气等新型储能技术攻关、示范和产业化应用""积极发展'新能源+储能'、源网荷储一体化和多能互补,支持分布式新能源合理配置储能系统。制定新一轮抽水蓄能电站中长期发展规划,完善促进抽水蓄能发展的政策机制。加快新型储能示范推广应用。深化电力体制改革,加快构建全国统一电力市场体系。"文件中要求,到2025年,新型储能装机容量达到3000万kW以上。到2030年,抽水蓄能电站装机容量达到1.2亿kW左右,省级电网基本具备5%以上的尖峰负荷响应能力。众多国家性政策的发布进一步明确了碳达峰实施路径并突出了储能的重要作用。在政府鼓励和市场需求的双重加持下,预计至2025年"新能源+储能"将形成千亿级市场。

根据碳排放交易体系建立的特点来看,应以交易机制为基础,将碳交易市场体系与电力市场体系之间结合起来,对用户电力消费的能量属性及碳属性进行统筹,建立"能量+碳"电力商品,形成融合碳交易电力市场机制体系。在碳电市场中关联模式包括了直接单向关联、直接双向关联、间接关联。为了使碳电市场得到推进,应以直接双向关联为基础,形成融合碳交易电力市场交易机制。通过将碳属性指标融合,建立相应的体系,可使用户的能源使用需求得到满足,同时可使碳属性消费减少,推动用户在交易中购买绿电。在融合碳交易电力市场中,交易流程包括了以下内容。

1)建立交易系统,可将电力市场交易系统作为基础来设置融合碳排放权相关交易参数,使其具有碳属性,系统数据交互可使系统的运行获得相应的条件,也可使交易市场中获得相应的发电及用户模型,结合模型的情况进行分析,可获得相应的依据。

2)交易发布申报,在交易过程中买方需要发布交易的需求,卖方可结合实际需求来进行申报。市场主体可在交易系统中发布及申报电力交易信息,当截止之后碳排放权市场可结合电力发布申报信息来进行预核发,并且将碳权对应起来,使其反馈到市场之中,为主体提供相应的参考信息。在该过程中当碳排放的配额不足,市场可在交易之后进行电量交易申报,使整个过程能够顺利地进行。

3)交易出清,在发布申报截止后,交易出清信息传输给碳排放权市场,市场可结合各主体的电力中标数据,根据新能源碳权核发及火电配额碳权机制将市场主体的碳排放权量反馈给电力交易系统对应的电力出清的碳权锁定量,之后市场根据配额机制来出清交易成交买卖双方的中标电量及电价,确定碳排放权量。

4)交易偏差处理,在交易中受到偏差的影响会带来不均衡电量问题,备用市场或者弹性符合调度来消除发电及用电的不平衡量,使实际执行的不平衡量传送到碳排放权市场中。市场可根据碳排放权核发及配额机制来对出清的电力交易市场主体的碳排放权量进行修正,并且将出清的碳排放量反馈给电力市场并且开展交易。

5) 交易结算,电力交易执行信息应根据交易结算规则确定市场费用,按照碳排放权市场规则反馈电力市场主体的核发及配额碳排放权量,使市场的交易获得相应的支持。

在二氧化碳排放的影响下,需要对碳排放进行有效控制,根据电碳交易的情况分析,需要将市场作为重要的辅助手段,以达到减排的目的。交易开展前,需要模拟不平衡电量的碳权偏差情况,将市场供需明确,并且确定预测市场价值。供电市场的主体需要对成本进行评估分析,并且使用户对电量不平衡情况进行反馈。在配额划分过程中应根据相应的文件及匹配结果来进行,结合偏差的电量情况来进行出清,还需对市场中主体的碳权收支进行核算,以实现对市场主体的碳权额度出清目标。主体应在交易中借助前端获取额度,并且判断是否参与到交易之中,在不参与交易的情况下,应使碳权不平衡量清零,根据市场的价格来实施考核,余额碳权可根据市场的价格来进行费用补贴。在该过程中主体应结合实际需求来进行交易量填报,并且将价格预估好,之后将信息提交。在申报信息进入到了合约机制的业务渠道后,可由选择出的共识节点,按照交易智能合约算法来进行碳权申报信息迭代匹配。应注意将迭代次数限制明确,并且将交易匹配时间上限约束明确,在该匹配时间之内,匹配失败的碳权交易申报信息可返回给市场,并且由主体来对申报信息进行修改处理。在匹配达到了限制次数后,应结合上次的机制来进行出清,并且将结果返回到市场主体中。在交易匹配成功之后,市场主体应将出清结果返回,并且采用分布式广播存储的方式来处理。当主体获取了相应的信息后,后台系统可进行匹配数据的智能化计算,获得相应的交易费用,将其返回给用户应用前端,在信息反馈到前端后可开始进行计时,直到程序停止,完成支付的流程,可根据交易的情况来自动地执行相应的程序,顺利地完成交易的整个过程。

附录
综合智慧能源系统与多元储能政策梳理

1. 综合智慧能源系统相关

政策名称	发布机关	发布时间
《"十四五"现代能源体系规划》	国家发展改革委、国家能源局	2022年1月29日
《关于推进电力源网荷储一体化和多能互补发展的指导意见》	国家发展改革委、国家能源局	2021年2月25日
《关于促进新时代新能源高质量发展的实施方案》	国家发展改革委、国家能源局	2022年5月14日

(1)《"十四五"现代能源体系规划》(下文简称《规划》)

1)增强能源供应链安全性和稳定性。"清洁低碳、安全高效,是现代能源体系的核心内涵,也是对能源系统如何实现现代化的总体要求。"国家能源局有关负责人介绍,《规划》主要从3个方面推动构建现代能源体系。

① 增强能源供应链安全性和稳定性。"十四五"时期将从战略安全、运行安全、应急安全等多个维度,加强能源综合保障能力建设。《规划》提出,到2025年,国内能源年综合生产能力达到46亿t标准煤以上,原油年产量回升并稳定在2亿t水平,天然气年产量达到2300亿m^3以上,发电装机总容量达到约30亿kW。

② 推动能源生产消费方式绿色低碳变革。"十三五"时期,我国能源结构持续优化,煤炭消费比重下降至56.8%,非化石能源发电装机容量稳居世界第一。"十四五"时期,重点做好增加清洁能源供应能力的"加法"和减少能源产业链碳排放的"减法",推动形成绿色低碳的能源消费模式。

③ 提升能源产业链现代化水平。进一步发挥好科技创新引领和战略支撑作用,增强能源科技创新能力,加快能源产业数字化和智能化升级,推动能源系统效率大幅提高,全面提升能源产业基础高级化和产业链现代化水平。《规划》提出,锻造能源创新优势长板,强化储能、氢能等前沿科技攻关,实施科技创

新示范工程。

2）加强能源自主供给能力建设。"十三五"时期我国能源供应保障基础不断夯实，原油产量稳步回升，天然气产量年均增量超 100 亿 m^3，油气管道总里程达 17.5 万 km，发电装机容量达 22 亿 kW，西电东送能力达 2.7 亿 kW。但还是出现电力、煤炭、天然气等供应时段性偏紧的情况。

国家能源局有关负责人分析，"十四五"时期，能源消费仍将刚性增长，能源保供的压力持续存在，"下一步将坚持'立足国内、补齐短板、多元保障、强化储备'的原则，加强能源自主供给能力建设，确保能源供需形势总体平稳有序。"

① 着力增强能源供应能力。一方面做好增量，把风、光、水、核等清洁能源供应体系建设好，加快实施可再生能源替代行动。另一方面稳住存量，发挥好煤炭、煤电在推动能源绿色低碳发展中的支撑作用，有序释放先进煤炭产能，根据发展需要合理建设支撑性、调节性的先进煤电，着力提升国内油气生产水平。

② 加快完善能源产供储销体系。提升能源资源配置能力，做好电网、油气管网等能源基础设施建设，特别是加强电力和油气跨省跨区输送通道建设。建立健全煤炭储备体系，加大油气增储上产力度，重点推进地下储气库、LNG（液化天然气）接收站等储气设施建设，提升能源供应能力弹性。

根据《规划》，"十四五"期间，存量通道输电能力提升 4000 万 kW 以上。到 2025 年，全国油气管网规模达到 21 万 km 左右；全国集约布局的储气能力达到 550 亿~600 亿 m^3，占天然气消费量的比重约 13%。

③ 加强能源应急安全保障能力。既要加强风险预警，建立健全煤炭、油气、电力供需预警机制，还要做好预案、加强演练，提高快速响应和能源供应快速恢复能力。

受能源资源禀赋影响，我国能源生产消费逆向分布特征明显。我国中东部地区能源消费量占全国比重超 70%，生产量占比不足 30%，重要能源基地主要分布在西部地区。长期以来，形成了"西电东送、北煤南运、西气东输"的能源流向格局。《规划》从推进西部清洁能源基地绿色高效开发、提升东部和中部地区能源清洁低碳发展水平等方面对能源生产布局和输送格局作出统筹安排。

西部地区化石能源和可再生能源资源比较丰富，要坚持走绿色低碳发展道路，把发展重心转移到清洁能源产业，重点建设多能互补的清洁能源基地，加快推进以沙漠、戈壁、荒漠地区为重点的大型风电光伏基地项目建设。以京津冀及周边地区、长三角等为重点，加快发展分布式新能源、沿海核电、海上风电等,依靠清洁能源提升本地能源自给率。

3)2025年非化石能源发电量比重达到39%左右。《规划》提出,到2025年,非化石能源消费比重提高到20%左右,如何落实好这一目标?

能源消费侧看,《规划》着力推动形成绿色低碳消费模式。完善能耗"双控"与碳排放控制制度,严格控制能耗强度,坚决遏制高耗能高排放低水平项目盲目发展,推动"十四五"能源资源配置更加合理,利用效率大幅提高;实施重点行业领域节能降碳行动,着力提升工业、建筑、交通、公共机构、新型基础设施等重点行业和领域的能效水平,实施绿色低碳全民行动;大力推动煤炭清洁高效利用,严格控制钢铁、化工、水泥等主要用煤行业煤炭消费,大力推动煤电节能降碳改造、灵活性改造、供热改造"三改联动",全面深入拓展电能替代,提升终端用能低碳化、电气化水平。例如,《规划》提到积极推动新能源汽车在城市公交等领域应用,到2025年,新能源汽车新车销量占比达到20%左右。优化充电基础设施布局,全面推动车桩协同发展,开展光、储、充、换相结合的新型充换电场站试点示范。

能源供给侧看,考虑到非化石能源主要以电的形式利用,为了支撑非化石能源消费比重20%左右的目标,《规划》提出,到2025年非化石能源发电量比重达到39%左右,"十四五"期间提高5.8%。

展望2035年,《规划》还提出,非化石能源消费比重在2030年达到25%的基础上进一步大幅提高,可再生能源发电成为主体电源,新型电力系统建设取得实质性成效,碳排放总量达峰后稳中有降。

(2)《关于推进电力源网荷储一体化和多能互补发展的指导意见》(下文简称《指导意见》)

电力源网荷储一体化和多能互补作为提升电力发展质量和效率的重要抓手,符合新一代电力系统的建设方向,符合能源电力绿色低碳发展的相关要求,有助于促进非化石能源加快发展,提高我国在应对气候变化中的自主贡献度,提升能源清洁利用水平、电力系统运行效率和电力供应保障能力。《指导意见》重点提出了电力源网荷储一体化和多能互补的重要意义、总体要求、实施路径、实施重点和政策措施。

1)提出了推进电力源网荷储一体化和多能互补的重要意义。《指导意见》从三个方面提出重要意义,一是强化源网荷储各环节间协调互动,实现统筹协调发展,有助于提高清洁能源利用率、提升电力发展质量和效益。二是优先利用清洁能源资源、充分发挥水电和火电调节性能、适度配置储能设施、调动需求侧灵活响应积极性,可全面推进生态文明建设。三是发挥跨区源网荷储协调互济作用,有利于推进西部大开发形成新格局,改善东部地区环境质量,促进区域协调发展。

2) 明确了电力源网荷储一体化和多能互补的总体要求。《指导意见》以习近平新时代中国特色社会主义思想为指导,全面贯彻党的十九大和十九届二中、三中、四中、五中全会精神,落实"四个革命、一个合作"能源安全新战略,将电力源网荷储一体化和多能互补作为电力工业高质量发展的重要举措,提出了三项基本原则:一是绿色优先、协调互济,以保障电力系统安全稳定运行为前提,优先考虑可再生能源电力开发利用,充分发挥源网荷储协调互济能力,促进能源转型和绿色发展。二是提升存量、优化增量,重点提升存量电力设备利用效率,合理优化增量规模、结构与布局。三是市场驱动、政策支持,发挥市场配置资源决定性作用,更好发挥政府作用,破除市场壁垒,加强引导扶持,建立健全相关政策体系,不断提升产业竞争力。

3) 提出了源网荷储一体化实施路径和重点。在实施路径上,通过优化整合本地电源侧、电网侧、负荷侧资源,充分发挥负荷侧的调节能力,依托坚强局部电网建设提升重要负荷中心应急保障能力和风险防御能力,调动市场主体积极性,探索构建以电网为平台、统筹电源负荷与调度运行各环节、源网荷储高度融合的新一代电力系统发展路径,主要包括区域(省)级、市(县)级、园区(居民区)级等具体模式。在实施重点上,一是区域(省)级侧重于通过电力市场价格信号引导各类市场主体灵活调节、多向互动,落实电源、电力用户、储能、虚拟电厂参与市场机制。二是市(县)级侧重于重点城市坚强局部电网建设、清洁取暖和清洁能源消纳一体化示范,提出保障电源以及自备应急电源配置方案,热电联产机组、新能源电站、灵活运行电热负荷一体化运营方案。三是园区(居民区)级侧重于调动负荷侧调节响应能力,在城市商业区、综合体、居民区开展分布式发电与电动汽车(用户储能)灵活充放电相结合的园区(居民区)级源网荷储一体化建设,在工业负荷大、新能源条件好的地区开展源网荷储一体化绿色供电园区建设。

4) 提出了电力多能互补实施路径和重点。在实施路径上,通过利用存量常规电源,合理配置储能,强化电源侧灵活调节作用,优化各类电源规模配比,统筹各类电源规划、设计、建设、运营,优先发展新能源,主要包括风光储、风光水(储)、风光火(储)等具体模式。在实施重点上,一是将"风光储一体化"定位于积极探索,结合储能成本下降进度深入研究配置储能的经济技术可行性。二是稳妥推进增量"风光水(储)一体化",考虑到当前水电外送通道利用小时约5000h,汛期枯期差异较大,"风光水(储)一体化"主要利用水电的调节能力以及水电外送通道的闲置空间，积极开发消纳新能源。三是严控增量"风光火（储）一体化"，强调优先推进存量输电通道的改造提升，将可行的存量火电发展为"一体化"项目，通过灵活性改造挖掘机组调节能力，扩大就近打捆新能源电力规模；对于"风光火（储）"增量项目，则鼓励优先利用近区现役及已纳规火电项目，以减少新增火电规模，新建外送输电通道可再生能源电量比例原则上不低于50%，优先规划建设比例更高的输电通道；对于就地开发消纳项目，在充分评估当地资源条件和消纳能力的基础上，优先利用新能源电力。

5）提出了电力源网荷储一体化和多能互补的政策措施。一是加强组织领导，发挥国家能源主管部门的统筹协调作用，加强项目规划与国家和地方电力发展规划、可再生能源规划等的衔接。按照"试点先行，逐步推广"原则，通过国家电力发展规划编制、年度微调、中期滚动调整，将具备条件的项目优先纳入国家电力发展规划。二是落实主体责任，地方能源主管部门负责牵头，会同能源局派出机构组织相关企业开展项目及实施方案的分类组织、研究论证、评估筛选、编制报送、建设实施等工作，必须严格落实国家能源电力规划，坚决防止借机扩张化石电源规模、加剧电力供需和可再生能源消纳矛盾。三是建立协调机制，在规划层面，各投资主体积极提出规划建议，协同推动前期工作，实现规划一体化；在建设层面，协调各电力项目建设进度，确保同步建设、同期投运，推动建设实施一体化；在运行层面，能源局派出机构牵头，建立各类电源协调运营和利益共享机制，发挥各类电源互补作用，促进项目运行调节和管理规范的一体化。四是守住安全底线，研究电力系统源网荷储各环节的安全共治机制，探索新一代电力系统安全治理手段，保障新能源安全消纳。五是完善支持政策，鼓励具备条件地区统一组织推进相关项目建设，支持参与跨省区电力市场化交易、增量配电改革及分布式发电市场化交易。六是鼓励社会投资，鼓励社会资本投资各类电源、储能及增量配电网项目，或通过资本合作等方式建立联合体参与项目投资开发建设。七是加强监督管理，国家能源局派出机构加强对相关项目事中事后监管，并提出针对性监管意见。

(3)《关于促进新时代新能源高质量发展的实施方案》（下文简称《实施方案》）

1）主要内容。近年来，我国以风电、光伏发电为代表的新能源发展成效显著，装机规模稳居全球首位，发电量占比稳步提升，成本快速下降，已基本进入平价无补贴发展的新阶段。同时，新能源开发利用仍存在电力系统对大规模高比例新能源接网和消纳的适应性不足、土地资源约束明显等制约因素。为深入贯彻落实习近平总书记的重要讲话和指示精神，促进新时代新能源高质量发展，要坚持以习近平新时代中国特色社会主义思想为指导，完整、准确、全面贯彻新发展理念，统筹发展和安全，坚持先立后破、通盘谋划，历时近两年，围绕新能源发展的难点、堵点问题，在创新开发利用模式、构建新型电力系统、深化"放管服"改革、支持引导产业健康发展、保障合理空间需求、充分发挥生态环境保护效益、完善财政金融政策等七个方面完善政策措施，重点解决新能源"立"的问题，更好发挥新能源在能源保供增供方面的作用，为我国如期实现碳达峰碳中和奠定坚实的新能源发展基础。

2）主要途径和措施。《实施方案》坚持统筹新能源开发和利用，坚持分布式和集中式并举，突出模式和制度创新，在四个方面提出了新能源开发利用的举措，推动全民参与和共享发展。

① 加快推进以沙漠、戈壁、荒漠地区为重点的大型风电光伏发电基地建设。加大力度规划建设以大型风光电基地为基础、以其周边清洁高效先进节能的煤电为支撑、以稳定安全可靠的特高压输变电线路为载体的新能源供给消纳体系。在基地规划建设运营中，要推动煤炭和新能源优化组合，鼓励煤电与新能源企业开展实质性联营。

② 促进新能源开发利用与乡村振兴融合发展。要充分调动农村农民发展新能源的积极性，加大力度支持农民利用自有建筑屋顶建设户用光伏，积极推进乡村分散式风电开发。要加强模式创新，培育农村能源合作社等新型市场主体，鼓励村集体依法利用存量集体土地通过作价入股、收益共享等机制，参与新能源项目开发，共享新能源发展红利。

③ 推动新能源在工业和建筑领域应用。开发利用新能源是我国工业和建筑领域实现碳达峰碳中和的重要举措，要在具备条件的工业企业、工业园区加快发展分布式光伏和分散式风电等新能源项目，积极推进工业绿色微电网、源网荷储一体化、新能源直供电等模式创新；推动太阳能与既有和新建建筑深度融合发展，完善光伏建筑一体化技术体系，显著扩大光伏安装覆盖率，提高终端用能的新能源电力比重。

④ 引导全社会消费新能源等绿色电力。目前绿色电力消费已经成为全球潮流，我国亟待健全相关制度体系、打通堵点，满足市场需求。要开展绿色电力交易试点，推动绿色电力在交易组织、电网调度、价格形成机制等方面体现优先地位。通过建立完善新能源绿色消费认证、标识体系和公示制度，推广绿色电力证书交易，加强与碳排放权交易市场的有效衔接，有效引导各类工商业企业利用新能源等绿色电力制造产品和提供服务，鼓励各类用户购买新能源等绿色电力制造的产品。

传统电力系统是以化石能源为主来打造规划设计理念和调度运行规则等。实现碳达峰碳中和，必须加快构建新型电力系统，适应新能源比例持续提高的要求，在规划理念革新、硬件设施配置、运行方式变革、体制机制创新上做系统性安排。

① 通过源网荷储时空布局和建设的系统优化，全面提升电力系统调节能力和灵活性，持续提高电力系统总体接纳新能源的能力，不断增加配电网接纳分布式新能源的能力。主要举措是，电源方面，要完善调峰调频电源补偿机制，加大煤电机组灵活性改造、水电扩机、抽水蓄能和太阳能热发电项目建设力度，鼓励西部等光照条件好的地区使用太阳能热发电作为调峰电源；电网方面，要充分发挥电网企业在构建新型电力系统中的平台和枢纽作用，要加强"硬件"和"软件"的创新，更好地适应新能源大规模快速发展需要；负荷方面，要深入挖掘需求响应潜力，提高负荷侧对新能源的调节能力；储能方面，要研究储能成本回收机制，推动新型储能快速发展。

② 推进配电网接纳分布式新能源方面，电网企业要加强有源配电网（主动配电网）的规划、设计、运行方法研究，加大投资建设改造力度，提高配电网智能化水平，合理确定配电网接入分布式新能源比例要求。此外还将鼓励相关企业探索开展适应分布式新能源接入的直流配电网工程示范。

③ 稳妥推进新能源参与电力市场交易。电力市场规则的设计要充分考虑新能源的特点，核心是保障新能源参与市场能够有明确的投资收益预期，保障新能源行业投资积极性。考虑新能源电力特点，支持新能源项目与用户开展直接交易，鼓励签订长期购售电协议，在电力现货市场试点地区，鼓励新能源项目以差价合约形式参与电力市场交易。

④ 在政策机制上强化落实可再生能源电力消纳责任权重制度。要科学合理制定各省（市、区）中长期可再生能源电力消纳责任权重，国家层面的消纳责任权重逐年提升，各省政府以及承担消纳责任权重的市场主体的责任权重逐年提升或保持，并逐渐缩小地区间消纳责任权重差距，体现新能源消纳责任共担的理念。做好可再生能源电力消纳责任权重制度与新增可再生能源不纳入能源消费总量控制的衔接，各地区"十四五"时期新增可再生能源电力消费量不纳入地方能源消费总量考核。在此基础上，进一步建立完善可再生能源电力消纳责任考评指标体系和奖惩机制。

3）政策举措。经过多年发展，我国已经形成了较为完善并具有一定优势的新能源产业链体系。新形势下，我国新能源产业必须强化创新驱动，统筹发展与安全，促进形成以国内大循环为主体、国内国际双循环相互促进的新发展格局。为此,《实施方案》从提升技术创新能力、保障产业链供应链安全、提高国际化水平等方面支持引导新能源产业健康有序发展。

① 推进新能源科技创新与产业升级。为推动我国新能源技术创新水平,《实施方案》提出加大前沿技术创新的政策支持,建立产学研一体化平台,建设国家级新能源实验室和研发平台,加大基础理论研究投入,提前布局前瞻性、战略性、颠覆性技术的研究。为推动新能源实现产业和技术升级,要推进新能源产业实现智能化、绿色化发展,并实现关键技术突破和升级。加大对新能源产业智能制造和数字化升级支持力度,实现新能源产业与信息技术深度融合;推动退役风电机组、光伏组件回收处理技术和新产业链发展,实现产业链全生命周期闭环式绿色发展;推进关键技术突破,加快推动关键基础材料、设备、零部件等技术升级。

② 保障新能源产业链供应链安全。为了保障新能源产业的安全稳定,实现供应链上下游协同发展,依照新能源产业链分工对供应链上下游实施科学统筹管理;增加新能源扩产项目信息透明度,增强设备、材料企业对产业供需变化的响应能力,防控价格异常波动,增强新能源产业链供应链韧性。为了规范新能源产业发展秩序,防止低水平重复建设,要加强产业规划和政策引导,要指导地方政府做好新能源产业规划,落实光伏产业规范条件;要遏制低水平项目盲目发展,及时纠正违反公平竞争的做法,破除地方保护主义。

③ 提高新能源产业国际化水平。全球新能源产业合作与竞争不断深化,但我国新能源产业在知识产权、标准和认证的国际认可程度仍然不足,因此《实施方案》提出,要加强知识产权全球布局,形成达到国际先进技术和质量管理水平的计量、检测和试验研究能力,积极参与新能源领域国际标准的制定和修订,提高计量和合格评定结果互认水平,提升我国标准和检测认证机构的国际认可度和影响力。

2. 多元储能相关

国家政策

政策名称	发布机关	发布时间
《加快电力装备绿色低碳创新发展行动计划》	工业和信息化部、财政部、商务部、国务院国有资产监督管理委员会、国家市场监督管理总局	2022年8月29日
《关于进一步推动新型储能参与电力市场和调度运用的通知》	国家发展改革委、国家能源局	2022年5月24日

(续)

政策名称	发布机关	发布时间
《"十四五"新型储能发展实施方案》	国家发展改革委、国家能源局	2022年1月29日
《关于加快推动新型储能发展的指导意见》	国家发展改革委、国家能源局	2021年7月15日

(1)《加快电力装备绿色低碳创新发展行动计划》(下文简称《行动计划》)

1) 总体考虑。《行动计划》紧紧围绕碳达峰碳中和战略目标,坚持系统谋划,加强各部门政策间的衔接,统筹推进电力装备持续健康发展。

① 突出问题导向和目标导向。在落实碳达峰碳中和战略和推进能源强国建设背景下,聚焦解决电力装备发展中的难点、重点、特点问题。注重可操作性,围绕供给结构改善、电网输配保障效率提升等目标,部署了重点任务和措施。

② 坚持系统观念、统筹推进。坚持先立后破、通盘谋划,在发展方向上,既加快传统煤电装备改造升级,又大力发展新能源装备,实现电力能源绿色低碳转型与安全可靠供应相统一;在发展路径上,充分利用国内国际两个市场、两种资源,既注重研发创新,又支持"走出去",在新发展格局下推进电力装备高质量发展。

③ 坚持市场主导、政府引导。注重强化企业市场和创新主体地位,充分发挥市场在资源配置中的决定性作用,加快电力装备绿色低碳创新发展。更好发挥政府引导作用,着力加强共性技术和公共服务平台供给,完善技术服务体系,健全政策支持体系,引导产业健康发展。

④ 强化创新驱动和示范引领。注重创新驱动,瞄准电力装备创新发展方向,建立健全产业创新体系,构建龙头企业为引领、大中小企业融通发展的创新生态。注重示范引领,开展智能制造、工业互联网试点示范,加快推进网络化智能化转型发展,支持试点应用,培育应用新模式新业态。

2) 总体要求。

① 指导思想。以习近平新时代中国特色社会主义思想为指导,全面贯彻党的十九大和十九届历次全会精神,深入贯彻习近平生态文明思想,立足新发展阶段,完整、准确、全面贯彻新发展理念,构建新发展格局,坚持市场主导、政府引导、创新驱动、产业升级,以高端智能绿色发展为方向,以绿色低碳科技创新为驱动,以应用创新及示范推广为抓手,加快构建支撑能源清洁生产和能源绿色消费的装备供给体系,推动电力装备高质量发展,助力碳达峰目标顺利实现。

② 主要目标。通过 5~8 年时间,电力装备供给结构显著改善,保障电网输配效率明显提升,高端化智能化绿色化发展及示范应用不断加快,国际竞争力进一步增强,基本满足适应非化石能源高比例、大规模接入的新型电力系统建设需要。煤电机组灵活性改造能力累计超过 2 亿 kW,可再生能源发电装备供给能力不断提高,风电和太阳能发电装备满足 12 亿 kW 以上装机需求,核电装备满足 7000 万 kW 装机需求。

3) 重点任务。《行动计划》重点围绕火电装备、水电装备、核电装备、风电装备、太阳能装备、氢能装备、储能装备、输电装备、配电装备、用电装备这 10 个电力装备领域,提出 6 项行动。

① 装备体系绿色升级行动。统筹发输配用电装备供给结构调整,聚焦火电装备、水电装备、核电装备、风电装备、太阳能装备、氢能装备、储能装备、输电装备、配电装备、用电装备这 10 个电力装备领域,围绕新型电力系统构建,加速发展清洁低碳发电装备,提升输变电装备消纳保障能力,加快推进配电装备升级换代、提高用电设备能效匹配水平,推进资源循环利用。

② 电力装备技术创新提升行动。坚持创新驱动,强化企业创新主体地位,完善产业创新体系和产业发展生态,推动产业集群发展,不断增强产业链供应链竞争力。在电力装备领域突破一批关键核心技术,建设一批创新平台,培育一批产业集群。

③ 网络化智能化转型发展行动。深化与新一代信息技术融合,加快电力装备产品形态、研发手段、生产方式与服务模式创新变革,推进数字化绿色化服务化发展。在电力装备领域培育若干智能制造、工业互联网标杆企业和示范园区。

④ 技术基础支撑保障行动。以市场为主体,更好发挥政府作用,推动有效市场和有为政府更好结合,完善产业技术服务体系,引导产业规范发展。

⑤ 推广应用模式创新行动。加强政策引导和支持,推进应用创新和推广,形成需求牵引供给、供给创造需求的更高水平的动态平衡。在电力装备领域建设 3~5 家试验验证平台,开展典型场景应用试点,培育形成一批优质品牌。

⑥ 电力装备对外合作行动。充分利用国内国际两个市场、两种资源,围绕高质量共建"一带一路"、深入实施《区域全面经济伙伴关系协定》,鼓励优势电力装备企业以多种方式加快走出去。加强国际产业合作,打造国际合作和竞争新优势。

4) 保障措施。为保障主要目标和重点任务顺利完成,《行动计划》提出四方面保障措施。一是加大统筹协调力度。充分发挥国家重大技术装备办公室作用，建立覆盖研发、制造、应用及服务等的部门协同工作机制。强化央地联动，指导地方行业主管部门结合实际出台配套措施。发挥行业组织桥梁纽带作用，助力创新发展、推广应用等方面的政策落实，加强行业自律，强化安全生产。依托高端智库、研究机构等开展深入研究，提供重要决策支撑。二是强化财税金融支持。落实节能节水、资源综合利用等税收优惠政策。鼓励金融机构在依法合规、风险可控、商业可持续前提下，为符合条件的电力装备企业提供信贷支持等金融服务。发挥国家产融合作平台作用，引导社会资本等支持电力装备发展。三是加强专业人才培养。支持具备条件的高等院校联合企业、科研院所等培育高端研发、技能及管理人才。引导专业服务机构创新人才培养模式，培育一批高端复合型人才。优化人才引进机制，建立健全人才激励制度，鼓励企业积极引进海外高层次人才。四是营造良好舆论环境。强化舆论导向，加强典型项目、典型经验宣传报道，在全社会营造电力装备绿色低碳创新发展的良好氛围。鼓励地方政府、行业协会、龙头企业等联合举办电力装备展会论坛，发挥世界清洁能源装备大会作用，搭建国际交流展示合作平台。发挥权威优势媒体平台导向作用，灵活运用多种形式，强化电力装备质量品牌宣传。

(2)《关于进一步推动新型储能参与电力市场和调度运用的通知》（下文简称《通知》）

1）电力市场方面。

① 进一步明确了新型储能的市场定位。《通知》不仅指出新型储能可作为独立储能参与电力市场，且明确了独立储能的转换条件。如具备独立计量、控制等技术条件，接入调度自动化系统可被电网监控和调度，符合相关标准规范和电力市场运营机构等有关方面要求，具有法人资格的新型储能项目，可转为独立储能，作为独立主体参与电力市场；但按照《国家发展改革委、国家能源局关于推进电力源网荷储一体化和多能互补发展的指导意见》有关要求，涉及风光水火储多能互补一体化项目的储能，原则上暂不转为独立储能。为储能独立参与市场运营奠定了基础。

② 为电源侧配建储能提出了灵活多样的市场模式。《通知》不仅鼓励配建新型储能与所属电源联合参与电力市场。利用储能改善新能源涉网性能，保障新能源高效消纳利用。同时指出，随着市场建设逐步成熟，鼓励探索同一储能主体可以按照部分容量独立、部分容量联合两种方式同时参与的市场模式。

③ 为独立储能参与电网调峰提出了具体的支持措施。《通知》首次明确提出独立储能电站向电网送电的，其相应充电电量不承担输配电价和政府性基金

及附加。加快推动独立储能参与中长期市场和现货市场,发挥移峰填谷和顶峰发电作用。

④ 明确了储能参与辅助服务费用的承担原则。《通知》指出,储能参与市场辅助服务费用应根据《电力辅助服务管理办法》有关规定,按照"谁提供、谁获利,谁受益、谁承担"的原则,由相关发电侧并网主体、电力用户合理分摊。为储能参与有功平衡服务、无功平衡服务和事故应急及恢复服务等辅助服务,以及在电网事故时提供快速有功响应服务奠定了基础。

2) 调度运用方面。

① 优化储能调度运行机制。明确强调坚持以市场化方式为主优化储能调度运行。对于暂未参与市场的配建储能,尤其是新能源配建储能,电力调度机构应建立科学调度机制,项目业主要加强储能设施系统运行维护,确保储能系统安全稳定运行。

② 进一步对电网侧储能规划和价格机制提出明确要求。《通知》要求各地要加强电网侧储能的科学规划和有效监管,鼓励电网侧根据电力系统运行需要,在关键节点建设储能设施。研究建立电网侧独立储能电站容量电价机制,逐步推动电站参与电力市场;探索将电网替代型储能设施成本收益纳入输配电价回收。

③ 全面加强技术支持和技术平台建设。《通知》对储能技术本身,储能建设主体,电力交易机构和电网企业,在技术要求和支撑平台建设方面提出了具体要求。新型储能项目建设应符合《新型储能项目管理规范(暂行)》等相关标准规范要求,主要设备应通过具有相应资质机构的检测认证,涉网设备应符合电网安全运行相关技术要求。储能项目主体要完善站内技术支持系统,向电网企业上传实时充放电功率、荷电状态等运行信息,参与电力市场和调度运行的项目还需具备接受调度指令的能力。电力交易机构要完善适应储能参与交易的电力市场交易系统。电力企业要建立技术支持平台,实现独立储能电站荷电状态全面监控和充放电精准调控,并指导项目业主做好储能并网所需一、二次设备建设改造,满足储能参与市场、并网运行和接受调度指令的相关技术要求。

此外,《通知》对进一步支持用户侧储能发展,修订完善相关政策规则和监督管理等方面提出了具体要求。并要求各地要根据本地新型储能现状和市场建设情况,制定细化工作实施方案,并抓好落实

《通知》的发布和实施,必将进一步推动新型储能的健康和规范发展,助力我国新型电力系统建设,有利于新能源的发展和消纳,将为我国实现碳达峰和

碳中和产生积极的意义。

(3)《"十四五"新型储能发展实施方案》(下文简称《实施方案》)

1) 出台背景。

① "十三五"以来,我国新型储能实现由研发示范向商业化初期过渡,实现了实质性进步。电化学储能、压缩空气储能等技术创新取得长足进步,2021年底新型储能累计装机超过400万kW,"新能源+储能"、常规火电配置储能、智能微电网等应用场景不断涌现,商业模式逐步拓展,国家和地方层面政策机制不断完善,对能源转型的支撑作用初步显现。

② "十四五"时期是我国实现碳达峰目标的关键期和窗口期,也是新型储能发展的重要战略机遇期。随着电力系统对调节能力需求提升、新能源开发消纳规模不断加大,尤其是沙漠戈壁荒漠大型风电光伏基地项目集中建设的背景下,新型储能建设周期短、选址简单灵活、调节能力强,与新能源开发消纳的匹配性更好,优势逐渐凸显,加快推进先进储能技术规模化应用势在必行。我国在锂离子电池、压缩空气储能等技术方面已达到世界领先水平,面向世界能源科技竞争,支撑绿色低碳科技创新,加快新型储能技术创新体系建设机不容发。新型储能是催生能源工业新业态、打造经济新引擎的突破口之一,在构建国内国际双循环相互促进新发展格局背景下,加速新型储能产业布局面临重大机遇。

③《实施方案》是推动"十四五"新型储能规模化、产业化、市场化发展的总体部署。2021年,国家发展改革委、国家能源局联合印发了《加快推动新型储能发展的指导意见》(下文简称《指导意见》),提纲挈领指明了新型储能发展方向,要求强化规划的引领作用,加快完善政策体系,加速技术创新,推动新型储能高质量发展。本次在《指导意见》的基础上,《实施方案》进一步明确发展目标和细化重点任务,提升规划落实的可操作性,旨在把握"十四五"新型储能发展的战略窗口期,加快推动新型储能规模化、产业化和市场化发展,保障碳达峰、碳中和工作顺利开局。

2) 总体要求。一是指导思想中明确坚持以技术创新为内生动力、以市场机制为根本依托、以政策环境为有力保障,稳中求进推动新型储能高质量、规模化发展的总体思路。二是基本原则中充分体现了以规划为引领、以创新为驱动、以市场为主导、以机制为保障、以安全为底线的发展思路,明确统筹规划、因地制宜、创新引领、示范先行、市场主导、有序发展、立足安全、规范管理四项发展原则。三是在发展目标中,更注重通过支持技术和商业模式创新、健全标准体系、完善政策机制等措施,充分激发市场活力,推动构建以需求为导向,以充分发挥新型储能价值为目标的高质量规模化发展格局。

3) 主要任务。

① 注重系统性谋划储能技术创新。《实施方案》对新型储能技术创新加强战略性布局和系统性谋划，从推动多元化技术开发、突破全过程安全技术、创新智慧调控技术三个层面部署集中技术攻关的重点方向，提出研发储备技术方向，鼓励不同技术路线"百花齐放"，同时兼顾创新资源的优化配置；强调推动产学研用的融合发展，以"揭榜挂帅"等方式推动创新平台建设，深化新型储能学科建设和复合人才培养；建立健全以企业为主体、市场为导向、产学研用相结合的绿色储能技术创新体系，充分释放平台、人才、资本的创新活力，增加技术创新的内生动力。

② 强化示范引领带动产业发展。《实施方案》聚焦新型储能多元化技术路线、不同时间尺度技术和各类应用场景，以稳步推进、分批实施的原则推动先进储能技术试点示范，加快首台（套）重大技术装备等重点技术的创新示范，以工程实践加速技术迭代和更新，促进成本下降；推动重点区域开展区域性储能示范区建设，结合应用场景积极推动制定差异化政策，在一些创新成果多、体制基础好、改革走在前的地区实现重点突破。结合新型储能处于商业化初期阶段实际，《实施方案》鼓励各地在新型储能发展工作中，坚持"示范先行"原则，避免"一刀切"上规模，积极开展技术创新、健全市场体系和政策机制方面的试点示范。通过示范应用带动技术进步和产业升级，推动完善储能上下游产业链条，支持储能高新技术产业基地建设。

③ 以规模化发展支撑新型电力系统建设。《实施方案》坚持优化新型储能建设布局，推动新型储能与电力系统各环节融合发展。在电源侧，加快推动系统友好型新能源电站建设，以新型储能支撑高比例可再生能源基地外送、促进沙漠戈壁荒漠大型风电光伏基地和大规模海上风电开发消纳，通过合理配置储能提升煤电等常规电源调节能力。在电网侧，因地制宜发展新型储能，在关键节点配置储能提高大电网安全稳定运行水平，在站址走廊资源紧张等地区延缓和替代输变电设施投资，在电网薄弱区域增强供电保障能力，围绕重要电力用户提升系统应急保障能力。在用户侧，灵活多样地配置新型储能支撑分布式供能系统建设、为用户提供定制化用能服务、提升用户灵活调节能力。同时，推动储能多元化创新应用，推进源网荷储一体化、跨领域融合发展，拓展多种储能形式应用。

④ 强调以体制机制促进市场化发展。《实施方案》提出明确新型储能独立市场主体地位，推动新型储能参与各类电力市场，完善与新型储能相适应的电

力市场机制，为逐步走向市场化发展破除体制障碍。面向新型储能发展需求和电力市场建设现状，分类施策、稳步推进推动新型储能成本合理疏导。研究探索对发挥系统调峰作用的新型储能，参照抽水蓄能管理并享受同样的价格政策。努力拓宽新型储能收益渠道，助力规模化发展。拓展新型储能商业模式，探索共享储能、云储能、储能聚合等商业模式应用，聚焦系统价值、挖掘商业价值，创新投资运营模式，引导社会资本积极投资建设新型储能项目。

⑤ 着力健全新型储能管理体系。《实施方案》强化标准的规范引领和安全保障作用，完善新型储能全产业链标准体系，加快制定安全相关标准，开展多元化应用技术标准制修订。要求加快建立新型储能项目管理机制，规范行业管理，强化安全风险防范。鼓励各地加大新型储能技术创新和项目建设支持力度，完善相关支持政策。加快建立新型储能项目管理机制，强化安全风险防范，规范项目建设和运行管理。

⑥ 推进国际合作提升竞争优势。《实施方案》提出完善新型储能领域国际能源合作机制，搭建合作平台，拓展合作领域；推动新型储能技术和产业的国际合作，实现新型储能技术和产业的高质量引进来和高水平走出去。

(4)《关于加快推动新型储能发展的指导意见》

1) 主要目标。到 2025 年，实现新型储能从商业化初期向规模化发展转变。新型储能技术创新能力显著提高，核心技术装备自主可控水平大幅提升，在高安全、低成本、高可靠、长寿命等方面取得长足进步，标准体系基本完善，产业体系日趋完备，市场环境和商业模式基本成熟，装机规模达 3000 万 kW 以上。新型储能在推动能源领域碳达峰碳中和过程中发挥显著作用。到 2030 年，实现新型储能全面市场化发展。新型储能核心技术装备自主可控，技术创新和产业水平稳居全球前列，标准体系、市场机制、商业模式成熟健全，与电力系统各环节深度融合发展，装机规模基本满足新型电力系统相应需求。新型储能成为能源领域碳达峰碳中和的关键支撑之一。

2) 强化规划引导，鼓励储能多元发展。

① 统筹开展储能专项规划。研究编制新型储能规划，进一步明确"十四五"及中长期新型储能发展目标及重点任务。省级能源主管部门应开展新型储能专项规划研究，提出各地区规模及项目布局，并做好与相关规划的衔接。相关规划成果应及时报送国家发展改革委、国家能源局。

② 大力推进电源侧储能项目建设。结合系统实际需求，布局一批配置储能的系统友好型新能源电站项目，通过储能协同优化运行保障新能源高效消纳利用，为电力系统提供容量支撑及一定调峰能力。充分发挥大规模新型储能的作

用，推动多能互补发展，规划建设跨区输送的大型清洁能源基地，提升外送通道利用率和通道可再生能源电量占比。探索利用退役火电机组的既有厂址和输变电设施建设储能或风光储设施。

③ 积极推动电网侧储能合理化布局。通过关键节点布局电网侧储能，提升大规模高比例新能源及大容量直流接入后系统灵活调节能力和安全稳定水平。在电网末端及偏远地区，建设电网侧储能或风光储电站，提高电网供电能力。围绕重要负荷用户需求，建设一批移动式或固定式储能，提升应急供电保障能力或延缓输变电升级改造需求。

④ 积极支持用户侧储能多元化发展。鼓励围绕分布式新能源、微电网、大数据中心、5G基站、充电设施、工业园区等其他终端用户，探索储能融合发展新场景。鼓励聚合利用不间断电源、电动汽车、用户侧储能等分散式储能设施，依托大数据、云计算、人工智能、区块链等技术，结合体制机制综合创新，探索智慧能源、虚拟电厂等多种商业模式。

3）推动技术进步，壮大储能产业体系。

① 提升科技创新能力。开展前瞻性、系统性、战略性储能关键技术研发，以"揭榜挂帅"方式调动企业、高校及科研院所等各方面力量，推动储能理论和关键材料、单元、模块、系统中短板技术攻关，加快实现核心技术自主化，强化电化学储能安全技术研究。坚持储能技术多元化，推动锂离子电池等相对成熟新型储能技术成本持续下降和商业化规模应用，实现压缩空气、液流电池等长时储能技术进入商业化发展初期，加快飞轮储能、钠离子电池等技术开展规模化试验示范，以需求为导向，探索开展储氢、储热及其他创新储能技术的研究和示范应用。

② 加强产学研用融合。完善储能技术学科专业建设，深化多学科人才交叉培养，打造一批储能技术产教融合创新平台。支持建设国家级储能重点实验室、工程研发中心等。鼓励地方政府、企业、金融机构、技术机构等联合组建新型储能发展基金和创新联盟，优化创新资源分配，推动商业模式创新。

③ 加快创新成果转化。鼓励开展储能技术应用示范、首台（套）重大技术装备示范。加强对新型储能重大示范项目分析评估，为新技术、新产品、新方案实际应用效果提供科学数据支撑，为国家制定产业政策和技术标准提供科学依据。

④ 增强储能产业竞争力。通过重大项目建设引导提升储能核心技术装备自主可控水平，重视上下游协同，依托具有自主知识产权和核心竞争力的骨干企业，积极推动从生产、建设、运营到回收的全产业链发展。支持中国新型储能

技术和标准"走出去"。支持结合资源禀赋、技术优势、产业基础、人力资源等条件，推动建设一批国家储能高新技术产业化基地。

4）完善政策机制，营造健康市场环境。

① 明确新型储能独立市场主体地位。研究建立储能参与中长期交易、现货和辅助服务等各类电力市场的准入条件、交易机制和技术标准，加快推动储能进入并允许同时参与各类电力市场。因地制宜建立完善"按效果付费"的电力辅助服务补偿机制，深化电力辅助服务市场机制，鼓励储能作为独立市场主体参与辅助服务市场。鼓励探索建设共享储能。

② 健全新型储能价格机制。建立电网侧独立储能电站容量电价机制，逐步推动储能电站参与电力市场；研究探索将电网替代性储能设施成本收益纳入输配电价回收。完善峰谷电价政策，为用户侧储能发展创造更大空间。

③ 健全"新能源+储能"项目激励机制。对于配套建设或共享模式落实新型储能的新能源发电项目，动态评估其系统价值和技术水平，可在竞争性配置、项目核准（备案）、并网时序、系统调度运行安排、保障利用小时数、电力辅助服务补偿考核等方面给予适当倾斜。

5）规范行业管理，提升建设运行水平。

① 完善储能建设运行要求。以电力系统需求为导向，以发挥储能运行效益和功能为目标，建立健全各地方新建电力装机配套储能政策。电网企业应积极优化调度运行机制，研究制定各类型储能设施调度运行规程和调用标准，明确调度关系归属、功能定位和运行方式，充分发挥储能作为灵活性资源的功能和效益。

② 明确储能备案并网流程。明确地方政府相关部门新型储能行业管理职能，协调优化储能备案办理流程、出台管理细则。督促电网企业按照"简化手续、提高效率"的原则明确并网流程，及时出具并网接入意见，负责建设接网工程，提供并网调试及验收等服务，鼓励对用户侧储能提供"一站式"服务。

③ 健全储能技术标准及管理体系。按照储能发展和安全运行需求，发挥储能标准化信息平台作用，统筹研究、完善储能标准体系建设的顶层设计，开展不同应用场景储能标准制修订，建立健全储能全产业链技术标准体系。加强现行能源电力系统相关标准与储能应用的统筹衔接。推动完善新型储能检测和认证体系。推动建立储能设备制造、建设安装、运行监测等环节的安全标准及管理体系。

6）加强组织领导，强化监督保障工作。

① 加强组织领导工作。国家发展改革委、国家能源局负责牵头构建储能高

质量发展体制机制，协调有关部门共同解决重大问题，及时总结成功经验和有效做法；研究完善新型储能价格形成机制；按照"揭榜挂帅"等方式要求，推进国家储能技术产教融合创新平台建设，逐步实现产业技术由跟跑向并跑领跑转变；推动设立储能发展基金，支持主流新型储能技术产业化示范；有效利用现有中央预算内专项等资金渠道，积极支持新型储能关键技术装备产业化及应用项目。各地区相关部门要结合实际，制定落实方案和完善政策措施，科学有序推进各项任务。国家能源局各派出机构应加强事中事后监管，健全完善新型储能参与市场交易、安全管理等监管机制。

② 落实主体发展责任。各省级能源主管部门应分解落实新型储能发展目标，在充分掌握电力系统实际情况、资源条件、建设能力等基础上，按年度编制新型储能发展方案。加大支持新型储能发展的财政、金融、税收、土地等政策力度。

③ 鼓励地方先行先试。鼓励各地研究出台相关改革举措、开展改革试点，在深入探索储能技术路线、创新商业模式等的基础上，研究建立合理的储能成本分摊和疏导机制。加快新型储能技术和重点区域试点示范，及时总结可复制推广的做法和成功经验，为储能规模化高质量发展奠定坚实基础。

④ 建立监管长效机制。逐步建立与新型储能发展阶段相适应的闭环监管机制，适时组织开展专项监管工作，引导产业健康发展。推动建设国家级储能大数据平台，建立常态化项目信息上报机制，探索重点项目信息数据接入，提升行业管理信息化水平。

⑤ 加强安全风险防范。督促地方政府相关部门明确新型储能产业链各环节安全责任主体，强化消防安全管理。明确新型储能并网运行标准，加强组件和系统运行状态在线监测，有效提升安全运行水平。

部分地方政策

发布省份	政策名称	发布时间
江苏省	《江苏省"十四五"新型储能发展实施方案》	2022年8月1日
浙江省	《浙江省加快新型储能示范应用的实施意见》	2021年11月3日
广东省	《广东省构建新型电力系统 推动电力高质量发展行动方案（2021—2025年）》	2022年4月13日
安徽省	《安徽省新型储能发展规划（2022—2025年）》	2022年8月17日
湖北省	《湖北省能源发展"十四五"规划》	2022年5月19日
四川省	《四川省电源电网发展规划（2022—2025年）》	2022年12月6日

(续)

发布省份	政策名称	发布时间
福建省	《福建省推进绿色经济发展行动计划（2022—2025年）》	2022年8月18日
重庆市	《重庆市能源发展"十四五"规划（2021—2025年）》	2022年6月15日
北京市	《北京城市副中心新型电力系统示范区建设方案》	2022年9月16日
天津市	《天津市碳达峰实施方案》	2022年9月14日
黑龙江省	《黑龙江省产业振兴行动计划（2022—2026年）》	2022年6月21日
辽宁省	《辽宁省"十四五"能源发展规划》	2022年7月5日
河北省	《河北省"十四五"新型储能发展规划》	2022年4月10日
山西省	《山西省"十四五"新型储能发展实施方案》	2022年9月5日
山东省	《山东省新型储能工程发展行动方案》	2022年12月29日
河南省	《河南省"十四五"新型储能实施方案》	2022年8月21日

（1）江苏省

江苏省规划到2025年，新型储能由商业化初期步入规模化发展阶段，具备大规模商业化应用条件。按照"统筹规划、开放多元、市场主导、安全规范"的原则，与电力系统各环节融合发展，全省新型储能装机规模达到260万kW左右，为新型电力系统提供容量支撑和灵活调节能力，促进能源清洁低碳转型。市场环境和商业模式逐渐成熟，实现新型储能技术多元化发展。电化学储能、压缩空气储能技术性能进一步提升，实现规模化应用，积极支持其他形式的新型储能示范应用。

政策要点：

1）对实际投运的储能项目，按照实际放电量给予运营主体补贴0.9元/(kW·h)，补贴2年放电量；

2）储能执行调度机构指令，在调相工况运行所提供的有偿无功服务的，按15元/(MW·h)补偿；

3）储能设施运行期内容量衰减率不应超过20%，交流侧效率不应低于85%，放电深度不应低于90%，电站可用率不应低于90%；

4）充电设施财政补贴由新建充电设施建设补贴和充电设施运营补贴构成。新建充电设施建设补贴按充电桩充电功率给予补贴，单个充电站或充电桩群的补贴总额不超过180万元；

5）对实际投运的储能项目，按照实际放电量给予运营主体补贴0.9元/(kW·h)，补贴2年放电量；

6）储能执行调度机构指令，在调相工况运行所提供的有偿无功服务的，按

15元/(MW·h)补偿；

7）储能设施运行期内容量衰减率不应超过20%，交流侧效率不应低于85%，放电深度不应低于90%，电站可用率不应低于90%；

8）支持光伏项目配置储能设施，2022年1月1日后并网、且接入园区碳达峰平台的储能项目，对项目投资方按项目放电量补贴0.3元/(kW·h)，补贴3年；对500kW·h以上光储充放设施进行补贴，运营补贴为0.2元/(kW·h)；

9）工业企业分布式光伏项目应用方（屋顶方）补贴0.1元/(kW·h)，补贴项目1年的发电量；居民屋顶光伏项目按1元/W对投资方进行一次性装机补助；学校、医院、党政机关和村（社区）等公共建筑屋顶光伏及其他项目补贴投资方0.2元/(kW·h)，补贴2年发电量；

10）推动光伏配建储能设施建设。加大新型储能技术应用与推广，鼓励装机容量2MW及以上的分布式光伏发电项目，按照不低于装机容量8%的比例配建储能系统，储能系统作为分布式光伏发电项目组成部分一并办理备案；

11）用户侧储能项目的电网安全接入和运行要求：额定功率1万kW及以上的用户侧储能项目纳入各设区市的地区配电网规划，额定功率5万kW及以上的用户侧储能项目纳入省级电网规划。

（2）浙江省

浙江省规划在2021—2023年，全省建成并网100万kW新型储能示范项目，"十四五"力争实现200万kW左右新型储能示范项目发展目标。与新型电力系统发展相适应，重点支持集中式较大规模（容量不低于5万kW）和分布式平台聚合（容量不低于1万kW）新型储能项目建设，为电力系统提供容量支持及调峰能力。鼓励探索开展储氢、熔盐储能及其他创新储能技术的研究和示范应用。

政策要点：

1）明确参数标准。新型储能示范项目应按照工作寿命10年及以上设置，主要设备性能应符合国家相关标准规范；

2）发挥调峰作用的新建储能示范项目，接入电压等级为10kV及以上，功率不低于5万kW，额定功率下连续放电时间不低于2小时。联合火电机组调频的储能示范项目，单体功率不低于1.8万kW，综合调节性能指标K_{pd}值不低于0.9；

3）采用锂离子电池的新建电化学储能电站，原则上交流侧效率不低于85%、放电深度不低于90%、电站可用率不低于90%、充放电次数不低于6000次；其他形式储能电站，按照"一事一议"原则确定；

4）支持引导新型储能通过市场方式实现全生命周期运营。过渡期间，调峰项目（年利用小时数不低于600h）给予容量补偿，补偿标准逐年退坡，补贴期暂定3年（按200元/(kW·年)、180元/(kW·年)、170元/(kW·年)退坡）；

5）联合火电机组调频的示范项目，$K_{pd}>0.9$的按储能容量每月给予20万kW·h/MW调频奖励一定用煤量指标；

6）鼓励各地创新新型储能发展商业模式、研究出台各类资金支持政策。金融投资机构为示范项目提供绿色融资支持，鼓励引导产业资金注入产业，采用多种手段保障资金需求。

（3）广东省

广东省截至2021年底全省已投运储能项目合计45.6万kW/38.8万kW·h，在"十四五"期间规划建成储能装机容量200万kW以上，同时加快开展多场景储能技术应用，发挥电化学储能对广东电力系统的优化作用，提高能源互补协调能力。巩固提升海上风电、核能、太阳能等优势产业，积极培育氢能、先进储能、智能电网等新兴产业，增强产业链自主可控能力，构建沿海新能源产业带和省内差异布局的能源产业集聚区。

政策要点：

1）安装储能的收益主要有：获得补贴150元/kW，最高100万元（估算储能规模为6~7MW）；储能负荷可以冲抵错峰用电指标，工厂获得更多用电时间；光伏不纳入错峰用电负荷指标，储能与光伏相结合可以获得更多的用电时间；

2）对已并网投运且实际投入100万元以上的电化学储能项目按照实际放电量，给予最高0.5元/(kW·h)的支持，每个项目支持期限为3年，同一项目支持不超过200万元。对冰蓄冷、水蓄冷等其他储能项目，结合节能超市采购额比例，按项目实际建设投入的20%以内，一次性给予最高200万元支持；

3）鼓励各县（市、区）、功能区结合实际出台光伏项目及配套储能的补贴扶持政策，鼓励各地引导光伏企业按照不少于装机容量10%的能力配备储能装置；

4）提升能源现代化治理水平。继续深化电力、油气体制机制改革，逐步构建完善"中长期+现货+辅助服务"电力市场交易体系，推动天然气市场化改革，加速构建"$X+1+X$"天然气市场体系；

5）鼓励企业购置高端储能新技术的设备，单个企业所购置的储能设备补助不超过30万元；

6）针对开展虚拟电厂需求响应工作，明确逐步形成约占广州市统调最高负荷3%左右的需求响应能力，提高电网供电可靠性和运行效率；

7）在初期对参与并培育虚拟电厂需求响应的电力用户给予财政补贴，补贴

资金来源为市促进工业和信息化产业高质量发展专项资金,补贴年限为3年,共计划安排补贴资金3000万元;

8)氢能产业方面,提出完善现有氢能产业空间布局,培育核心龙头企业,聚焦氢能核心技术研发和先进设备制造,加快培育从氢气制储运、燃料电池电堆、关键零部件和动力系统集成的全产业链。

(4)安徽省

安徽省截至2021年底,已投运新型储能设施装机规模22.4万kW/26.0万kW·h,其中"风电+储能"项目装机20.5万kW/20.5万kW·h。《安徽省新型储能发展规划(2022—2025年)》提出,首先要加快发展电源侧新型储能,其次重点支持电网侧储能建设,同时灵活开展用户侧储能建设,力争到2025年,实现新型储能从商业化初期向规模化发展转变,全省新型储能装机规模达到300万kW以上。

政策要点:

1)对装机容量1MW·h及以上的新型储能电站,自投运次月起按放电量给予投资主体不超过0.3元/(kW·h)补贴,连续补贴不超过2年,同一企业累计最高不超过300万元;

2)支持存量企业开展技术改造,对存量企业升级改造投资额500万元以上的,按设备投资额的15%给予最高2000万元补贴;

3)支持光伏制造企业数字化普及、网络化协同、智能化提升等改造升级,对投资50万元以上的竣工(上线)项目,按投资额的20%给予最高200万元补贴;

4)储能电站运营主体0.3元/(kW·h)补贴,同一项目年度是高补贴100万元,补贴项目为自发文之日至2023年12月31日期间投产的项目,单个项目补贴年限为5年;

5)光伏储能系统,自投运次月起对储能系统按实际充电量给予投资人1元/(kW·h)补贴,同一项目年度最高补贴100万元;

6)探索推动电化学储能等新型储能应用,在电源侧和电网侧双向发力建设一批集中式电化学储能电站,提高新能源消纳和存储能力;

7)要求具备条件的加油(气)站,可按规范要求配建充电基础设施,并将充电基础设施布置在辅助服务区内。将光伏、储能、充电站和电网结合建设,打造光储充放一体化充电站;

8)积极支持各类主体开展共享储能等创新商业模式的应用示范,营造开放共享的储能生态体系。鼓励有配置储能需求的新能源发电企业就地就近、长期租赁共享独立储能电站；

9）独立储能电站向电网送电的，其相应充电电量不承担输配电价和政府性基金及附加。

（5）湖北省

湖北省计划积极推动新型储能技术装备示范应用，积极研制成套电池装备，支持全钒液流电池储能装备产业化发展和应用示范，加快发展压缩空气储能、飞轮储能等物理储能设施和锂电池、铅蓄电池、超级电容等化学储能设施，重点发展氢能，同时推动储能技术应用，推进一批风光水火储一体化、源网荷储一体化项目，建设一批集中储能电站，力争2025年新型储能装机规模达到2GW。

政策要点：

1）执行峰谷分时电价的用户，在参加市场化交易后继续执行峰谷分时电价，按照国家有关要求及时完善峰谷分时交易机制和调峰补偿机制，引导发电企业、电网企业、电力用户和储能企业等主动参与调峰；

2）电力用户拥有储能，或者电力用户参加特定时段的需求侧响应，由此产生的偏差电量，由电力用户自行承担；

3）容量0.5万kW及以上，持续时间1h以上的独立储能电站及储能装置可为市场提供调频辅助服务，允许具备提供调频辅助服务能力的储能装置、储能电站与上述调频资源联合作为调频辅助服务提供者；

4）具备条件的辅助服务供应商、用户（含售电公司）、虚拟电厂、聚合商等也可以为市场提供调频辅助服务；

5）5MW/5MW·h以上可以参与调频辅助服务，调频市场对调频资源性能设置准入门槛，要求调频资源上一交易日综合调频性能指标K值不低于1.0；

6）调频市场补偿费用包括调频容量补偿、调频里程补偿两个部分，其中调频里程申报价格上下限分别为15元/MW、5元/MW，调频容量补偿价格市场初期暂定为日前3元/MW，日内15元/MW；

7）对总投资5000万元以上的新引进氢能产业项目，按建设有效期内企业实施该项目银行贷款实际支付利息的50%予以贴息，单个项目年度贴息额度不超过1000万元，可连续贴息3年；

8）对固定资产投资2000万元以上的氢能产业技改投资项目，按照项目生产性设备投资的8%予以支持，单个项目补助金额最低100万元，最高1000万元；

9）对专门从事高压氢气/液氢存储的企业，按设备投资的10%给予企业最高 500 万元的一次性补贴；

10）对总长度不少于 5km 的纯氢管道项目，在省预算内投资中按纯氢管道设备投资额 20%、最高 500 万元补贴；

11）对 2025 年底前建成并投用，且日加氢能力（按照压缩机每日工作 12 小时加气能力计算）500kg 级以上的前 50 座加氢站（含氢能船舶加氢站），在省预算内投资中一次性给予项目投资额 20%、最高 200 万元建设资金补贴。

（6）四川省

四川省已公布未来两年拟新增钒电池装机约为 1GW、容量 4GW·h，预期到 2025 年，装机容量将超过 20GW·h，累计实现新型储能 30GW 装机量。目前，四省风电、光伏并网装机分别是 527 万 kW、196 万 kW，钒电池储能市场应用处于空白状态。预期"十四五"期间，风电和发电将出现大幅度增长，所以需要加快配套建设储能电站，以满足本省储能产业市场需要。

政策要点：

1）对用户侧、电网侧、电源侧、虚拟电厂储能项目，年利用小时数不低于 600h 的，按照储能设施规模给予 230 元/(kW·年)且单个项目最高不超过 100 万元的市级预算内资金补助，补助周期为连续 3 年；

2）积极推动水电与风电、太阳能发电协同互补，推进金沙江上游、金沙江下游、雅砻江流域、大渡河中上游等水风光一体化可再生能源综合开发基地建设；

3）积极推进其他流域水库电站水风光互补开发，支持水库电站建设，利用水库电站调节和通道送出；

4）加快灵活调节电源建设，在负荷中心和新能源基地重点布局抽水蓄能电站，深化煤电灵活性改造，加快推动天然气发电建设，加快新型储能示范推广；

5）新能源项目储能设施配建比例不低于装机容量的 10%，探索电网侧、用户侧和增量配电网改革试点园区的新型储能电站建设，提高系统调峰调频能力；

6）高峰时段电价在平段电价基础上上浮 60%，低谷时段电价在平段电价基础上下浮 60%，峰平谷价差比为 1.6:1:0.4；

7）富余水电制氢与氢能利用产业示范工程启动，氢能制造、储运、应用研究和氢燃料汽车研制深入推进；

8）驱动电力基础设施与数字化新型基础设施不断实现融合发展；

9）支持新能源汽车生产企业与动力蓄电池生产企业、梯次利用企业、再生利用企业和回收拆解企业共建废旧动力蓄电池拆卸交售、梯次利用和再生利用服务体系；

10）引导新能源汽车生产企业与回收拆解企业共享动力蓄电池拆卸和贮存技术、回收服务网点以及报废新能源汽车回收等信息。

（7）福建省

福建省在《福建省推进绿色经济发展行动计划（2022—2025年）》中提出：有序推进新型储能设施发展，到2025年新型储能装机容量达到60万kW以上，同时实施绿色低碳技术创新行动，加强节能低碳基础研究和前沿技术布局，加快生态环保产业、环境友好高分子材料等制造业创新中心建设，提升制造业协同创新能力，以化石能源绿色开发、低碳利用、减污降碳等为重点，实施碳中和关键技术与示范等省科技计划项目，加快推动低碳零碳负碳关键核心技术攻关。

政策要点：

1）推动煤炭和新能源优化组合，大力发展光伏、海上风电、氢能、智能电网和储能等新能源产业，积极安全有序发展核电；

2）可调节负荷调峰辅助服务交易通过市场化方式鼓励电力用户增加电网负荷低谷时段的用电量，按照"谁提供、谁获利、谁受益、谁承担"的原则，获取合理的收益；

3）推进智慧能源建设与应用，开展能源领域数字化转型，支持多能互补、分布式新能源、风光储一体化、微电网等绿色示范项目建设，重点推进台山岛等风光储微电网项目；

4）安排2022年度"电动福建"建设专项资金3.6亿元，支持新能源汽车、电动船舶、新能源工程机械和农用机械等产业发展，力争2022年推广应用新能源汽车9万辆标准车；

5）按照不同地区对公共充电桩给予建设补贴，对新建的公共充电桩继续给予电动汽车充电量0.2元/(kW·h)的运营补贴；

6）工业企业、电动汽车充电桩、分布式储能等可调节资源能够参与调峰辅助服务市场交易；

7）推动园区环境智慧监控平台建设，提高环境监测的有效性和精准性，推动分布式能源技术、智能电网技术和储能技术深度融合。

（8）重庆市

重庆市人民政府日前发布关于印发《重庆市能源发展"十四五"规划（2021—2025年）》的通知，通知中称，深化能源价格改革。按照"管住中间、放开两头"改革总体思路，推进电力、天然气等能源价格改革。稳妥推进电力、天然气价格交叉补贴改革。深化输配电价改革，有序放开竞争性环节电价，加强对市场价格的事中事后监管，规范价格行为。优化峰谷电价政策，引导电力需求侧管理，争取到 2025 年需求侧响应能力达到最大用电负荷的 3% 以上。

政策要点：

1）项目在 2022 年 8 月 31 日前已立项（备案），储能装机规模应大于 2MW·h 且年利用小时数不低于 600h，按照储能设施规模给予 1.3 元/(W·h) 的一次性补贴；

2）如果在建设储能设施的同时新建光伏设备，对于新建的光伏设备按照 2.9 元/W 进行一次性补贴。新建光伏设备的补贴不超过储能设施补贴的 1.5 倍，单个项目的所有补贴不超过 1000 万元；

3）对铜梁区工商业侧新型储能项目，在同质同价的情况下，鼓励优先采购区内工业企业（关联企业除外）生产的储能产品来实施项目；

4）对在新区备案且建成投运的用户侧储能、独立储能、分布式光储、充换储一体化等项目，储能配置时长不低于 2h 的，按照储能设施装机规模给予 200 元/(kW·h) 的容量补贴，单个项目补贴最高不超过 500 万元；

5）支持建设独立储能站参与电网调度，鼓励各类市场主体为缓解高峰负荷供电压力投资建设和运营参与新能源调峰的储能系统，提升电网调节、新能源消纳和应急供电保供能力；

6）积极推动独立储能站参与电力市场配合电网调峰及提供辅助服务，对参与电网调度的独立储能站每年按照建设投资额的 5% 给予补贴，连续补贴 4 年；

7）积极支持配建新型储能的发电企业、独立储能电站企业与电网企业签订并网协议和购售电合同，确保"新能源+储能"与独立储能项目优先接入、优先调度、优先消纳、优先外送；

8）项目年利用小时数不低于 600h 的，在项目投产运营后，按照储能设施每年实际放电量，连续 3 年给予项目运营主体 0.5 元/(kW·h) 的资金补贴。

（9）北京市

北京市明确从 2022 年至 2035 年，将在城市副中心重点建设"1+4"系列工程。"1"即打造一张数字化坚强电网，规划建设"2+6+13"项 110 千伏及以上电网工程和具有"四维感知"的数字化支撑平台，提升电网保供能力和资源优化配置能力；"4"即开展"片区、园区、社区、站点"4 级示范建设，聚焦"绿色能源、绿色交通、绿色建筑"三大领域，实施 12 项示范项目，推动源网荷储各侧协同发展。到 2035 年，北京城市副中心将建成数字化低碳城市电网，成为国内领先、世界一流的新型电力系统示范区。

政策要点：

1）布局发展储能电池、储能变流器、能源路由器、能量控制系统等关键核心设备，培育发展储能系统集成、运维服务和能源互联网等产业；

2）加快发展氢能、高效率光电光热、分布式储能、智能电网、碳捕集封存利用等技术，支持智能化、多元化的能源供应和管理系统创新，加强储能设施安全技术研究；

3）大、中型储能电站应设置现场值班人员，设有消防控制室的储能电站，实行24h值班制度，每班不少于2人。建设（运维）单位应加强新型储能电站的日常巡检，确保每天至少巡视检查1次；

4）落实国家新型储能价格机制，完善新型储能价格政策，鼓励市场主体利用峰谷电价差、辅助服务补偿等机制促进储能发展；

5）对新能源和可再生能源项目（太阳能光热、地热能风能、生物质能等），给予不超过总投资额30%的补助；

6）对分布式光伏发电项目，按照装机容量，一次性给予1000元/kW的补助。对储能技术项目给予不超过总投资额20%的补助；

7）鼓励企业面向氢能领域重大战略任务申请国家、北京市重大专项，形成具有核心竞争优势的技术成果，对承担国家、北京市重大科技和产业专项且符合经开区发展方向的，给予最高1:1的资金配套，每个项目支持金额最高为2000万元；

8）对氢能及燃料电池汽车领域新引进或新获批国家技术创新中心、重点实验室、工程研究中心等资质的一次性给予1000万元资金支持；

9）新引进或新获批北京市级技术创新中心、重点实验室、工程中心等资质的一次性给予100万元资金支持；

10）新获得经开区级技术创新中心资质的一次性给予50万元资金支持；

11）鼓励高校、科研院所在经开区设立创新研究院等氢能领域新型研发机构，对在经开区新设立的新型研发机构，每家单位最高奖励1000万元；

12）鼓励企业开展颠覆性领跑技术研发，推动重大创新成果实现产业化，对符合支持条件的首台（套）项目，给予研发方不超过首台（套）认定合同实施金额的30%支持，最高不超过500万元。

（10）天津市

天津市规划到2025年，新型储能装机容量力争达到50万kW以上。加快推进虚拟电厂建设，优化灵活性负荷控制，扩大需求侧响应规模，到2025年，本市电网基本具备5%以上的尖峰负荷响应能力。推动新型储能应用，积极发展"可再生能源+储能"、源网荷储一体化和多能互补，支持新能源合理配置储能，鼓励建设集中式共享储能，鼓励采用直流供电、分布式储能、"光伏+储能"等模式，探索多样化能源供应方式，倡导使用可再生能源，鼓励数据中心就地消纳可再生能源，推行用能指标市场化交易，提高绿电使用比例。

政策要点：

1）《2022年度风电、光伏发电项目开发建设方案》共公示46个项目，总规模约为7.34GW。其中，共有33个项目要求按照新能源装机容量的15%比例配置储能；

2）天津市对储能参与调峰辅助服务的补偿为：1.2~2元/(kW·h)；

3）对纳入2021—2022年开发建设方案，需配建储能设施的风电、光伏发电项目，储能需求可按原承诺最低储能配比减半，连续储能时长2小时的标准进行测算；

4）风电项目不低于15%，（连续储能时长不低于1h，下同）光伏发电项目承诺储能配比不低于项目装机容量的10%；

5）推动新型储能应用，积极发展"可再生能源+储能"、源网荷储一体化和多能互补，支持新能源合理配置储能，鼓励建设集中式共享储能；

6）加快推进虚拟电厂建设，优化灵活性负荷控制，扩大需求侧响应规模，到2025年，本市电网基本具备5%以上的尖峰负荷响应能力；

7）严禁随意拆分项目，相同或临近地点建设的归属同一集团公司的多个项目，单体容量不超过5万kW的，全部视为同一项目，储能设施配比按终期建设容量考虑；

8）单体容量超过5万kW的项目，应提供储能（连续储能时长不低于2kW）配比不低于项目装机容量15%的承诺，或提供相应的调峰能力；

9）支持企业自建光伏、风电等绿电项目，实施绿色能源替代工程，提高可再生资源和清洁能源使用比例；

10）支持企业利用余热余压发电、并网，支持企业利用合作建设绿色能源项目、市场化交易等方式提高绿电使用比例，探索建设源网荷储一体化实验区。

(11) 黑龙江省

黑龙江省到2025年，全省能源产业力争营业收入达到2800亿元、新增煤电装机容量210万kW·h，新能源装机规模力争达到3100万kW以上，建设全国重要的对俄能源合作基地和运输通道，2026年能源保障能力进一步提升。将以打造转型发展重要接续产业为目标，统筹资源、电网、土地空间等要素，规模开发风能、太阳能等一次能源，高效利用氢、电、蒸气等二次能源，配套发展天然气电站、电蓄热储能及氢能储能调峰项目，同时提出推进以分布式"新能源+储能"为主体的微电网试点示范建设。

政策要点：

1）有序推进风光资源利用，建设哈尔滨、绥化综合能源基地和齐齐哈尔、大庆可再生能源综合应用示范区，在佳木斯、牡丹江等城市建设以电力外送为主的可再生能源基地，因地制宜发展分布式能源；

2）将电供暖市场交易规模从 10 亿 kW·h 调增为 15 亿 kW·h，对风电、光伏超发用于供暖的电量，允许按 0.2 元/(kW·h) 结算；

3）科学布局生物质热电联产、燃气调峰电站，建设抽水蓄能电站等蓄能设施。推广地热能、太阳能等非电利用方式，积极稳妥推广核能供暖示范，探索可再生能源制氢，开展绿色氢能利用；

4）提高电网调峰能力，2022 年底前荒沟抽水蓄能电站建成投产，加快推进尚志、依兰等地 7 个总装机 950 万 kW 的抽水蓄能电站前期工作，发展新型储能；

5）将智能电网及储能系统作为新能源重点研究方向之一，要求开展惯性储能系统、超级电容器及二次电池、压缩空气储能、高温储能、熔盐电化学储能、飞轮储能等关键技术的研究与设备研制；

6）储能产业套利方式：低成本供暖，在电供暖市场对风电、光伏超发用于供暖的电量，允许按 0.2 元/(kW·h) 结算；峰谷套利，在峰谷差较大的地区（电费梯次计费），谷时低价蓄能，峰时高价放能，实现峰谷套利。

（12）辽宁省

辽宁省规划到 2025 年，抽水蓄能、新型储能规模分别达到 300 万 kW、100 万 kW，省级电网削峰能力达到尖峰负荷的 5% 左右。积极推动新建集中式风电、光伏项目按照一定比例配置储能设施，改善新能源场站出力特性。充分发挥抽水蓄能电站单位建设成本低、运行效率高、技术成熟的优势，有序推进抽水蓄能项目建设，推动新增抽水蓄能电站布局优化。通过市场化手段推动实施需求侧响应，整合分散需求响应资源，引导用户优化储用电模式，高比例释放居民、一般工商业用电负荷弹性。

政策要点：

1）优先鼓励承诺按照建设光伏功率 15% 的挂钩比例（时长 3h 以上）配套储能（含储热）设施，并按照共享储能方式建设，纳入建设计划且完成前期准备具备开工条件的项目（含承诺建设的储能装置）；

2）深化电力体制改革，健全推动用户主动参与负荷侧调节的市场化机制，电力需求侧响应能力达到最大负荷的 5% 左右；

3）要求新增新能源发电项目配备储能装置措施，着力提高储能比例有，鼓励配套建设不少于风电装机规模15%（时长4h以上）的新型储能设施；

4）优先支持具备以下三种条件的项目：一是在辽宁省有一定的调峰调频能力；二是承诺配套储能设施10%以上；三是具备源网荷储、多能互补条件；

5）煤电关停企业等容量替代建设风电项目，不受总规模限制，不兼得1.5倍容量光伏替代政策；

6）积极推进氢能产业创新发展，充分发挥辽宁省氢能产业基础优势，加快低成本制氢、储氢、运氢示范项目建设，建设东北重要的氢能生产储运基地；

7）在储能技术、核电装备等优势领域加大新技术、新工艺研发力度，着力突破质子交换膜、催化剂和膜电极等氢能产业关键材料技术，积极开展石化产业副产氢纯化研究。

（13）河北省

河北省明确指出到2025年全省布局建设新型储能规模400万kW以上，到2030年实现新型储能全面市场化发展。积极支持清洁能源电站配建新型储能设施，推动储能与各类电源协同优化运行，合理布局电网侧新型储能，探索用户侧储能多元发展新场景，拓展新型储能应用模式。重点构建我省新型储能"一核、一区、两带"发展格局，即以雄安新区为核心打造新型储能研发创新高地，打造张承地区"风电光伏基地+储能"大规模综合应用示范区，打造太行山脉"光伏+储能"规模化应用和装备制造示范带，打造沿海"新能源+储能"和"工业大用户+储能"多元化应用示范带。

政策要点：

1）鼓励优先利用可再生能源，推行热电联产、分布式能源及光伏储能一体化应用，利用"互联网+"、大数据等手段促进节能提效；

2）科学布局全省电网侧独立储能项目，全省"十四五"期间电网侧独立储能总体需求规模约1700万kW，其中冀北电网需求900万kW，河北南网需求800万kW；

3）持续深化钒电池储能技术创新研究，加快推广全钒液流储能电池在风电、光伏发电项目领域应用；

4）探索加氢、储氢设备研发路径，逐步形成大规模储能设计、安装、维护、运营和控制能力；

5）培育电机、电控等核心部件制造企业，壮大风机整机、柔性输配电等装备生产能力，全力打造清洁能源装备生产研发基地；

6）实现风光电钒电池储能一体化建设，积极拓展钒储能电池应用领域，加

快推动向产业规模化延伸,鼓励在我市开发风电、光伏发电的企业,配套一定比例的储能设施;

7) 冀北电网项目布局:"十四五"时期,在张家口的张北、康保、尚义,承德的丰宁、围场、隆化,唐山的乐亭、玉田等县区,共布局独立储能项目建设规模 900 万 kW;

8) 河北南网项目布局:"十四五"时期,在石家庄的井陉、平山、灵寿,保定的阜平、涞源、满城,邢台的宁晋、临西、南宫,沧州的黄骅、海兴、渤海新区,衡水的故城、饶阳、阜城,邯郸的涉县、武安、肥乡等县区,共布局独立储能项目建设规模 800 万 kW。

(14) 山西省

到 2025 年,全省可再生能源发电装机达到 8300 万 kW 以上。其中:风电 3000 万 kW 左右、光伏 5000 万 kW 左右、水电(含抽蓄)224 万 kW 以上、生物质能发电 100 万 kW 以上,新型储能装机达到 600 万 kW 左右,地热能供暖面积 2000 万 m^2 左右。实现新能源和清洁能源装机容量占比达到 50% 的目标。到 2030 年,全省新能源和清洁能源装机容量占比达到 60% 以上。5 年期间,风电新增 1026 万 kW、光伏新增 3691 万 kW、新型储能新增 490 万 kW。共计 5207 万 kW。重点推动风电和光伏发电基地化规模化开发。

政策要点:

1) 对新型储能项目(化学、压缩空气等)给予补助,建成后,按投资额的 2% 补贴,最高不超过 500 万元;

2) 对抽水蓄能项目完成项目前期准备,具备开工条件并开工后,予以奖励 200 万元,建成并全容量并网发电后,按投资额的 0.1% 予以补贴,补贴金额不超过 1000 万元,对小水电项目建成投产一次性奖励 100 万元;

3) 对农林生物质电热联产项目按时建成投产按投资额的 2% 补贴最高不超过 500 万元,地热能项目建成并正常运营按投资额的 20% 补贴最高不超过 500 万元;

4) 对列入省集中式光伏发电、风力发电开发方案的项目,按批复时限完工,实现全容量并网发电的项目,按投资额的 0.5% 补贴,最高不超过 200 万元;

5) 对大型公共建筑、新建厂房、商业楼宇、办公建筑、交通场站等大型商用及整县屋顶分布式光伏电站,按批复时限完工,实现全容量并网发电的项目,按投资额的 1% 补贴,最高不超过 500 万元;

6) 对分散式风电,按批复时限完工,实现全容量并网发电的项目,按投资额的 0.5% 补贴,最高不超过 100 万元;

7）新能源配套储能或用户侧储能等满足独立并网运行等技术条件时，可自愿申请转为独立储能电站运行；

8）储能需具备 AGC 调频、一次调频、快速调压、AVC 等功能，并需要依据相应规则参与考核；

9）结合电网调峰需求，组织实施一批不同类型的储能示范项目，开展"风电+光伏+储能""分布式+微网+储能""大电网+储能"等发储用一体化的商业模式；

10）深入开展"新能源+电动汽车"协同互动智慧能源试点，结合我省电动汽车等用户侧负荷资源和新能源发展趋势，探索构建"源（新能源）-网-荷（电动汽车）-储（蓄电池）"协同运行的"互联网+"智慧能源系统。

（15）山东省

山东省的首批示范项目规模约 50 万 kW，到 2025 年建设 450 万 kW 左右的储能设施。到 2025 年，风光储一体化基地力争建成投运容量 2000 万 kW 左右。2021 年 4 月山东储能电站首次参与辅助服务市场并公示了补偿结果，六座储能电站共获得调峰补偿 26.75 万元。从储能项目来看，山东储能调峰项目较多，这也符合当地的电网特征，缺少调峰资源。山东省计划用 3 年左右时间，优化储能发展环境，完善储能支撑体系，培育储能商业模式，促进储能技术突破。

政策要点：

1）风电、光伏发电项目配置储能：原则上配置不低于 10%储能设施，时长不低于 2h。可以自建或者租赁，优先租赁共享储能。配储能的风光项目可优先并网、优先消纳；

2）报价和容量相同时，优先调用储能。储能参与调峰，若当日发生直调公用火电机组停机调峰，储能设施有偿调峰出清价格按照 0.4 元/(kW·h) 执行；

3）储能参与调频，试运行初期，AGC 出清价格最高上限暂按 6 元/MW 执行，参与 AGC 辅助服务的储能设施不再参与有偿调峰交易竞价。火电机组因参与调峰出力运行至 50%及以下时，优先调用储能设施；

4）支持示范项目作为独立储能参与电力现货市场，获得电能量收益，允许示范项目容量在全省范围内租赁使用，获得容量租赁收益；

5）对参与电力现货市场的示范项目按 2 倍标准给予容量补偿，获得容量补偿收益；

6）支持参与调频、爬坡、黑启动等辅助服务，获得辅助服务收益；

7）新型储能项目由市发展和改革局负责备案管理，具有法人资格的新型储能项目，可转为独立储能，作为独立主体参与电力市场；

8）鼓励以配建形式存在的新型储能项目，可通过技术改造满足同等条件和安全标准时，可选转为独立储能项目；

9）进一步支持用户侧储能发展，鼓励用户侧配置新型储能，减少自身高峰用电需求，减少接入电力系统的增容投资；

10）探索布局核能技术研发、智能电网及储能、热泵产业、生物质能等产业，打造绿色电力发展典范；

11）储能容量租赁：山东共享储能租赁均价约3300万元/（100MW/年），10年租赁收益约3.3亿元；

12）电力市场交易：根据《关于做好2022年山东省电力现货市场结算试运行有关工作的通知》，在电力市场交易期间储能电站充电最低价为0.08元/（kW·h），储能电站放电最高电价约0.5元/（kW·h）。

（16）河南省

河南省能源局新能源处319号文于2022年4月30号发布，提出2025年可再生能源装机目标5000万kW以上，力争新增的风光装机2000万kW左右，提出合理配置储能，火电深调改造等新增调节能力的项目会优先支持。8月21日，河南省发改委下发了《河南省"十四五"新型储能实施方案的通知》，方案明确了河南省新型储能发展目标：2025年实现新型储能装机220万kW，2030实现新型储能全面市场化发展。

政策要点：

1）独立的共享储能收益主要应用于两方面：新建并网新能源项目，要购买一定挂钩比例储能规模，租赁费为200元/[（kW·h）/年]；调峰补偿费，报价上限暂为0.3元/（kW·h），并研究开展备用、爬坡等辅助服务交易；

2）独立的共享储能每年调用完全充放电次数原则上不低于350次；

3）共享储能电站容量原则上不低于10万kW·h；新建市场化并网新能源项目，按要求配建或购买一定挂钩比例储能规模，新能源配建的储能设施应与新能源发电项目同步建设、同步投产；

4）鼓励已并网的新能源项目配套建设新型储能或购买调峰储能；

5）独立储能电站向电网送电的，其相应充电电量不承担输配电价和政府性基金及附加；

6）在我省电力现货市场运行前，独立储能放电上网时作为发电市场主体参与市场中长期交易，签订顶峰时段市场合约；用电时，可作为电力用户享受峰谷分时电价政策或参与中长期交易与发电企业签订低谷时段市场合约；

7）独立储能依照我省火电机组第一档调峰辅助服务交易价格优先出清，调峰补偿价格报价上限暂为 0.3 元/(kW·h)，后期根据市场发展情况适时调整，完善"按效果付费"辅助服务补偿机制；

8) 要发展能源元宇宙，重点发展智能电网、微电网、分布式能源、新型储能等能源元宇宙基础技术体系，探索全景仿真数字化配网、混合现实沉浸式电力设备巡检运维、区块链技术绿电交易等应用场景；

9) 濮阳对绿氢出厂价格不高于工业副产氢平均出厂价格、用于本市加氢站加注的企业，一是按照年度累计供氢量，首年给予 15 元/kg 补贴，补贴最高可达 500 万元；二是建立氢能制备、检测服务等项目审批绿色通道，实行一站式行政审批；三是对绿氢制备企业给予一定风电、光伏指标配备支持；

10) 对于氢气零售价格不超过 35 元/kg 的加氢站，2022—2023 年补贴标准为 15 元/kg，2024—2025 年补贴标准为 10 元/kg，每年每座加氢站氢气运营补贴最高可达 200 万元。

参 考 文 献

[1] 李英峰，张涛，张衡，等．太阳能光伏光热高效综合利用技术［J］．发电技术，2022，43（03）：373-391．

[2] 王永真，张靖，潘崇超，等．综合智慧能源多维绩效评价指标研究综述［J］．全球能源互联网，2021，4（03）：207-225．

[3] 唐西胜，苗福丰，齐智平，等．风力发电的调频技术研究综述［J］．中国电机工程学报，2014，34（25）：4304-4314．

[4] 姚若军，高啸天．氢能产业链及氢能发电利用技术现状及展望［J］．南方能源建设，2021，8（04）：9-15．

[5] 李建林，李光辉，马速良，等．氢能储运技术现状及其在电力系统中的典型应用［J］．现代电力，2021，38（05）：535-545．

[6] 陈凯阳．并网风电机组对电网稳定性的影响［J］．通信电源技术，2018，35（06）：44-45．

[7] 吴威辰．售电侧开放下中小用户参与电力市场运行机制研究［D］．上海：上海交通大学，2019．

[8] 曾鸣，杨雍琦，向红伟，等．兼容需求侧资源的"源–网–荷–储"协调优化调度模型［J］．电力自动化设备，2016，36（02）：102-111．

[9] 高赐威，李倩玉，李扬．基于DLC的空调负荷双层优化调度和控制策略［J］．中国电机工程学报，2014，34（10）：1546-1555．

[10] 吕振宇，吴在军，窦晓波，等．自治直流微电网分布式经济下垂控制策略［J］．中国电机工程学报，2016，36（04）：900-910．

[11] 李逐云，雷霞，邱少引，等．考虑"源–网–荷"三方利益的主动配电网协调规划［J］．电网技术，2017，41（02）：378-387．

[12] 刘连光，潘明明，田世明，等．考虑源网荷多元主体的售电竞争非合作博弈方法［J］．中国电机工程学报，2017，37（06）：1618-1626．

[13] 北极星电力网．2022综合能源服务优秀案例集［C］．长沙：2022第四届综合能源服务产业创新发展大会，2022：239-255．

[14] 段文奇．山东济宁微山储能示范项目冲刺并网［EB/OL］．（2022-10-20）［2024-03-17］．https：//baijiahao．baidu．com/s？id＝1747175105855215798&wfr＝spider&for＝pc%EF%BC%89．

[15] 衣秀清，顾洁，刘书琪．考虑需求响应的配电网弹性提升优化［J］．电力科学与技术学报，2022，37（04）：29-37．

[16] 付鹏，徐国平，李兴华，等．我国生物质发电行业发展现状与趋势及碳减排潜力分

析［J］. 工业安全与环保，2021，47（S1）：48-52.

[17] 孙健，马世财，霍成，等. 碳中和目标下热泵技术应用现状及前景分析［J］. 华电技术，2021，43（10）：22-30.

[18] 滕佳伦，李宏仲. 碳中和背景下综合智慧能源的发展现状及关键技术分析［J］. 综合智慧能源，2023，45（08）：53-63.

[19] 周凯. 电力系统中电力电子装置的应用分析［J］. 科技创新导报，2019，16（31）：11-12.

[20] 国家能源局有关负责同志就《"十四五"现代能源体系规划》答记者问［N］. 中国电力报，2022-03-23（001）.

[21] 邓铭，黄际元，吴东琳，等. 地区电网源网荷储示范工程现状与展望［J］. 电器与能效管理技术，2021（09）：1-9.

[22] 康田园，尹淑萍，王现法，等. 大型城市电网负荷特性及其影响因素分析［J］. 电测与仪表，2016，53（06）：51-56.

[23] 王彩霞，时智勇，梁志峰，等. 新能源为主体电力系统的需求侧资源利用关键技术及展望［J］. 电力系统自动化，2021，45（16）：37-48.

[24] 负荷特性指标体系阐述［J］. 南方能源建设，2020，7（S1）：35.

[25] 周升彧，胡林献. 能源互联网发展、概念及其基本框架［J］. 智能电网，2018，8（2）：168-176.

[26] 万灿，贾妍博，李彪，等. 城镇能源互联网能源交易模式和用户响应研究现状与展望［J］. 电力系统自动化，2019，43（14）：29-40.

[27] 李建林，丁子洋，游洪灏，等. 构网型储能支撑新型电力系统稳定运行研究［J］. 高压电器，2023，59（07）：1-11.

[28] 袁宇阳. 信息化背景下智慧乡村的特征、类型及其实践路径［J］. 现代经济探讨，2021（04）：126-132.

[29] 卓振宇，张宁，谢小荣，等. 高比例可再生能源电力系统关键技术及发展挑战［J］. 电力系统自动化，2021，45（09）：171-191.

[30] 陈曦，徐青山，杨永标. 考虑风电不确定性的CCHP型微网日前优化经济调度［J］. 电力建设，2020，41（06）：107-113.

[31] 田立亭，程林，郭剑波，等. 虚拟电厂对分布式能源的管理和互动机制研究综述［J］. 电网技术，2020，44（06）：2097-2108.

[32] 亢亚军. 储能技术在新能源电力系统中的应用［J］. 科技创新与应用，2022，12（28）：166-169.

[33] 张葛军，吴翠翠，王一依，等. 基于电力市场环境的储能电站运营策略研究［J］. 电气技术与经济，2022（04）：180-183.

[34] 韩啸，张成锟，吴华龙，等. 锂离子电池的工作原理与关键材料［J］. 金属功能材料，2021，28（02）：37-58.

［35］赖春艳，陈宏，倪嘉茜，等．锂离子电池储能技术在电力能源中的应用模式与发展趋势［J］．上海电力大学学报，2021，37（04）：380-384．

［36］刘石，杨毅，胡亚轩，等．典型储电方式的结构特点及碳中和愿景下的发展分析［J］．能源与环保，2022，44（01）：215-221，229．

［37］陈海生，李泓，马文涛，等．2021年中国储能技术研究进展［J］．储能科学与技术，2022，11（03）：1052-1076．

［38］吴耀富．抽水储能电站建设与运营模式分析［J］．集成电路应用，2021，38（12）：212-213．

［39］梅生伟，薛小代，陈来军．压缩空气储能技术及其应用探讨［J］．南方电网技术，2016，10（03）：11-15，31，3．

［40］童家麟，洪庆，吕洪坤，等．电源侧储能技术发展现状及应用前景综述［J］．华电技术，2021，43（07）：17-23．

［41］胡静，黄碧斌，蒋莉萍，等．适应电力市场环境下的电化学储能应用及关键问题［J］．中国电力，2020，53（01）：100-107．

［42］吴皓文，王军，龚迎莉，等．储能技术发展现状及应用前景分析［J］．电力学报，2021，36（05）：434-443．

［43］赵冬梅，徐辰宇，陶然，等．多元分布式储能在新型电力系统配电侧的灵活调控研究综述［J］．中国电机工程学报，2023，43（05）：1776-1799．

［44］李云松，蔡天亮，崔健，等．电化学储能电站安全风险及防控措施［J］．电力安全技术，2023，25（12）：1-3，16．

［45］陈启鑫，房曦晨，郭鸿业，等．储能参与电力市场机制：现状与展望［J］．电力系统自动化，2021，45（16）：14-28．

［46］黄思嘉，陈卫中，郑宁敏，等．融合碳交易的电力市场交易机制及交易模式探索［J］．能源与环境，2023（02）：65-67．

［47］吉斌，昌力，陈振寰，等．基于区块链技术的电力碳排放权交易市场机制设计与应用［J］．电力系统自动化，2021，45（12）：1-10．

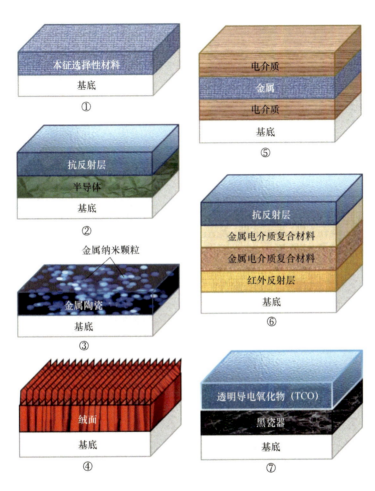

图 1-3 7 种不同类型的太阳能光热转换薄膜结构示意图

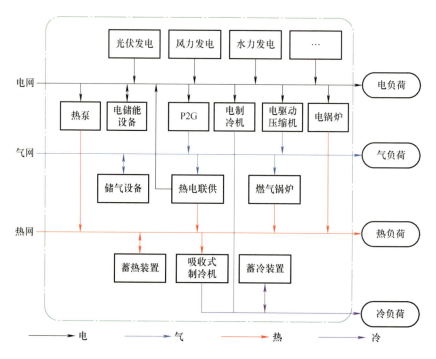

图 2-3 城镇综合智慧能源系统典型框架图

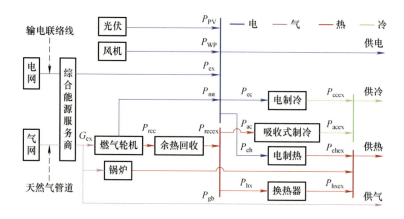

图 2-6 产业园区综合能源系统架构

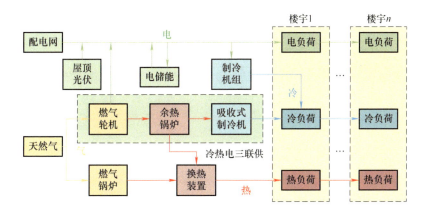

图 2-10 集群楼宇综合能源系统架构

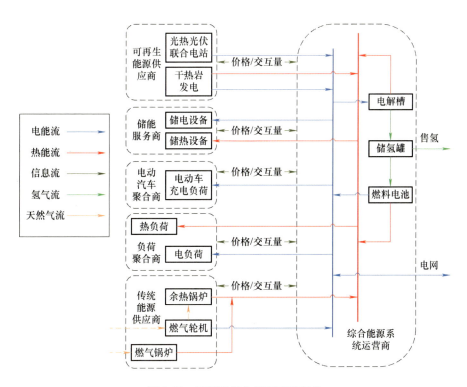

图 3-10 区域级综合能源系统架构

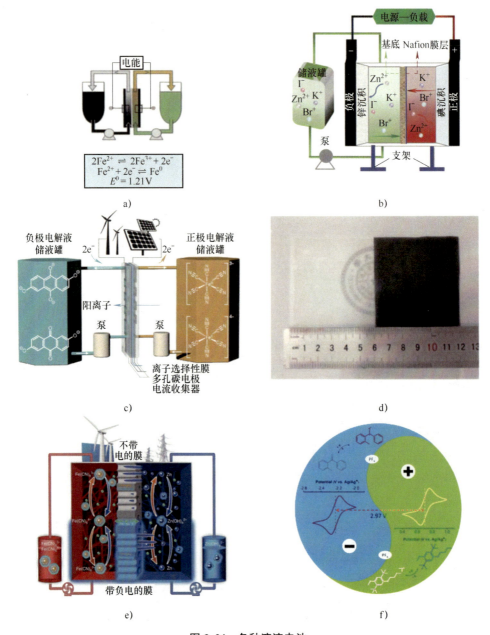

图 3-24 各种液流电池

a) 全铁液流电池 b) 锌碘液流电池 c) 碱性有机液流电池 d) 聚偏二氟乙烯/石墨烯复合纳米多孔膜 e) 锌铁液流电池 f) 全液体有机液流电池